教育部 重庆市高等院校特色专业建设重点规划教材·教育学（学前教育系列）
主编 朱德全　副主编 王牧华 唐智松 李 静 张家琼

幼儿园课程理论与实践

YOU'ERYUAN KECHENG LILUN YU SHIJIAN

主　编　杨晓萍　何孔潮　杨　雄

西南大學出版社
SWUP
国家一级出版社 全国百佳图书出版单位

图书在版编目(CIP)数据

幼儿园课程理论与实践 / 杨晓萍, 何孔潮, 杨雄主编. -- 重庆 : 西南大学出版社, 2021.11

ISBN 978-7-5697-0986-5

Ⅰ. ①幼… Ⅱ. ①杨… ②何… ③杨… Ⅲ. ①学前教育—课程—研究 Ⅳ. ①G612

中国版本图书馆CIP数据核字(2021)第206338号

幼儿园课程理论与实践

YOU'ERYUAN KECHENG LILUN YU SHIJIAN

杨晓萍　何孔潮　杨雄　主编

责任编辑：杜珍辉　唐倩

责任校对：黄丽玉

封面设计：尚品视觉 CASTALY 周娟　钟琛　贺莹

排　　版：吕书田

出版发行：西南大学出版社(原西南师范大学出版社)

地址:重庆市北碚区天生路2号

邮编:400715

印　　刷：重庆友源印务有限公司

幅面尺寸：185mm×260mm

印　　张：15.25

字　　数：328千字

版　　次：2021年11月 第1版

印　　次：2021年11月 第1次印刷

书　　号：ISBN 978-7-5697-0986-5

定　　价：45.00元

前 言

幼儿园是主要对3—6岁儿童进行保育和教育的学前教育机构。幼儿园教育作为整个公共教育体系的开端,其重要性毋庸置疑,且日益受到各界关注。那么作为幼儿园主体的儿童是不是应该具有自己的课程?答案是肯定的,不过,幼儿园应开设哪些课程才是真正合适呢?通过这些课程要将儿童培养成为什么样的人?幼儿园又应该如何安排课程才能促进幼儿的健康成长与良好发展呢?课程的实际操作中会有什么问题,如何解决它们?课程实施真的是按照人们的理想进行的吗?它还存在哪些问题呢?

一

众所周知,自20世纪70年代末80年代初,在全国教育拨乱反正和恢复发展的大背景下,我国学前教育课程曾经进行了一轮大的改革。进入20世纪90年代之后,有关学前课程理论与实践问题的研究成果层出不穷。幼儿园课程似乎一下子成了广大幼教工作者与研究者们关注的焦点问题。各种幼儿园课程理论的引进和课程模式的介绍,丰富了我国幼儿园教育活动的理论体系,推动了幼儿园教育活动的实践探索,为幼儿教育的发展注入了新鲜的血液。然而,认真考究当前我国幼教领域课程变革的基本走势,却不难发现许多原则性及策略性的疑难问题尚未解决。

课程一词的使用在教育学史上已有相当长的时间,但时至今日,研究者们对课程的定义仍然各抒己见,莫衷一是,在学术界尚未有一个令人信服的解释,以致出现对课程乃至幼儿园课程定义的随意性、模糊性和差异性。但在幼儿园教育实践领域中,部分一线领导或教师却别出心裁地提出了名目繁多的幼儿园课程方案或模式。究其实质,无非一些特长的加强训练或某种技能的突出培养而已。而对长期以来我国儿童亟待加强的心理素质、适应能力、自理能力、主体意识、责任意识的培养,当前的幼儿园课程实践依然回应乏力。倘若不对幼儿园课程的理论问题进行进一步的梳理,不对幼儿园课程的实践模式进行进一步的探究,我们当下的幼儿园课程建设热情可能会最终流于形式,仅仅成为一种装饰与门面。

幼儿园课程的理论研究在我国起步较晚,课程知识体系尚不严密,其原则、方法、规律等都还需要进一步的推敲和检验。但有些理论工作者对学前课程哲学的宏观、定性层面的问题研究被冠之以“抽象思辨”,受到“不实用”的评论而不受重视。一线教学工作者更不欣赏“闭门造车”“坐而论道”的理论研究成果。因此,两者都更注重操作性方案的研究。有些实际工作者直截了当地要求理论工作者告诉他们“怎样做”,而不愿听“为什么”。这样,迫使许多理论研究者在理论尚未明晰的情况下开始热衷于指导实践,各种幼儿园课程探究实验在狭窄的范围内自顾自地进行着,最终也取得了各种“丰硕”的实验成果。因此，幼儿园课程理论解决什么问题？幼儿园实践关注什么问题？如何在幼儿园课程理论与实践的张力之间达成一种平衡？可能是我国幼儿园课程研究与改革首先必须解决的问题。

二

课程的研究范围指的是课程要研究哪些方面的内容，是对课程学科领域的概念框架和知识体系的一种界定。正如奥恩斯坦等人所言，建立一种确定课程知识领域的框架是重要的。基本的课程知识对于从事课程研究，做出有关课程理论和实践的决定非常必要。[①]目前从出版的有关幼儿园课程的著作和教材来看，几乎没有关于幼儿园课程研究范围的直接论述。大多数学者都是从自己的课程立场和价值取向出发，有倾向地选择具体的幼儿园课程理论与实践中的问题作为自己的课程研究体系。然而，要建立全面、完善、系统的幼儿园课程理论体系，并依据这一理论指导幼儿园课程实践，明确幼儿园课程的研究范围。幼儿园课程具有双重属性，既具有一般课程的普遍属性，也具有学前教育的特殊属性。因此，划定幼儿园课程的研究范围，首先要明确一般课程的研究范围。

课程的研究范围随着课程理论与实践研究的发展，同时又因研究者视角的差异，呈现出丰富多样的特点。首先为课程的研究范围做出贡献的当数美国课程论学者博比特(Bobbitt)，他的《课程编制》一书共十八章，其中有十二章论述具体的教学科目，其他则主要围绕课程的定义、课程的目标和课程的管理等方面展开。后来凯塞威尔(Caswell)和坎贝尔(Campbell)在1935年合著《课程发展论》，进一步扩充了课程的研究范围，他们把课程的定义、原则和基础，教育目的，课程的编制与课程设置及课程标准，教学活动与教学过程，教材选择，学生的学习与成绩评定等作为课程要研究的内容体系。[②]然而，真正试图明确课程的研究对象并建立其理论体系的，是泰勒的《课程与教学的基本原理》一书。泰勒的课程原理是围绕以下四个基本问题展开的：第一，学校应该达到哪些教育目标？第二，提供哪些教育经验才能实现这些目标？第三，怎样才能有效地组织这些教育经验？第四，我们怎样确定这些教育目标正在得到实现？这四个问题构成了现代课程领域最有影响的理论框架。[③]国外后续的课程研究范围的划定有三种代表性的观点。其一，Posner认为课程研究主要涉及教育成果的研究、课程发展过程的研究、研究概念和目的的分析、教育材料的研究、学生的研究、学校和课室的研究。其二，Jenkins把课程研究的范围分为准基础的研究(哲学、心理学等)、与政策有关的课程研究、现存课程的分析、课程设计实施的研究、课程评价研究。其三，古德莱德(Goodlad)指出课程研究应该关注三类现象：实质性现象，指的是目标、学科内容、材料等课程的基本范畴，应探究它们的实质和价值；政治—社会现象，关注课程发展的政治和社会过程；技术—专业现象，着重探

---

①艾伦·奥恩斯坦，弗郎西斯·P.亨金斯.课程：基础、原理和问题[M].王爱松，译.上海：华东师范大学出版社，2021.

②史国雅.课程论的研究范围及指导原则[J].教育理论与实践，1984(2)：33.

③靳玉乐，师雪琴.课程论学科发展的方向[J].课程·教材·教法，1998(1)：4.

讨那些使课程得以改良、配置或取代的个人或团体过程。[①]

我国课程的研究虽然具有“舶来品”的性质，但是近年来已取得较多本土化的成果。我国学者史国雅最早对课程的研究范围进行了理论上的探讨，认为“课程论的研究范围应当包括课程设计和课程实践这两个方面”。[②]有的学者认为课程论的基本内容及其结构应该是四个部分的顺序排列：绪论，包含课程论的任务、对象、理论基础、研究方法和内容范围；课程基本理论，由课程本质论、课程价值论、课程认识论、课程结构论、课程类型论、课程改革论、课程管理论等七方面内容构成；课程研制（编制）过程，包括课程研制（编制）理论、课程规划论、课程实施论和课程评价论等；比较课程论，包括各国中小学课程的比较。[③]有的学者则提出课程论的体系结构包括三个基本方面：课程实体、课程运作、课程研究。课程实体，含课程的概念、学习目标、学习内容、学习方式、学习评价；课程运作，含课程决策、课程设计、课程实施、课程评价；课程研究，含课程研究的历史进程、课程研究的理论基础、课程研究的方法。[④]有的学者认为应该扩大课程论的研究范围，充实课程论体系的内容，提出课程论体系的初步构想是：导言、课程的实质、课程的发展、课程的价值、课程的目标、课程的设计、教科书的编写、课程的实施、课程的评价、课程的改革、课程的未来与展望。[⑤]

通过比较中外的几种代表性观点，可知：西方学者往往以课程问题为课程研究范围的出发点，视课程为教育学研究的一个领域；我国学者则以课程知识为课程研究的出发点，视课程为教育学门类的下位学科。但两者都深受泰勒的经典课程原理的影响，课程目标、课程内容、课程实施、课程评价四大领域都是中外课程论学者建构课程范围的核心范畴，不同的只是表述方式、侧重点等上的差异。当代的课程研究除了继承以往哲学的、教育学的、心理学的研究成果以外，也吸收了很多来自社会学、生态学、文化学、管理学等领域的研究成果。

幼儿园课程是课程理论在幼儿园阶段的应用，既具有课程的普遍属性，同时又具有学前教育的独特属性。但针对幼儿园的研究范围，国内学者观点不尽一致。就目前的研究成果而言，专门对幼儿园的研究范围进行研究的成果并不多。有观点认为，幼儿园的课程应研究三个现象：第一，实质性现象，涉及幼儿园课程理论的基本范畴，主要有幼儿园课程的本质、幼儿园课程的理论基础、儿童与课程的关系、游戏与课程的关系、处理幼儿园课程的方式、课程目标、课程内容、课程组织、幼教课程模式、研究幼儿园课程的范式和方法论，以及未来幼儿园课程的发展走向，等等；第二，政治—社会现象，涉及课程社会学的研究领域，主要有课程结构、课程标准、课程内容、课程评价的研究等；第三，技术—

①苏贵民．论幼儿园课程理论的研究范围[J]．学前教育研究，2005(5)：6.

②史国雅．课程论的研究范围及指导原则[J]．教育理论与实践，1984(2)：34.

③黄甫全．简析课程论的主要任务、研究对象和基本内容[J]．课程·教材·教法，1997(12)：6.

④丁念金．课程论体系结构之探讨[J]．课程·教材·教法，2005(9)：9-13.

⑤傅博．课程论若干现实问题初探[J]．教育理论与实践，1988(6)：38-42.

专业现象，主要涉及课程的设计、实施和评价中的技术问题。①

尽管很多幼儿园课程论的研究者没有直接描述课程的研究范围，但是通过他们出版的幼儿园课程的相关书籍，可以看出他们对于幼儿园课程的研究范围的某种倾向。如有学者把幼儿园课程的研究体系分成幼儿园课程的本质、幼儿园课程设计、幼儿园课程发展史、幼儿园课程理念等理论范畴和观察儿童、幼儿游戏、环境创设、教育活动及评价等实践范畴。②有学者把幼儿园课程的研究范围分为幼儿园课程概述（含本质、类型、特点、基础等）、幼儿园课程编制、教育活动设计与实施、幼儿园课程模式等四个方面。③还有学者把幼儿园课程的研究划分为幼儿园课程本质和类型、幼儿园课程开发与设计模式、幼儿园课程目标、幼儿园课程内容、幼儿园课程实施、幼儿园课程评价、幼儿园教育活动设计、幼儿园课程经典方案、园本课程等几个部分。④

幼儿园课程的研究范围应以课程研究的基本范畴为依据，同时结合幼儿园教育的实际情况来确立。我们认为，幼儿园课程的研究范围可以分成课程理论和课程实践两大领域。其中，幼儿园课程理论的研究包含幼儿园课程的内涵和本质、幼儿园课程的发展史、幼儿园课程的价值取向、幼儿园课程的设计与编制原理（含课程的理念、课程的目标、课程的内容、课程的组织、课程的实施、课程的评价等）、经典的幼儿园课程模式等；幼儿园课程实践的研究包含幼儿园教育活动的设计与实施（含观察儿童、幼儿园环境创设、日常生活活动、知识教学、游戏活动等）、园本课程开发与实施等。

三

本教材安排了八个部分的内容，具体如下。

第一章：幼儿园课程概述

本章首先探讨了古今中外学者对课程的定义，继而分析了幼儿园课程的含义及其相关概念，接着对幼儿园课程的特点做出了条理鲜明的阐述，使读者对幼儿园课程本质及其特性有更好的把握。第二节则着重讨论了幼儿园课程的价值，可以使人们进一步认识幼儿园课程的重要性，提高社会关注度，促进幼儿园课程发展，并最终实现幼儿的更好发展。

第二章：幼儿园课程的目标

幼儿园课程目标是幼儿教育目标的具体化，在整个幼儿园课程运行体系中处于核心地位，并起着激励、导向、评价与调适作用。本章主要探讨了幼儿园课程目标的含义、三种课程目标取向与目标制定的依据及其结构体系，以及幼儿园课程目标的表述等。

第三章：幼儿园课程内容

课程是幼儿园课程体系的主体，幼儿园课程能否实现促进幼儿发展目标主要取决于

---

①苏贵民．论幼儿园课程理论的研究范围[J]．学前教育研究，2005(5)：6-7.

②许卓娅．幼儿园课程理论与实践[M]．南京：南京师范大学出版社，2002.

③朱家雄．幼儿园课程论[M]．北京：中央广播电视大学出版社，2007.

④王春燕．幼儿园课程概论[M]．北京：高等教育出版社，2007；陈文华．幼儿园课程论[M]．北京：科学出版社，2011.

课程内容的适宜性。许多年来，中外的学前教育工作者围绕幼儿园课程进行了不懈探索，积累了大量宝贵经验。本章先是从幼儿园课程内容的含义、范围、特点、意义四方面入手对其概念做了简单阐述，接着讨论了幼儿园课程内容的三种取向，再次从幼儿园课程选择的依据、标准、方法、组织方面说明了幼儿园课程内容的编制方式，最后对幼儿园课程知识教学进行了论述。

第四章：幼儿园课程的实施

本章第一节通过论述幼儿园课程实施的主体性、主体间性、生活性、生态性阐发幼儿园课程的实施理念。第二节则通过一些鲜活案例的叙述，具体说明幼儿园课程的几种实施途径。第三节探讨了教师的专业水平在幼儿园课程实施中的关键作用。

第五章：幼儿园课程评价

作为课程开发的基本问题与核心环节，课程评价在课程开发与实施中有举足轻重的地位。它既是课程运作的起点，也是课程发展的起点，且伴随课程发展的整个过程。本章对幼儿园课程评价的内涵、类型、内容与评价标准分别进行了论述，这四部分内容又相互联结，构成一个完整的课程评价体系。

第六章：幼儿园课程的设计

幼儿园的课程设计是指按照保育和教育幼儿的目的要求和幼儿园课程内部各要素、各成分之间的必然联系而制定的课程计划、课程标准和编制具体的课程方案以及教学材料的过程。本章揭示了幼儿园课程设计的内涵，辨析了和相关概念的关系，介绍了课程设计的目标模式和过程模式，以及分科课程和综合课程两种课程设计类型。在明确了课程设计的含义和基本理论问题的基础上，结合大量的实例介绍了幼儿园领域课程和综合课程的设计流程和具体操作方法，提出了设计不同类型的课程需要注意的问题。

第七章：幼儿园课程经典模式

本章通过对银行街课程模式、高瞻课程设计模式、华德福课程和五指活动课程的分别论述，探讨了当前国内外几种学前课程模式的目标、内容、实施和评价问题。

第八章：幼儿园课程改革与发展

本章介绍了幼儿园课程改革与发展的概况。同时解释了生命意义的内涵，论述了幼儿园课程实施与师幼生命的关联以及生命意义彰显下幼儿园课程建构的取向，最后提出幼儿园课程实践中师幼生命意义彰显的条件。

课程理论的研究范围指的是课程理论要研究哪些方面的内容。如果我们追问"幼儿园课程理论究竟应该研究什么"，就已经涉及幼儿园课程理论的研究范围问题。需要说明的是，以往人们热衷探讨的课程理论的研究对象与课程理论的研究范围是两个不同的概念。研究对象是研究者自己建构出来的需要研究的具体问题；而研究范围则是相对客观存在的一个领域或者概念框架，不是具体需要研究的问题，而是确定问题所涉及的范围和类别。

探讨幼儿园课程理论的研究范围，有着现实的需求和重要性。正如奥恩斯坦等人指出的那样："建立一种确定课程知识领域的框架是重要的。基本的课程知识对于从事课程研究，做出有关课程理论和实践的决定非常必要。”明确幼儿园课程理论研究的范围，一方面对个体研究者来说，可以扩大研究的视域，列出课程基本问题的清单，帮助研究者建立一个完整的课程理论框架，明确自己对幼儿园课程的立场和价值取向；另一方面对课程理论本身而言，明确研究范围就有可能建立更加完善、全面和系统的课程理论，并寻找新的理论增长点，而不再囿于某个方面。

目录 CONTENTS

第一章
幼儿园课程概述

【内容提示】

1816年,英国空想社会主义者欧文在新拉纳克创办世界上第一所社会性的学前教育机构——幼儿学校。1840年,德国教育家福禄贝尔将其自己创办的幼儿教育机构更名为幼儿园,极大地推动了世界主要国家幼儿教育的发展。幼儿园课程是幼儿园教育的重要载体,幼儿园课程发展的历史承载着不同历史时期、不同教育家的幼儿教育观和儿童观。本章主要从幼儿园课程历史发展的足迹探究幼儿园课程的内涵,从当前生活探寻幼儿园课程的价值。

【学习目标】

1.了解课程发展的历史以及不同维度的概念界定。

2.掌握幼儿园课程的含义。

3.掌握幼儿园课程的价值。

【关键词】

课程　幼儿园课程　课程价值

|第一节|

课程与幼儿园课程的内涵

自有人类便有教育，自有教育便有课程。翻阅中外的历史书籍不乏“教什么”和“如何教”的记载。但是这并不代表“课程”已经成为一门独立的研究领域。正如美国教育学者坦纳夫妇所言：“课程虽然有一个漫长的过去，但是只有一段简短的历史。”①直到1918年美国教育学者博比特（Bobbitt）出版《课程编制》一书，课程才成为教育学科一个独立的研究领域。课程是一切教育和教学活动的核心，课程的质量直接决定着教育的质量。

一、课程的内涵

（一）课程的词源追溯

“课程”一词最早出现在我国的唐朝时期。唐代孔颖达在注释《诗经·小雅》的“奕奕寝庙，君子作之”时提到“维护课程”。在这里课程是“秩序”的意思。宋代著名理学家、教育学家朱熹在《朱子全书·论学》中有关于“宽着期限，紧着课程”，“小立课程，大作工夫”等的论述。这里的课程是指功课及其进程的意思。

在西方，“课程”（curriculum）最早出现在英国哲学家斯宾塞1859年出版的《什么知识最有价值》一书中。该词源于拉丁语的currere，意思是指跑马道（race-cource），转义为“学习之道”（cource of study）。②也就是学生学习的进程，带有引导学生继续前进并达到预期目标的含义。

（二）关于课程的界定

对课程含义的阐述由于阐述者的哲学假设、价值取向的不同，出现了不尽相同的“课程”定义。总结起来关于课程内涵的界定主要有以下四种：

1.课程即学科

将课程视为教育机构所教的科目，这种观点由来已久。我国西周时期的“六艺”包括礼、乐、射、御、书、数六个方面，成为当时教育的六门课程。欧洲中世纪“七艺”（文法、修辞、辩证法、算数、几何、音乐、天文）的教育内容奠定了当今西方现代学校的课程体系。

课程即学科的观点侧重知识的系统化传授，提出学校开设的每门课程应该从相应的学科知识中精心选择，并按照学生的认识水平加以编排。注重学科的整体体系，通常表现为课程计划、课程标准、教科书三种物质载体。主要特点表现为：课程体系严格按照科学的逻辑进行组织；课程是社会选择和社会意志的表现；课程是既定的、先验的、静态的；课程是外在于学习者并高于学习者的。

---

①Tanner D, Tanner L N.Curriculum Development: Theory into Practice[M].New York: McMillan Publishing Co., Inc., 1980:4.

②钟启泉.课程设计基础[M].济南：山东教育出版社，1998：总序第1页.

2. 课程即经验

课程即经验是对课程即学科过于强调课程知识体系本身严密、完整、系统、权威的特点，但容易忽视学生的实际学习体验和学习过程的反思。其认为将课程看成知识容易导致“重物轻人”的倾向，实际上只有那些为学生经历、理解和接受了的东西，才是真正的课程。经验课程不同于学科课程以学科知识的逻辑组织课程，而是以学习者(儿童)的主体性活动的经验为中心组织课程，这种课程与儿童的生活、经验紧密联系，因此也叫生活课程、活动课程、儿童中心课程。①

明确地从经验的维度论述课程起源于20世纪最伟大的实用主义教育家杜威，杜威在论述教育的本质时提到了“教育即经验的改造与改组”，他认为“教育是在经验中，由于经验、为着经验的一种发展过程”。②杜威甚至提出要把所有的学科知识恢复到被抽象出来以前的经验才能交给儿童。

课程即经验这种观点的特点主要在于：其一，强调课程是从学习者(儿童)的角度出发设计的，即以儿童为中心组织课程；其二，课程与学习者的个人经验紧密联系，即以经验为中心组织课程；其三，学习者(儿童)是学习的主体。

3. 课程即计划

课程即计划这种观点把课程看成是整个的教育计划和学习计划，它强调的是教育工作者“教”和学生“学”的目的性和计划性，这是一种静态的课程观，在一定程度上忽视了学习者的积极主动性和个别差异性，过于强调课程的预设成分。

4. 课程即目标

这种观点把课程看成是教育所要达到的目标，也就是对学习者通过学习所达到的结果的期望。在这种课程观的指导下，教育目标的确定成为整个教育的核心任务，教育内容的选择、实施以及评价等方面都要围绕教育目标进行。从目标的维度界定课程起源于博比特、查斯特的工学理论，后来经过“课程之父”泰勒的发展逐渐完善。约翰逊直接把课程定义为“预期行为的结构化程序”。这种观点非常强调教育的计划性和目的性，而对教学活动的灵活性和学生的个别差异性的重视不足。

此外，在江山野主编译的《简明国际教育百科全书·课程》里总结了以下九种有代表性的课程定义。③

(1)课程是为了训练集体中的儿童和青年的思维与行动方式所建立的一系列可能的经验。

(2)课程是学生在学校指导下所获得的全部经验。

(3)课程是学校应该提供给学生的，以便使学生能合乎毕业资格、获得证书或者进入职业领域的一般性的整体内容计划或特定的教材。

---

①钟启泉.现代课程论[M].上海：上海教育出版社，1989：186.

②杜威.杜威教育论著选[M].赵祥麟，于承绪，编译.上海：华东师范大学出版社，1981：351.

③托斯顿·胡森，纳维尔·波斯特尔斯威特.简明国际教育百科全书·课程[M].江山野，主编译.北京：教育科学出版社，1991：65.

(4)课程是一种方法论的探索,它要探明被看作学科要素的教师、学生、科目和社会环境等。

(5)课程是学校的生活和计划。

(6)课程是一种学习计划。

(7)课程的制定是为了在学校帮助下使每个学生的个人和社会能力获得不断的、有意义的发展,课程是通过知识经验的重建而形成的、有计划和有指导的学习经验以及预期的学习结果。

(8)课程基本上必须包括五大领域的严格学习:①掌握母语并系统学习语法、文学、写作;②数学;③科学;④历史;⑤外语。

(9)课程是有关人类经验日益广泛的可能的思维方式,而不是结论,是结论产生的方式以及建立这些结论即所谓真理并使之发挥效用的背景。

我国由于受"大教学小课程"观点的影响,把课程作为独立的研究始于20世纪90年代。总结起来对课程含义主要有以下6种看法:

(1)课程是为了实现学校的教育目标而选择的教育内容的总和。

(2)课程是学习者在学校指导下获得的全部经验。

(3)课程是学校遵照教育目的,为了指导学生的学习活动,有目的、有计划地编制的教育活动。

(4)课程是由一定的育人目标、基本文化成果以及学习方式组成的,用以指导学校育人的规划和引导学生认识世界、了解自己的媒介。

(5)课程是在教育环境中,为了使学生获得经验、促进其迁移,使学生获得全面发展,制定的具有教育性、经验性的计划。

(6)课程是学习者在有意识的指导下与教育情境相互作用而获得的有益经验和身心健全发展的全部教育活动。

二、幼儿园课程的内涵与特点

幼儿园作为教育系统的一个有机组成部分,其课程与其他教育阶段的课程有某些相似之处,但是受教育对象即幼儿身心发展阶段的特殊性决定了幼儿园课程与其他阶段的课程存在很大的差异。学前教育课程在古今中外均有着漫长的历史,自德国教育家福禄贝尔创办世界第一所幼儿园起,幼儿园课程的研究与实践逐渐专业化和具体化。从历史发展的脉络探寻幼儿园课程的内涵是有效的途径。

(一)学前教育课程的历史溯源

古希腊的柏拉图是西方学前教育思想的重要奠基人。在其代表作《理想国》中提出7岁之前的教育属于学前教育阶段,这个阶段又可以分为两个阶段,出生至3岁为第一个阶段。这个阶段"应该把他播弄,上下摆动,给他唱歌,以便他免受惊吓。这是为发展勇敢和坚定的性格的首要准备工作。而且必须使婴儿保持心平气和;允许他变得躁动不安或者容易发怒,乃是不良道德的开端"。3到7岁是学前教育的第二个阶段,这个阶段的教育内容主要有故事、儿歌、寓言、音乐、美术、体育锻炼等。17世纪捷克著名教育家夸美纽斯对学前教育的发展做出了重要贡献。他1633年出版的《母育学校》是历史上第一部学前教育专著，1658年出版的《世界图解》是历史上第一部依据直观原则编写的对幼儿进行启蒙教育的看图识字课本。在《母育学校》中夸美纽斯论述了幼儿教育的体育、德育、智育三个方面的内容。另外夸美纽斯还论述了游戏和玩具在幼小孩子教育中的作用，重视幼儿劳动教育和语言的发展，重视幼儿的集体教育。

德国近代著名的教育家福禄贝尔是幼儿园的创始人，近代学前教育理论的奠基人，1837年在德国勃兰根堡创办一所幼儿学校，1840年改名为幼儿园，1843年出版了风行一时的家庭必读作品《母亲与儿歌》。福禄贝尔后半生的主要精力放在幼儿园课程的研究和教材的发展上。他根据幼儿发展、创造、实物教学和自我活动等原则，拟定了一个儿童的活动和游戏为主要特征的幼儿园课程体系，并精心创造出有关教具材料。认为幼儿园的课程在活动和游戏的基础上，主要有游戏与儿歌、恩物、作业、运动游戏和自然研究。意大利著名幼儿教育家蒙台梭利一生致力于幼儿教育事业，1907年创立"儿童之家"，在儿童之家推行包括实际生活练习、肌肉训练、自然教育和体力劳动、感觉训练，以及读、写、算练习等教育内容。

中国最早对学前家庭课程的论述始见于周朝《礼记·内则》一文，文中规定"子能食食，教以右手。能言，男唯女俞。男鞶革，女鞶丝。六年，教之数与方名。七年，男女不同席，不共食。"这里面关于学前课程的论述已经考虑到幼儿的年龄特征且具有循序渐进的特点。南宋的吕祖谦在《少仪外传》中说"幼学之士，先要分别人品之上下，何者是圣贤所为之事，何者是下愚所为之事。向善背恶，去彼取此，此幼学所当先也。"明代医师万全在《育婴家秘·鞠养以慎其疾》中论述"小儿能言，必教之以正言，如鄙俚之言，勿语也。能食则教之以恭敬，如亵慢之习，勿作也。能坐、能行，则扶持之，勿使倾跌也。宗族乡党之人，则教以亲疏、尊卑、长幼之分，勿使谍嫚也。言语问答，教以诚实，勿使其欺妄也。宾客往来，教以拜揖、迎送，勿使退避也。衣服器用、五谷六畜之类，遇物则教之，使其知之也。或教以数目，或教以方隅，或教以岁月、时日之类。如此，则不但无疾，而知识亦早也。"①

总体来看，中国古代学前教育教材主要有以下几种。其一，识字教材。例如：秦代李斯的《仓颉篇》、汉代史游的《急就章》、宋朝的《百家姓》等。其二，诗歌文章类教材。例如：明代王阳明的《训蒙教约》、吕得胜的《小儿语》等。其三，幼儿故事类。例如：元代虞韶的《日记故事》、明清时期的《蒙养图说》《二十四孝图说》等。以上三种学前教育教材涉及幼儿生活常规培养、初步道德教育、早期知识教育三个方面。

清政府1904年颁布《癸卯学制》，里面的《奏定蒙养院章程及家庭教育法章程》决定创办幼儿教育机构——蒙养院。20世纪初湖北武昌蒙养院的成立标志着中国第一所社会性学前教育机构的产生。清末学前教育设置主要学习日本，民国建立后先是学习日本后来学习美国，中国一大批教育家开始探索幼儿教育中国化、科学化之路。张雪门对幼

① 廖军和，曹丽．中外学前教育简史[M].合肥：安徽大学出版社，2013：15.

稚园的课程做了较为详细的阐述，“课程是什么？课程是经验，是人类的经验。用最经济的手段，按有组织的调制，用各种方法，以引起孩子的反应和活动。幼稚园课程是什么？这是给三足岁到六足岁的孩子所能做而又喜欢做的经验的预备。”[①]后来他又补充为，“课程源于人类的经验，只为这些经验对于人生(个人和社会)有绝大的帮助，有特殊的价值，所以人类要想满足自己的需求，充实自己的生活，便不得不想学得这些经验，学得了一些又想多学得多些，而且把学得的再传给后人。”[②]概括起来，他认为课程是适应生长的有价值的材料。他认为课程的组织一方面要考虑到社会的意义，另一方面要满足个体发展期中的要求。课程主要来源于四个方面：其一，儿童自然的活动；其二，儿童与自然界接触产生的活动；其三，儿童与人事界接触产生的活动；其四，人类聪明所产生的经验而合于儿童的需要者。幼稚园课程的特点在于：第一，幼稚园的课程将自然界和人事界相联系；第二，幼稚园课程要注意儿童现在的需要和能力，但不能忽略社会要求；第三，幼稚园的课程，要根据儿童自己直接的经验。张雪门对幼稚园课程的最大贡献在于提出了系统的“行为课程”理论。他认为：“生活就是教育，五六岁的孩子在幼稚园的生活实践，就是行为课程。这份课程包括工作、游戏、音乐、故事等材料，课程完全根据生活，它从生活而来，从生活而展开，也从生活而结束，不像一般的完全限于教材的活动。”

中国幼儿教育之父陈鹤琴先生认为，幼稚园的课程来源于与幼稚生紧密联系的大自然和大社会。在探索幼稚教育中国化和科学化的过程中，他提出了编制幼稚园课程的十大原则：其一，是民族的，不是欧美式的；其二，是科学的，不是封建的；其三，是大众的，不是资产阶级的；其四，是儿童化的，不是成人化的；其五，是发展的、连续的，不是孤立的；其六，是配合目前形势和实际需要的，而不是脱离现实的；第七，是适合儿童身心发展的，是促进儿童健康的；第八，是能够培养五爱的国民公德和民主、团结、勇敢、守纪律的优良品质的；第九，是陶冶儿童的性情，培养儿童的情感的；第十，是可以养成儿童说话的技能的。根据这十大原则，他提出了系统的幼稚园课程内容“五指课程”。幼稚园的课程包括儿童健康活动、儿童社会活动、儿童科学活动、儿童艺术活动、儿童语文活动五个方面，这五个方面就像人的五根手指头长在同一个手掌上，是可以活动的，同时也是相互联系的，是可以伸缩的，依据儿童的身心发展，五指活动在儿童生活中结成一张教育网。[③]张宗麟认为幼稚园的课程，从广义上说就是幼稚生在幼稚园的一切活动，包括一切教材，科目，幼稚生的活动。具体来讲幼稚园的课程主要有：谈话、音乐、故事和儿歌、游戏、社会和自然、工作、静息、进点心、读法、数法。在张雪门、陈鹤琴、张宗麟等老一辈幼儿教育家的探索与总结之下，民国政府教育部于1932年颁布中国历史上第一个自己制定的统一幼儿园课程的指导文件《幼稚园课程标准》。其将幼稚园的课程内容范围规定为音乐、故事和儿歌、游戏、社会和自然、工作、静息、餐点七个方面的内容，并且提出了优质教育的目标和方法。

---

①唐淑.学前教育史[M].北京：人民教育出版社，2018：129.

②唐淑.学前教育史[M].北京：人民教育出版社，2018：129.

③何晓夏.中国学前教育史[M].北京：北京师范大学出版社，2002：297.

1952年，新中国幼儿教育开始学习苏联，颁布《幼儿园暂行教学纲要（草案）》，将幼儿园教养活动项目规定为体育、语言、认识环境、图画和手工、音乐、计算六个方面。2001年，教育部颁布《幼儿园教育指导纲要（试行）》，明确了幼儿园教育的内容为健康、语言、社会、科学、艺术五大领域，提出了具有指导性的课程目标、课程内容和指导要点。2010年，教育部颁布《3—6岁儿童学习与发展指南》，将《幼儿园教育指导纲要（试行）》的内容细化和发展，明确了每个领域的具体年龄阶段目标，提出实现目标的教育建议，使其课程指导更加具体化和有针对性。

（二）幼儿园课程的内涵分析

幼儿园课程的含义是对幼儿园课程的理解和诠释。了解幼儿园课程的特点就是了解幼儿的文化和幼儿教育机构的作用。如果不定义幼儿园课程，那么幼儿教育的计划难以回答“应该学习些什么”的问题，[①]也难以大致列出“一套儿童教育目标”。[②]因此，对幼儿园课程的含义与特点的理解和诠释对课程与教学实践具有重要的实践意义。

根据前面对学前教育课程历史脉络的分析，结合幼儿园教育当下的具体情况，我们把幼儿园课程界定为：幼儿园课程是实现幼儿园教育目的的手段，是帮助幼儿获得有益的学习经验，促进其身心全面和谐发展的各种活动的总和。可以从三个方面解析这个定义，首先，幼儿园课程是“活动”。这充分体现了幼儿园课程的本质特征，符合幼儿具体形象的认知发展特点，体现了幼儿园课程重视幼儿的参与，重视幼儿直接经验的建构。用“活动”解释幼儿园课程有利于改变课程工作者的视角，促使课程工作者同时关注学习对象（课程内容）和学习主体（幼儿）。活动自身是一种存在方式，教师看得见，也比较容易把握和控制。外在的客观对象和活动方式通过幼儿的主体活动内化为主观经验；幼儿主体的主观经验也可以通过活动“外化”为态度、动作方式、技能等。

其次，幼儿园课程是“帮助幼儿获得有益的学习经验，以促进其身心全面和谐发展”的活动。这里进一步明确活动的指向性、目的性，使过程与结果、形式和实质更加密切地融合为一体。幼儿生活的大自然、大社会中有非常多的幼儿教育内容，幼儿园在选择课程内容时必须结合幼儿身心发展特点、幼儿园的实际情况、社会发展需要和《3—6岁儿童学习与发展指南》的相关要求精心选择有利于幼儿身心全面和谐发展的内容。在内容的组织与实施中必须考虑其整合性、生活性和活动性的特点，实现课程促进幼儿情绪情感、能力、认知发展的价值。

再者，幼儿园课程是各种活动的总和。幼儿园课程表现形式多样化，凡是作为实现幼儿园教育目的的手段而运用的、能够帮助幼儿获得有益的学习经验的活动，无论是教学活动，还是游戏活动、生活活动、体育活动，都是幼儿园课程的组成部分。

---

①Katz L G. Dispositions as educational goals. ERIC Digest, EDO-PS-93-10. Champaign IL: ERIC Clearing-house on Elementary and Early Childhood Education, University of Illinois, 1993: 1.

②Spodek B, Saracho O N. “On the shoulders of giants”: Exploring the traditions of early childhood education[J]. Early Childhood Education Journal, 2003, 31(1): 3-10.

◇案例：

某幼儿园中班一周课程安排(4月20日—4月24日)

内容		星期一	星期二	星期三	星期四	星期五
生活活动要求		1.会有序地穿脱衣服和鞋子，并分清左右。 2.知道每种食物都有营养。				
晨间活动		伸展运动	扭一扭	开火车	走平衡	网小雨
活动区活动		重点指导： 我爱我家	重点指导： 建构区	重点指导： 餐厅	重点指导： 动物王国	重点指导： 拖拉玩具
集体教学活动		语言活动： 和动物做朋友	音乐活动： 两只小象	美术活动： 螃蟹	数学活动： 报纸球	科学活动： 尾巴妙用多
户外活动	体育活动	动物走	木头人	模仿操	队列练习	小鸟飞
	自由活动	许多小鱼游来了	散步	大型玩具	小兔子乖乖	丢手绢
下午 集体游戏活动		角色游戏： 娃娃家	音乐游戏： 找朋友	活动性游戏： 大家开车	表演游戏： 小柳树钓鱼	娱乐游戏： 动物的尾巴
下午户外活动		听指令	从头忙到脚	钻山洞	大风和树叶	大灰狼来了
离园活动		拼打飞机	橡皮泥	雪花片	幻想积木	传线板

(三)幼儿园课程的特点

1.基础性与启蒙性

1996年教育部颁发的《幼儿园工作规程》提出“幼儿园是对三周岁以上学龄前幼儿实施保育和教育的机构，是基础教育的有机组成部分，是学校教育制度的基础阶段”。新的《幼儿园工作规程》于2016年3月1日起施行。2001年教育部颁发的《幼儿园教育指导纲要(试行)》提出“幼儿园教育是基础教育的重要组成部分，是我国学校教育和终身教育的奠基阶段。城乡各类幼儿园都应从实际出发，因地制宜地实施素质教育，为幼儿一生的发展打好基础”，“幼儿园的教育内容是全面的、启蒙性的”。2010年《3—6岁儿童学习与发展指南》在第一部分说明中指出“《指南》以为幼儿后继学习和终身发展奠定良好素质基础为目标”。幼儿教育与中小学和大学段的学习相比，是基础教育的基础，是人生的启蒙教育。因此，幼儿园课程不宜追求过高的目标，尤其不应追求过高的认知目标，应使幼儿在原有发展水平的基础上得到初步的身心锻炼和启迪，使幼儿在享有快乐童年的同时，身心得到与其发展水平相适应的发展和提高。养成良好的学习习惯和兴趣，形成积极、主动的学习态度。

2.生活性

2001年《幼儿园教育指导纲要(试行)》在总则中指出：“幼儿园教育应尊重幼儿的人格和权利，尊重幼儿身心发展的规律和学习特点，以游戏为基本活动，保教并重，关注个别差异，促进每个幼儿富有个性的发展。”幼儿园课程应该包括多元化的内容，既有优秀的传统文化，也要有当代的先进文化，既要有本土文化，也要有外来文化。在传承人类文明的同时也要关注幼儿活生生的生活世界，关注幼儿的生活，关怀幼儿的生活世界，围绕幼儿的生活世界确定课程内容并进行教学。因此，幼儿园课程生活化便成为现代幼儿教育变革的一种理想诉求，因为生活化的课程是承认、尊重生命的存在和生命成长的现实和需要。幼儿的生活本身就是课程，课程展开的过程，也就是幼儿生活的过程。[①]对幼儿来说，最有效的学习就是他们感兴趣的学习，最有效的学习内容就是他们可以感知的、具体形象的生活内容。因此，课程内容与现实生活的距离越近，越能引发幼儿的学习兴趣，幼儿的学习也就越有效。情境论也为幼儿园课程内容的生活化提供了依据。情境论认为，幼儿教育内容应与生活实际接轨，回归生活课程。[②]幼儿园课程关注幼儿的当下生活，关注幼儿当下生活中身心发展的需要，关注幼儿当下生活的情感需要。

3. 整合性

幼儿的学习是综合的、整体的。在教育过程中应依据幼儿已有经验和学习的兴趣与特点，灵活、综合地组织和安排各方面的教育内容，使幼儿获得相对完整的经验。幼儿学习方式的整体性和综合性决定了幼儿园课程的整合性。幼儿园课程是以幼儿生活的逻辑加以组织、以幼儿的兴趣为引导的，整个架构是整体性、综合性的。由于生活是整体的，不可能只反映人类知识体系中的某一部分，而且生活中往往蕴藏了多方面的发展机遇和可能，所以，幼儿园课程就不应追求将现实生活割裂的或与现实生活不一致的知识系统，不应以至少不应只以成人确定的系统的学科加以组织。同时，幼儿各个发展领域之间是相互联系、相互促进的，它们构成了一个有机的发展整体，所谓发展领域只是一种人为的划分，在现实的课程实施中，儿童是以"完整人"的形象出现的。[③]幼儿园课程的内容应尽可能使不同领域的内容产生联系，以便于或促进幼儿学习的有效迁移。

4. 活动性、经验性与游戏性

《3—6岁儿童学习与发展指南》指出："幼儿的学习是以直接经验为基础，在游戏和日常生活中进行的。要珍视游戏和生活的独特价值，创设丰富的教育环境，合理安排一日生活，最大限度地支持和满足幼儿通过直接感知、实际操作和亲身体验获取经验的需要，严禁'拔苗助长'式的超前教育和强化训练。"幼儿园课程的活动性、经验性、游戏性特点是由幼儿的生理、心理发展特点，学习特点和生活特点等决定的。幼儿园课程内容直观形象，实施方法多样，同时也要注意幼儿的已有经验，在其已有经验基础之上增加幼儿能直接参与的活动，锻炼动手、动口、动脑的能力，培养幼儿探索问题和思考问题的能力。在创造各种活动的过程中，一定要注意活动的趣味性和游戏性，经常需要利用游戏的手段，通过游戏，增加幼儿的学习愉悦体验。这是幼儿园课程实施中始终不渝的信念。也就是说，幼儿园课程的实施，关键在于创设丰富的活动情境，创设有利于幼儿自发主动活动的氛围，为幼儿提供各种互动的机会，为幼儿提供与其发展相应的帮助。

---

①虞永平.生活化是幼儿园课程的根本特性[J].学前课程研究，2008(10)：24-27。

②李育红.从情境论的产生和发展看德国学前课程的发展趋势(上)[J].学前教育，1995(11)：42-43.

③虞永平：生活化是幼儿园课程的根本特性。

|第二节|

幼儿园课程价值

幼儿园课程是幼儿教育的中心，也是直接关乎着幼儿身心全面发展的关键。幼儿园课程有何价值、幼儿园课程价值应该定位在什么位置和方向等是幼儿园课程改革的重要议题。

一、幼儿园课程价值取向

（一）幼儿园课程价值取向类别

幼儿园课程价值的取向有社会本位取向、幼儿本位取向两种大的取向类别。

“社会本位”的课程价值取向注重课程与社会间的关系，认为课程的社会价值应当具有普遍适应性，它既反映社会的要求，又与学生个人的发展相一致，而且要得到教育者理智和情感上的认同，激励教育者的教育行为。价值体现表现为课程为社会服务，其价值主体是社会，这是从工具价值的角度进行理解的。但这种价值的可能性必须通过教师并最终通过学生来实现。

“幼儿本位”的课程价值取向注重课程与幼儿之间的关系。以儿童自身的身心全面发展为本，如《幼儿园教育指导纲要（试行）》也明确规定：“幼儿园应为幼儿提供健康、丰富的生活和活动环境，满足他们多方面发展的需要，使他们在快乐的童年生活中获得有益于身心发展的经验”，“幼儿园教育应尊重幼儿的人格和权利，尊重幼儿身心发展的规律和学习特点，以游戏为基本活动，保教并重，关注个别差异，促进每个幼儿富有个性的发展”等。

（二）幼儿园课程价值取向的新趋向

随着幼儿园课程改革的深入，幼儿园课程价值取向出现新趋向。

1.课程会更多来自实证研究和实践总结

充分发挥创造性并不断地适合我国实际的国情、省情、县情、乡情、村情、园情。在此基础上不断学习国外先进的优秀课程理论和课程模式，积极创立更多、更好的幼儿园课程方案。

2.课程形式会更多样化

从社会、经济、自然、文化等方面出发，立足于满足儿童的现实生活需求，给儿童生存状态和生活方式以人文关怀，构建儿童的可能生活，培养儿童的生活能力，根据实际情况确立多样化、多形式的幼儿园课程。

3.课程结构会更科学和完整

要考虑课程有不同的逻辑顺序，明确幼儿园课程的逻辑起点，从而更好地建构幼儿园的课程方案,以更利于儿童的发展。科学知识与生活世界内在统一,把知识引向人生关怀,去充盈生活与人生的智慧与经验,关注儿童的精神世界、存在意义。

4.课程使用具有教育性和公益性、经济性和商业性

考虑到科研人员更多的生活需要和现实要求,课程方案的推出和引进伴随着相应的经济关系和商业关系,更有利于调动更多的研究人员工作的积极性和热情,将会使科研成果产生最大的效益,从而更有利于促进我国幼儿园课程的发展。

二、幼儿园课程价值

幼儿园课程具有多种价值,最为基本的是教育价值、文化价值和工具价值。随着知识价值在知识社会逐渐得以彰显,幼儿园课程价值的主要载体是幼儿园课程知识,其内在价值与工具价值、物质价值与精神价值日益受到研究者的关注。

(一)教育价值

幼儿园课程的教育情境价值。幼儿园教育情境是幼儿园课程方案具体化、课程目标得以实现的中介。教育情境是情与境的统一,情寄托着人及其所有行为和心理,境是外界的构成和自然性铺摆。幼儿园教育情境不仅包括幼儿园内的时、空物质环境布置,还包括教师的行为、态度、情感等以及由时、空物质环境和教师行为、态度、情感所形成的心理环境。

幼儿园课程方案作为一种语言文本与其他教育阶段课程的不同之处在于:它不能直接被学习者——幼儿所理解,而须由教师从自己的学术知识、处世态度、儿童观、技能水准等出发去体验文本的指导思想、结构,并用自己的思想理解它;然后将它转化为能为幼儿理解的、可体验的文本——教育情境;幼儿面对着这个可体验的经验文本,动用多种感官去体验它,最终在每个幼儿的身心结构中留下一个经幼儿解释过的文本,这个文本引起了幼儿的变化,促进了幼儿的发展。实际上,这是幼儿园课程方案的三次转化过程,教育情境在这个转化过程中处于中介地位、起着过渡作用,这种过渡作用是教育情境在整个幼儿园课程中的价值体现;同时因为这种中介的过渡作用,教育情境具有了塑造儿童完整人格、发展儿童主体性的价值。这是对幼儿主体的价值体现。

幼儿园游戏的教育价值。这是幼儿园课程作为归属的价值。英国教育哲学家皮斯特认为,知识和教育本身具有内在的价值,这种价值是固有的,人们可直接比较和评价这些价值,只要知识本身是有价值的,以此为基础的课程及教育就一定是有价值的。[①]在制定一个合理的课程之前,我们必须确定最需要知道些什么东西,必须弄清楚各项知识的比较价值,这也就是课程价值论的基本问题——什么知识最有价值。在幼儿园中就是什么经验最有价值,什么活动最有价值,提供给幼儿什么经历最有价值了。

(二)文化价值

在人与文化的角度,文化传递与文化积淀是一种文化财富,即“文化财”,文化财具有

①丛立新.课程论问题[M].北京:教育科学出版社,2000:56.

传递的价值，但是并非所有的文化财都具有陶冶人的心灵的价值。[①]“文化”的最初含义是“培养”（cultivation），其本身具有价值的度向。文化对人们的观念、行为等产生着重要影响，也对学前教育课程知识产生着巨大的影响。“传递一种文化的行为总是要肯定这种文化的内在价值，与此相应的是降低其他文化的价值”。[②]

杜威认为，“课程的轴心是文化的发展”，对文化的继承和对文化的传递是紧密联系在一起的。文化从时间存在性的角度可分为现实的文化和理想的文化，现实的文化是时代、地域、社会、集团本位的，而理想的文化则是对人的内在的深切关怀。[③]作为一种文化存在和培养人的幼儿园课程绝不应是一种简单的、现实文化现象的工具，它理应有自己的品位、理想、追求及关怀旨趣、逻辑与依据。幼儿园课程知识不仅仅停留于适应各种文化和社会发展的需求，更要有超越文化的品质，也就是课程知识要具有文化的先行性、先导性、先进性和理想性之品质。

文化是课程存在和发展的基础。文化传承是幼儿园课程知识的应有追求。幼儿园课程建立了幼儿对周围世界的观念，指明了幼儿活动的方向和方式，还会通过这种认识影响他们的行动。教育是文化与人的双向建构，与文化之间是相互促进、互为发展基础的，课程对文化又具有提炼和创生的作用。幼儿作为人之存在，本身就是一种文化物，他们能创造文化、创造知识，他们是能动的知识建构者和创造者。知识具有个人意义，有价值的知识需要加入个人意义，需要幼儿与文化的有机结合。

知识、课程知识与幼儿园课程知识的内在联系统一于文化与人的关系，在此基础上强调各种文化因素，不同文化群体对课程产生着影响，文化熏陶着人，人也在创造、改变着文化。因此，幼儿园课程与文化之间是相互统一的。幼儿园课程文化以幼儿的个体生命价值为指向，形成课程文化自觉；幼儿园课程文化建设中既要保持文化的主体性，又要以开放和包容的心态去面对文化多元性，以人为本、充满人文关怀是幼儿园课程文化的根本。对传统文化中的精髓的提取和传递与传承，对幼儿的思维方式、基本素养的培养很有必要。文化传统中的价值规范和思维方式是一种隐性文化，而知识经验和语言符号则主要是一种显性文化，它们共同构成了文化传统的有机整合体。文化传统中的知识系统是传统思维外化的结果，幼儿学习、吸收了一种知识，也潜在地、无意识地接受了一定的思维方式。继承我国的传统课程与教学中的可取之处的同时也学习外国的优秀文化和相应的课程模式是幼儿园课程知识发展的必然选择。

尽管幼儿园课程与其他各级各类教育的课程有一定的相似之处，都反映了一定的社会价值和文化知识，并将这些文化知识整合到学习者的经验中去，但很大的不同之处在于幼儿园课程对教育对象有更多考虑，更多关注幼儿个体的发展水平，即幼儿园课程一般是专为3—6岁幼儿开发和设计的，是为实现幼儿教育目标而组织安排的全部教育内

①郑金洲.教育文化学[M].北京:人民教育出版社,2000:58.

②皮埃尔·布尔迪厄.教育体制与思想体系[M]//麦克·F.D.扬.知识与控制——教育社会学新探.谢维和,朱旭东,译.上海:华东师范大学出版社,2002:241.

③赵颖,郝德永.当代课程的文化底蕴与品质[J].教育科学,2002,18(5):26.

容和活动，包括目标、内容、方法、评价等。美国学前教育课程计划包括那些支持“幼儿的身体、社会、情感和认知发展”的内容，[①]例如，美国开端计划中将学前课程看作一种书面计划，包含了幼儿学习和发展的目标、学习经验、材料和用于帮助幼儿达到这些目标的教学策略。[②]

（三）工具价值

幼儿园课程作为载体的价值。课程成为传承文化和知识的载体，对个体智慧及对文化知识增长方面的影响和贡献是其功能体现。幼儿园课程是幼儿积累文化资本的最为基础性的重要文化场域，通过专门的教师和专门的知识空间和知识环境，为其后续发展提供了基础和素材。

幼儿园知识虽是事实载体或文本载体，但更体现了作为文化本体的人的文化生态、价值信念、情感态度等多方面的意义。课程知识的意义性和文化性使幼儿个体精神自由成为可能。幼儿园课程知识具有符号与意义的双重性质：符号含知识符号、身体的语言、玩教具等物质的文化符号等，是表达知识意义的载体；意义是知识蕴含的价值、观念、情感、态度等。离开符号的知识意义是不存在的，离开意义的知识符号是无价值可言的。卡西尔认为，文化即符号，符号即文化，人是符号的动物、文化的动物，人的符号性和文化性决定了人本身就是一个具有符号与意义的内容与载体的统一体，人能够通过认识符号与认识文化而创造文化。

幼儿园课程知识具有发展价值，是智力发展、能力提高和情感态度培养的基础与前提，离开知识这种精神营养来奢谈促进幼儿发展毫无意义。以幼儿的学习兴趣和自信为代价换取这样的知识实在是一件得不偿失的事，理应受到批判。文化传承是幼儿园课程知识的应有使命。幼儿园教育，传承文化、传递知识是义不容辞的责任和使命，课程作为教育传承文化知识的主要载体、内容和途径，其所承载的文化知识及其所含有的价值观、态度等必然是服务受教育对象的。促进受教育者“经验的不断改造或改组”，进而促进幼儿生长，这是幼儿园课程知识的最直接的意义之所在。

思考与练习

1. 幼儿园课程与中小学课程的区别有哪些？
2. 不同价值取向下幼儿园课程有何区别？

---

①Bowman B T, Donovan M S, Burns M S. Eager to learn: Educating our preschoolers[M]. Washington DC: National Academy Press, 2001:182,184.

②Bredekamp S, Pikulsk J J. Principles of an effective preschool curriculum presented at NAEYC by Houghton Mifflin Pre-K.December 9, 2005:1-2.

拓展性阅读导航

1. 朱家雄著《幼儿园课程》,华东师范大学出版社2003年版。

本书对幼儿园课程概况、幼儿园课程中的游戏、幼儿园课程中的各学习领域、幼儿园课程的编制、幼儿园教育活动的设计和实施以及西方的早期教育课程作了详细的介绍并对中国幼儿园课程的历史改革提出了很好的意见。

幼儿园课程之所以在很大程度上不同于其他各级各类教育的课程,是因为在儿童早期,儿童发展的速率比任何时期都大,也因为儿童学习的能力极大地依赖于其自身的发展,因此,以幼儿为教育对象的幼儿园课程的决策应该充分考虑每个幼儿的发展水平。几乎所有的早期教育工作者都认为,对儿童的教育应该是适宜儿童发展的,尽管他们对儿童发展理论持有不同的看法,导致他们对适宜儿童发展也有不同的理解。幼儿教育的方法和材料也不同于其他各级各类教育,在儿童早期,更多采用的是具体的材料和活动,课程较多地是采用活动而不是上课的形式加以组织。

2. 虞永平著《学前课程价值论》,江苏教育出版社2002年版。

本书从价值的角度展开对学前课程的研究,探讨学前课程的价值问题,主要探讨学前课程对于各类主题尤其是幼儿的需要的满足的关系,探讨学前课程的价值在学前课程实践中的变异及趋向,探讨学前课程中主要的价值关系以及它们在课程设计、课程实施等环节中的表现、反映。

第二章
幼儿园课程的目标

【内容提要】

教育是一种有目的、有计划的社会实践活动。这种目的性和计划性需要通过课程这个中介来实现。课程本身可以理解成使受教育者达到教育目的和培养目标的手段。因此,把教育目的和培养目标转化成课程目标,从而确定课程内容,指导课程实施,是课程工作者需要研究的重要课题。本章将分别论述幼儿园课程目标的内涵是什么,确定幼儿园课程目标的依据何在,幼儿园课程目标具有什么样的层次、结构和类型,构建幼儿园课程目标的方法和步骤是什么,制定和叙写幼儿园课程目标有哪些需要注意的问题。

【学习目标】

1.理解幼儿园课程目标的内涵。

2.明确制定幼儿园课程目标的依据或来源有哪些。

3.了解幼儿园课程目标的层次、结构和类型。

4.初步学会构建幼儿园课程目标的方法和步骤。

5.知道制定和叙写幼儿园课程目标需要注意的问题。

【关键词】

幼儿园课程目标　年龄阶段目标　单元目标　教育活动目标　行为目标　表现性目标　生成性目标　目标的构建和叙写

第一节

幼儿园课程目标的内涵和依据

一、幼儿园课程目标的内涵

课程目标是课程理论研究的重要内容之一。我国学者一般认为,课程目标是指一定阶段的学校课程力图使该阶段的学生的身心发展所要达到的预期结果。(靳玉乐,《现代课程论》,1995)它是课程设计的出发点和归宿。它指导着课程的设置,规定着课程内容的选择和组织以及学生的学习方式。课程目标既是课程实施的基本依据和课程评价的基本标准,也是教育目的和培养目标的具体体现。因此,课程设计的第一步就是要确定课程目标。

幼儿园教育作为学校教育的基础阶段,其课程目标是指幼儿园阶段的教育课程本身所要达到的具体要求,是期望幼儿在德、智、体、美、劳等方面达到的程度。它是我国的教育目的和幼儿园教育目标(也叫培养目标,鉴于幼儿园阶段保教结合的特殊性原则,在幼儿园阶段称为保教目标)的具体体现。

为了更好地理解课程目标,我们需要首先辨析它和教育目的、教育目标的关系。

教育目的是国家对受教育者的质量和规格的总体要求,是根据不同社会的政治、经济、文化、科学、技术发展的水平以及受教育者身心发展的状况确定的。它反映一定社会对受教育者的要求,是教育工作的出发点和最终目标。它体现在国家的宪法、教育基本法和教育方针之中,是对培养人的一般性、概括性和抽象性的规格要求。它对课程内容的选择与组织、课程实施与评价不提供具体指导。比如我国现行宪法规定:“国家培养青年、少年、儿童在品德、智力、体质等方面全面发展。”宪法规定的教育目的具有高度的概括性,普遍地适用于各级各类学校教育,其中也包括幼儿园。由于教育目的是总体性的、高度概括的,要确保教育目的得到正确的贯彻和落实,还需要根据各级各类学校的实际情况进行具体化,即制定各级各类学校的教育目标或培养目标。教育目标(或培养目标)指在教育目的的指导下,各级各类学校和各个学段应具体达到的人才培养要求,是教育目的在各级各类学校中的具体化。换句话说,教育目标或培养目标要根据教育目的来制定,教育目的则需要通过各级各类学校的培养目标才能得以实现。教育目标或培养目标一般是由国家的教育行政部门来制定。它需要根据教育目的所指出的方向,明确办学宗旨,清楚地认识学校的性质和任务,在大量调查研究的基础上,提出切实可行的目标。幼儿园保教目标是国家规定的教育目的在幼儿园阶段的具体化,是我国所有幼儿园教育必须遵守的。

资料栏

《幼儿园工作规程》中幼儿园保育和教育的目标

(一)促进幼儿身体正常发育和机能的协调发展,增强体质,促进心理健康,培养良好的生活习惯、卫生习惯和参加体育活动的兴趣。

(二)发展幼儿智力,培养正确运用感官和运用语言交往的基本能力,增进对环境的认识,培养有益的兴趣和求知欲望,培养初步的动手探究能力。

(三)萌发幼儿爱祖国、爱家乡、爱集体、爱劳动、爱科学的情感,培养诚实、自信、友爱、勇敢、勤学、好问、爱护公物、克服困难、讲礼貌、守纪律等良好的品德行为和习惯,以及活泼开朗的性格。

(四)培养幼儿初步感受美和表现美的情趣和能力。

由于教育目标或培养目标仍然具有普遍性和概括性,要实现教育目标需要经过复杂的、多方面的努力,其中,把教育目标转化为具体的课程目标是极其关键的一步。课程目标是对国家教育目的和某级或某类教育培养目标的具体化,具体体现课程开发与教育活动的价值取向,它制约着课程的设置,规定着课程内容的选择和组织以及学生学习活动的方式,并为课程与教学的评价提供依据。

下面我们把教育目的、幼儿园保教目标以及幼儿园课程目标的外延关系用一个图示来说明(图2-1)。

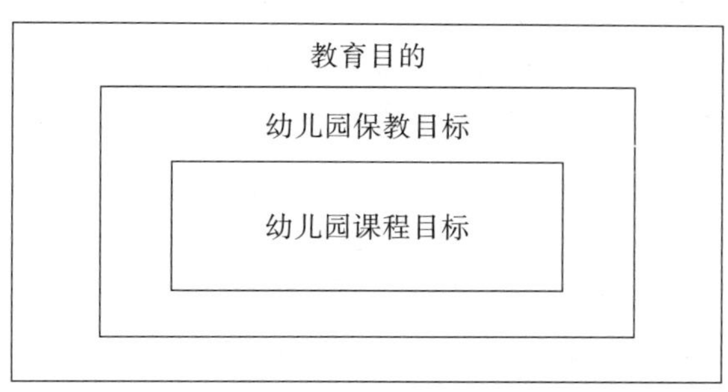

图2-1 教育目的、幼儿园保教目标、幼儿园课程目标的外延关系示意图

一般来说,课程目标不宜过分宽泛和笼统,而应该明确和清晰,同时也不宜过于具体和细碎,要给各年龄段或各教育领域留下延展的空间。我国并无国家统一规定的幼儿园课程标准,下面以《上海市学前教育课程指南》示例[①]。

通过上海学前教育课程的实施,促进幼儿健康水平以及情感、态度、认知能力等各方面的发展,使幼儿成为健康活泼、好奇探究、文明乐群、亲近自然、爱护环境、勇敢自信、有初步责任感的儿童。课程的具体目标是:

---

①此为整个幼儿园教育阶段整合视野下的幼儿园课程总目标。课程指南中对课程结构的说明是:"整体构建学前教育四年一贯的课程体系,加强课程的启蒙性、整合性和开放性,以适合不同幼儿园、不同发展水平幼儿的需要。"

1.初步了解并遵守共同生活所必需的规则,体验并认识人与人相互关爱与协作的重要和快乐。

2.初步形成文明卫生的生活态度和习惯,独立自信地做力所能及的事,有初步的责任感。

3.积极活动,增强体质,提高运动能力和行动的安全性。

4.亲近自然,接触社会,初步了解人与环境的依存关系,有认识和探索的兴趣。

5.初步接触多元文化,能发现和感受生活中的美,萌发审美情趣。

6.积极地尝试运用语言及其他非语言方式表达和表现生活,具有一定的想象力和创造性。

对比以上幼儿园保教目标和课程目标的内容后,我们可以发现,保教目标主要是根据我国的教育方针,从德、智、体、美、劳全面发展的人才培养角度来提的,课程目标则从社会性、生活卫生、体育、人与环境、艺术、语言等方面提出了教育要求,这些也正是幼儿园课程的几个主要方面。

因为课程是实现教育目标的桥梁,课程目标是一定的教育目标在课程领域的具体化,由于课程开发者不同的教育价值取向,便产生了确定课程目标的不同依据或来源。

二、确定幼儿园课程目标的依据

20世纪以来的课程理论研究中,对于确定课程目标的依据或课程目标的来源有不同的观点。例如,杜威在1902年出版的《儿童与课程》一书中,论述了教育过程的三个基本要求,即学生、社会、教材;波德(B.H.Bode)在1931年发表的《处于十字路口的教育》一文中,提到课程目标的三个来源为教材专家的观点、实践工作者的观点、学生的兴趣;塔巴(H.Taba)1945年在《课程设计的一般技术》一文中,也论述了课程目标的三个来源,即对社会的研究、对学生的研究、对教材内容的研究。著名课程论专家拉尔夫·泰勒(R.W.Tyler)在总结这些观点的基础上,在《课程与教学的基本原理》一书中,详细论述了课程目标的三个来源:对学生的研究、对当代社会生活的研究、学科专家的建议。他提出的这三个来源已经成为课程工作者的共识,如果说还有争议的话,主要集中在如何看待这三者之间的关系,在各个教育阶段,如何处理这三者之间各自的权重或比例。确定幼儿园课程目标的依据也同样是这三个方面,即幼儿的发展和需要、社会生活状况、人类的知识经验(即学科专家的建议内容),下面分别阐述。

(一)了解幼儿的发展和需要

教育是一种有目的、有计划地培养人的活动,课程则是实现教育目的和培养目标的手段,是为了使受教育者更有智慧地生存,实现身心全面和谐的发展。因此,幼儿园课程设计首先要关注对幼儿的研究,尤其是对幼儿的现有身心发展水平、将来的身心发展需要、幼儿在不同阶段的兴趣和关注点以及学习发生的条件等方面的研究。

第一,明确幼儿的现实发展状况。幼儿的现实发展状况也是学习的准备状态,是确立课程目标的基础和起点,把不同年龄阶段幼儿共性的发展水平和理想的标准或公认的常模作比较，就能发现共性的教育需求，把这些需求具体化，就可能成为某一年龄阶段幼儿的课程目标。同时，幼儿的现实发展状况也为课程目标能否被实现提供了依据。比如，3岁幼儿数概念的一般发展水平为，在适当的教育引导下，能够做到5以内的实物点数或按数取物，那么，在数学活动中确定5以内的实物点数或5以内的按数取物，就是可能达到的。反之，如果对3岁幼儿的课程目标是20以内数的加减，即使用多么有趣的教学方法，也将是徒劳的，难以达到预定的目标。

第二，了解幼儿的兴趣和需要。幼儿的现实发展状况向我们提供了发展可能性的信息，教育的目的是在可能性的基础上，促进幼儿进一步的发展。为了实现教育者对幼儿的理想发展目标，了解幼儿的兴趣和需要是确立课程目标的前提之一。只有这样，才能将教育者对幼儿的发展要求转变为幼儿的自身发展需要，才能激发幼儿学习和发展的内部动力。当然，幼儿的身心发展需要有些是幼儿意识得到的，也是教育者期望的，它们可能顺利地成为幼儿园课程的目标。还有一些需要可能是幼儿意识不到但又是应该要达到的，这就需要教育者帮助幼儿选择或对其进行引导。

（二）研究社会生活状况

幼儿既是幼儿园里的受教育者，也是社会的一员。课程目标既要帮助幼儿进入并适应当前的社会生活，也需要为幼儿未来的社会生活作准备。幼儿是一个不断发展的个体，社会生活也是不断发展变化的，设计幼儿园的课程时需要对各方面的问题进行洞察和判断，把握社会生活变化，研究社会对幼儿成长的期望和要求，制定适宜的课程目标，培养出既适应社会需要，又能体验到成功，自主、自信的人。

对社会生活状况的研究可以从时间和空间两个方面入手。时间上，包括过去、现在和未来的社会生活。读史以明志，适当了解人类过去的社会生活，可以使幼儿体会到社会的发展和变化。对当前社会生活的学习和了解，是适应社会、融入社会的前提。对未来社会生活的了解，则是为未来生活做准备之需要。今天的幼儿，将是明天的社会公民，“我们今天对课程目标所做的抉择，其结果将在二十年后同我们见面”①。空间指幼儿生活的物理环境，在国际化、信息化的形势下，我们每个人生活的空间范围越来越广阔，“鸡犬之声相闻，老死不相往来”的生活情态正在被国家、民族、“地球村”、虚拟社区等取代，人类的活动空间甚至延展到了太空。

从如此广泛的社会生活中抽取教育资源，确定课程目标绝非易事。最常见的方法是，将当代的社会生活划分成有意义、有代表性的几个不同方面，然后从每个方面抽取重要的内容，制定课程目标。比如，著名课程论专家拉尔夫·泰勒将当代的社会生活分为健康、家庭、娱乐、职业、宗教、消费和公民七类；英国课程论专家丹尼斯·劳顿（D.Lawton）则从文化分析的视角，将人类的社会生活分成九个不同的子系统，即社会政治系统、经济系统、交流系统、理性系统、技术系统、道德系统、信仰系统、美学系统、成熟系统。②

研究和分析当代社会生活，选择和确定课程目标时，必须要坚持几个基本的原则。

①施良方.课程理论——课程的基础、原理与问题[M].北京：教育科学出版社，1996:101.

②张华，石伟平，马庆发.课程流派研究[M].济南：山东教育出版社，2000:445-448.

第一,坚持公平与民主。即要分析社会生活中各阶段的现状和需求,不能只考虑某些优势阶层,而忽略不利阶层。第二,个性与共性统一。确定课程目标,选择课程内容时,既要结合本地区、本民族的实际,也要从全国乃至从全人类的社会生活中抽取出共同的东西,做到个性与共性的平衡与统一。第三,适应与超越。幼儿园的教育需要帮助幼儿适应社会,使幼儿从一个自然人变成社会人,但是,教育也不是只做社会的附庸,停留于介绍和维持现有的社会状态,还要注意培养幼儿对社会的批判和改造的思想意识,推动社会的进步和发展。

(三)分析人类的知识经验

教育的本质在于传承人类文化,学校的教育课程是传承文化的主要载体和有效手段,而人类文化的主要构成则集中体现在知识经验上。人类社会几千年的知识经验包罗万象,究竟以哪些知识和经验作为幼儿园课程目标的来源呢?从中国古代的"六艺"和西方的"七艺"开始,人们从没停止过对知识(包括经验)价值的探索。英国哲学家斯宾塞从功利主义的哲学观出发,认为"科学知识最有价值"。当今对知识价值的认识趋向则是,知识不仅需要满足社会生活繁多的功能需求,还要有利于提升个人生活的意义,不仅要让人认识世界、理解世界,还要使其与世界更好地和谐共存。

人类的文化知识和经验包罗万象,而受教育者的教育时间是有限的。因此,泰勒指出有助于达到目标的学习经验须具备四个特征:(1)培养思维技能的学习经验;(2)有助于获得信息的学习经验;(3)有助于形成社会态度的学习经验;(4)有助于培养兴趣的学习经验。后来,美国心理学家布卢姆(B.S.Bloom)等人又对泰勒提出的这四类经验做了进一步的分类研究,把教育目标分为三个主要领域,即认知领域、情感领域和动作技能领域。每个领域又可分为若干亚类和层次。这些目标主要通过不同的学科或领域的课程内容来实现。

A.认知领域

知识:指记忆所学的内容和名称、事实、规则和原理等。

理解、领会:理解所学知识或概念的意义,如转化、解释和推理等。

应用:将所学的概念、规则、方法、步骤、原理等应用到新的情境之中。

分析:将所学的概念、原理、规则等分解为各个基本的构成要素,或找出各构成要素之间的相互关系。

综合:在分析的基础上将所学的片断概念或知识、原理等进行重新组合,构成新的整体,使零散的知识系统化。

B.情感领域

接受、注意某一学习内容,如"注意听……""认真……"等。

反应:愿意参加某一活动,并予以正确的判断或肯定,使行为具有意义或价值。

组织:将许多事物的个别判断组织起来,构成一个整体,使之协调。

性格化:将价值判断或构成的整体价值系统化为个人的性格。

C.动作技能领域

反射动作、基本动作、知觉动作、体能、敏捷性、技巧能力等。

对不同学科或类别知识经验的研究可以帮助我们了解不同的知识有什么价值，对幼儿当前的发展有什么作用，它将如何促进幼儿的发展，或者说，各领域的知识经验与幼儿身心发展的关系是什么。例如，自然科学知识可以促进幼儿的以下发展：

了解自然世界的物理特征和生物特征；

获得认识周围世界的基本思维方法和基本经验或初步概念；

初步获得建构这些知识的方法，如分类、排序、比较等；

感知和学习发现问题和解决问题的科学方法（发现问题，提出假设，验证假设，发现结果，获得初步认识或加深理解）。

以上我们分析了确定课程目标的三个依据（或来源）。在为幼儿园这个保教结合、保教并重的特殊阶段的教育制定课程目标时，同样需要有机整合这三个方面的因素。对于身心发育尚未成熟的幼小儿童，需要特别注意研究他们的身心发展规律和特点，尊重并满足幼儿的兴趣和需要，这是毫无疑问的。过去，我们在这方面犯过错误，忽视幼儿身心发展的特征和规律，违反教育的科学规律，对幼儿的发展造成了不利影响。即使这样，也绝不意味着不考虑社会的需要和文化知识的学习。认清社会的需要，把幼儿培养成国家所需要的人，这也是关系到幼儿教育方向性的大问题。因此，将教育目标转化为明确的课程目标是一项艰苦的创造性工作，绝不是一个简单推演的过程，它需要对儿童、对社会、对各学习领域进行深入的研究，缺少任何一方面，课程目标的制定都不可能成功。

由于幼儿在园时间和幼儿园各方面条件的限制，根据上述三个来源所获得的大量的、一般性的目标，还不能直接作为幼儿园的课程目标。由于教育时间和教育条件有限，教育需要把时间集中在一些很重要的目标上，因此需要对大量的目标进行筛选，剔除那些不重要的、相互矛盾的，或幼儿难以达到的目标。泰勒建议将教育哲学和学习心理学作为两把筛子，用来对大量一般性的目标进行筛选和过滤。如果将泰勒确定目标的观点运用到幼儿园课程目标的制定中，可以用下面的示意图来表示（图2-2）。

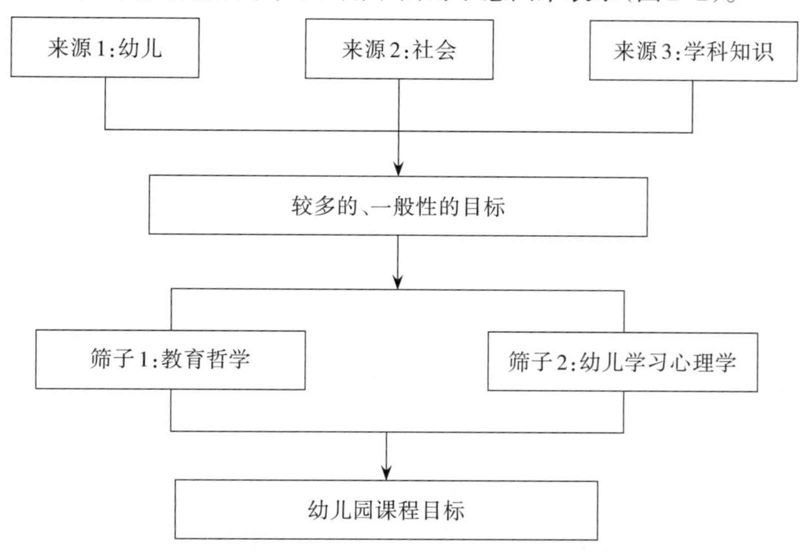

图2-2 幼儿园课程目标确定过程示意图

运用教育哲学和学习心理学这两把筛子对课程目标进行筛选和过滤,是因为这两者是课程理论和实践的重要基础。每一种教育课程都隐含着课程设计者的某些哲学思想或观念,只不过有的表现明显,有的表现隐晦罢了。比如美国教育家杜威在实用主义哲学思想的指导下,提倡以经验为中心的知识观,认为任何知识都应该包含行动的因素,“知识的功用就在于它使我们通过恰当的行动可以控制我们将来经验的性质”[①]。这种以行动为中心的知识观,反映在课程设计上,就是注重学习者的活动和操作,重视学习者的实际经验,把课程和儿童的经验结合起来,倡导“从做中学”。用学习心理学这把筛子对目标进行筛选,是从学习者的角度出发的。首先,课程的服务对象是学生,课程设计必须了解学生对课程内容的理解情况,否则,传递这些课程内容就是徒劳的;其次,课程的最终目的是要促进学生的发展,那就必定会涉及某种学习和发展的模式。尽管课程目标的实质内容是由社会政治和经济情况、哲学思想和教育宗旨等因素决定的,但学习心理学的知识能帮助我们确定课程目标的达到程度和陈述方式,以便剔除那些提得过高或过低的目标,特别是那些看似相同内容的层次递进。布鲁姆等人在对认知领域的目标进行分类时,就把认知分成了由简到繁的五个层次,即领会、运用、分析、综合、评价。

①Lewis C I. Analysis of knowledge and valuation[M]// 施良方. 课程理论——课程的基础、原理与问题. 北京:教育科学出版社,1996:65.

第二节
幼儿园课程目标的层次与结构

幼儿园的课程目标是一个复杂的系统，从纵向分，有总目标、领域目标、年龄阶段(学年)目标、学期目标、时间单元或内容单元目标、教育活动目标。从横向分，有认知目标、情意目标、动作技能目标，或者身体和动作技能发展目标、认知发展目标、语言和社会性发展目标、情感与审美发展目标等。我们在进行课程和教学设计时，必须考虑到目标体系横向和纵向的联系，综合分析幼儿园教育及目标系统中的各要素。

一、幼儿园课程目标的层次

幼儿园课程目标的层次主要指纵向目标系统，这些目标从一般到特殊，逐级具体化，形成一个多层次的完整体系。从上至下，一般可分为四级层次。下面用一个示意图来表示(图2-3)。

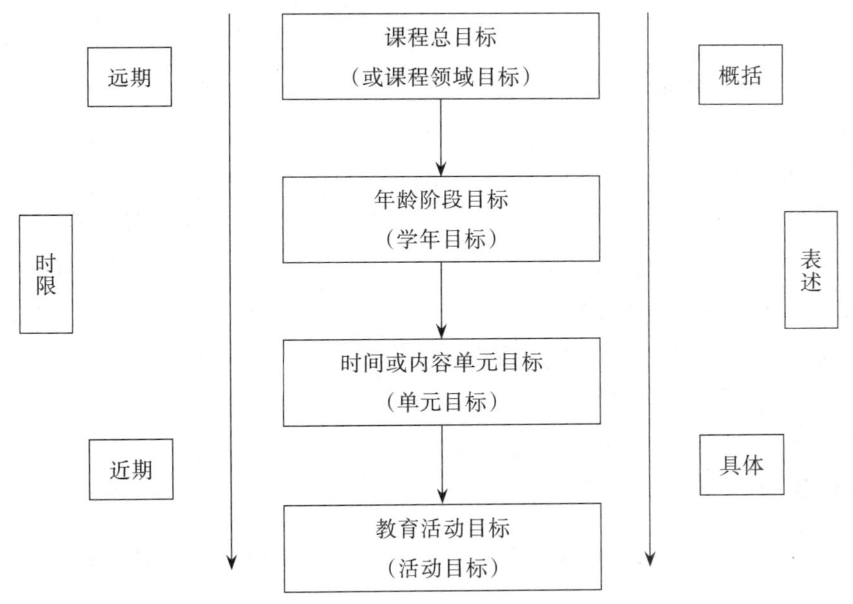

图2-3 幼儿园课程目标的层次

(一)课程总目标

幼儿园课程的总目标是幼儿园课程设计的逻辑起点，因为我们在设计幼儿园三年的教育课程时，首先需要明白“为什么而教”，从而进一步确定“教什么”、“如何教”。幼儿园的课程总目标受教育目的和幼儿园保教目标的制约，必须体现教育目的和幼儿园保教目标的主旨或意图。教育部于2016年实施的新的《幼儿园工作规程》明确了幼儿园保育和教育的总目标，对幼儿德、智、体、美、劳五个方面的培养提出了明确要求。幼儿园的课程总目标与《幼儿园工作规程》中提出的保教总目标在本质内容上是相通的，幼儿园的课程总目标必须贯彻这些要求。但在内容的概括性、可操作性和使用功能方面，课程总目标又与保教目标(也称培养目标)有区别。

第一，在概括性方面，幼儿园的保教目标高于课程目标。幼儿园的保教目标是对幼儿园保育和教育的所有方面及各项保教活动的要求，包括保教课程标准的制定、课程实施和评价等，而课程目标是幼儿园全部保育和教育活动的直接目标，外延可包括总体目标和领域目标。总体目标指整个幼儿园教育阶段，所有保教课程设置和实施需要达到的目标，领域目标则是某一方面或某一领域在教育目标指导下的教育要求。

第二，幼儿园的课程目标比保教目标更具体，更具有操作性。因为课程总目标一般会涉及具体的教育领域或科目，要通过不同领域或学科的个性或特点，共同实现培养目标的要求。另外，课程目标也是课程编制的起点和终点，它需要指导课程内容的选择和组织、课程实施的方法以及课程实施效果的评价等，因此，必须提出具体要求，以保证对实践的指导意义。

第三，幼儿园保育和教育的总目标适用于与幼儿园教育有关的所有工作人员，课程总目标则主要针对对幼儿实施保育和教育的人员，以方便他们进行具体的课程设计和实施。

(二)年龄阶段目标

幼儿园各领域的年龄阶段目标是根据各领域的总目标确立的，按幼儿年龄阶段划分的中短期目标。实质上是对幼儿园各领域课程总目标的分解。幼儿园课程的总目标是整个幼儿园教育阶段在保育和教育方面需要达到的结果，是一个长期目标，时间跨度至少三年。为了使这个长期目标不落空，我们需要将它们分解成年度或更短的时间去逐步落实。目前一般是分解成小、中、大班或3—4岁、4—5岁、5—6岁的一年期目标，每一年的目标既有区别又有衔接，前一阶段是后一阶段的基础，后一阶段是前一阶段的发展和延续。比如，2012年教育部颁布的《3—6岁儿童学习与发展指南》中，每一条目标里，对三个年龄段儿童的要求都是不同的，体现出明显的层次性。下面以健康领域和语言领域的两条目标为例(表2-1，表2-2)。

表2-1 健康领域中“动作发展”子领域目标2：具有一定的力量和耐力

3—4岁	4—5岁	5—6岁
1.能双手抓杠悬空吊起10秒左右。 2.能单手将沙包向前投掷2米左右。 3.能单脚连续向前跳2米左右。 4.能快跑15米左右。 5.能行走1公里左右(途中可适当停歇)。	1.能双手抓杠悬空吊起15秒左右。 2.能单手将沙包向前投掷4米左右。 3.能单脚连续向前跳5米左右。 4.能快跑20米左右。 5.能连续行走1.5公里左右(途中可适当停歇)。	1.能双手抓杠悬空吊起20秒左右。 2.能单手将沙包向前投掷5米左右。 3.能单脚连续向前跳8米左右。 4.能快跑25米左右。 5.能连续行走1.5公里以上(途中可适当停歇)。

表2–2　语言领域中"阅读与书写准备"子领域目标1:喜欢听故事,看图书

3—4岁	4—5岁	5—6岁
1.主动要求成人讲故事、读图书。 2.喜欢跟读韵律感强的儿歌、童谣。 3.爱护图书,不乱撕、乱扔。	1.反复看自己喜欢的图书。 2.喜欢把听过的故事或看过的图书讲给别人听。 3.对生活中常见的标识、符号感兴趣,知道它们表示一定的意义。	1.专注地阅读图书。 2.喜欢与他人一起谈论图书和故事的有关内容。 3.对图书和生活情境中的文字符号感兴趣,知道文字表示一定的意义。

(三)单元目标

单元目标指某个教育时间单元或教育内容单元所要达到的教育要求或结果。作为时间单元理解时,既可以是学年目标下面的学期目标,也可以是月目标、周目标、一日活动目标,甚至半日活动目标等;作为内容单元理解时,它既可以指综合教育课程中各个不同内容的单元主题,也可以是科学、语言等某个教育领域的内容单元。比如,科学领域可分为四个大的内容单元,即探究技能、生命科学、物质科学、地球和空间科学,这里面可再分解成许多不同级别和大小的内容单元。内容单元越大,目标越抽象;内容单元越小,目标越具体,越有针对性。如中班以科学内容为主的小单元"草地上的秘密",其主要目标是引导幼儿观察春天草地上植物和动物的特点,发现其变化,初步感知春天是生长的季节。在此目标指导下,可以设计一系列教育活动,逐步实现单元教育目标或从不同的角度达成目标。如表2–3所示。

表2–3　中班下学期单元主题"草地上的秘密"

单元名称	设置理由	教育目标	主要活动
草地上的秘密	春天是万物生长的季节,许多动植物都进入了繁殖生长的阶段,通过组织一系列活动,让幼儿发现春天草地上动植物的特点和变化,体会春天的美丽和勃勃生机。	1.观察春天草地上植物和动物的特点。 2.通过多次观察和记录,发现草地上动植物的生长变化。 3.了解春天是生命生长的季节,体会春天的勃勃生机。	1.初春的草地。 2.草地上植物的变化。 3.草地上的小动物。 4.草地上的秘密。

(四)教育活动目标

教育活动目标指在一个或一系列教育活动中期望达到的要求或结果。它是根据幼儿园课程的总目标和年龄阶段目标,并结合教育活动的内容和幼儿的特点提出的具体的、可操作的目标。教育活动是幼儿园课程的基本单位,具有很强的实践性和实效性,幼儿园保教目标、课程目标的主要意图都要通过各个教育活动目标的落实来实现,它是幼儿园教学活动的起点和终点,也是进行教学评价的重要依据。因此需要表述具体,有针对性,教师一看就知道应该做什么。比如中班下学期几个教育活动的目标:

科学活动:有趣的影子

(1)初步感知影子和光的关系,发现有光的地方才有影子,获得有关影子的感性经验。

(2)尝试用多种方法感知影子的特征,体验与同伴合作探索的乐趣。

数学活动:数字邻居

(1)初步理解相邻两数之间差1的关系。

(2)遵守小组活动规则,知道用过的材料要还原。

音乐活动:小蝌蚪

(1)感受乐曲旋律四三拍和四二拍的变化特点,用连贯的声音唱出"摇摇摆摆"一句,初步表现出歌曲俏皮的情绪。

(2)通过儿歌迁移记忆歌词,利用动作变化掌握变换拍子的节奏变化。

(3)在歌唱活动中大胆用动作表现歌曲,体验活动的快乐。

以上介绍了课程目标系统中的四个层级,任何下一层次目标的确定,必须以上一级目标为依据,下级目标是为上级目标服务的。课程目标的设计过程就是对各层次目标自上而下的分解和具体化的过程。

二、幼儿园课程目标的结构

课程目标的结构主要是从横向的角度探讨目标是由哪几方面的内容组成的。教育需要培养完整的、各方面和谐发展的人,片面强调知识的传授或技能的发展都不可取。那么,怎样的结构体系才是合理的呢?布卢姆的教育目标分类学理论是一个有益的启发,目前我国课程界也主要参考此观点,从认知、情感和动作技能三个方面来构建课程目标体系。比如,2001年颁布的小学《品德与生活》课程标准,将课程的总目标定为:培养具有良好品德和行为习惯、乐于探究、热爱生活的儿童。然后将此总目标分为四个块面:情感与态度、行为与习惯、知识与技能、过程与方法。小学科学课程标准则将目标分为科学探究、情感态度与价值观、科学知识三个块面。

我国《幼儿园教育指导纲要(试行)》中的教育目标是先划分出健康、语言、社会、科学、艺术五个不同的教育领域,然后再分领域提出教育目标,但各个领域的目标均包含认知、情感和动作技能三方面的内容。

例如,《幼儿园教育指导纲要(试行)》中,健康领域的目标是:

1. 身体健康,在集体生活中情绪安定、愉快;

2. 生活、卫生习惯良好,有基本的生活自理能力;

3. 知道必要的安全保健常识,学习保护自己;

4. 喜欢参加体育活动,动作协调、灵活。

以上这4条目标,既是幼儿园阶段健康领域的教育目标,也是健康教育课程的总目标。其中第1条后半部分和第4条前半部分为情感类目标,第2条和第4条的后半部分为动作技能目标,第3条则主要是认知或知识目标。

再看《幼儿园教育指导纲要(试行)》中社会领域的目标：

1. 能主动地参与各项活动，有自信心；

2. 乐意与人交往，学习互助、合作和分享，有同情心；

3. 理解并遵守日常生活中基本的社会行为规则；

4. 能努力做好力所能及的事，不怕困难，有初步的责任感；

5. 爱父母长辈、老师和同伴，爱集体、爱家乡、爱祖国。

以上5条目标中，“学习互助、合作和分享”“理解并遵守日常生活中基本的社会行为规则”属于认知类目标；“能努力做好力所能及的事”属于技能类目标；“能主动地参与各项活动，有自信心”“乐意与人交往”“有同情心”“不怕困难，有初步的责任感”“爱父母长辈、老师和同伴，爱集体、爱家乡、爱祖国”属于情感类目标。

因为课程目标的主要内容在本质上与教育目标大致相同，根据目前我国幼儿园教育目标的呈现方式，我们可以将幼儿园课程目标制成一个二维结构表(见表2–4)。

表2–4　幼儿园课程目标二维结构表

课程领域	个体发展		
	认知	情感	动作技能
健康			
语言			
社会			
科学			
艺术			

除了按教育领域确定课程目标外，也有从幼儿心理发展的不同方面来制定课程目标的。例如美国的海伊斯科普(High/Scope)课程(也译作高瞻课程)。此课程根据皮亚杰的儿童心理发展理论，将课程目标分为五个方面49条关键经验。目前国内有一些课程方案也是从儿童发展的角度来拟定课程目标的，如人民教育出版社组织编制的《幼儿园活动体验课程》，就从感知和操作、语言和符号、自主性和社会性、身体控制和运动、思维和问题解决、体验和表现六个大的方面来拟定课程目标。

总之，不管从什么角度来制定课程目标，为了让幼儿实现德、智、体、美、劳全面和谐的发展，课程目标里应该对认知、情感、动作技能几方面的发展做出规划。越是上位的目标，因为它反映的是比较长期的教育价值取向，具有普遍性、方向性的特点，课程目标的结构越需要全面和完备，比如课程总目标(或领域目标)、学年目标、单元目标等。对于某一个具体的教育活动来说，由于时间短、内容少，也许难以涉及认知、情感、动作技能中的所有方面，但因为有上位目标作为约束和指引，课程设计者就会设计出不同的教育活动，各有侧重，互相补充，共同完成促进幼儿和谐、全面发展的总目标。比如大班教育活动“神舟飞船上天了”的目标为：

1. 了解神舟飞船的常识，激发作为中国人的自豪感。

2. 对有关火箭、太空的信息感兴趣，对航天员、科技工作者充满崇敬之情。

这个活动的目标主要涉及知识和情感两个方面，无动作技能方面的目标，但接下来还有这样一个活动“各种各样的航天器”，其目标为：

1. 初步了解各种各样的航天器及其作用。

2. 能根据自己的愿望和需要，选择废旧材料，设计制作自己感兴趣的航天器。

这个活动的目标，第1条是从知识经验的维度提的，第2条则是应用相关知识的动作技能。

不管是一个活动中实现多项目标，还是通过多个活动来实现这些目标，都是为了一个目的——实现幼儿的全面和谐发展。

|第三节|
幼儿园课程目标的类型和构建方法

一、幼儿园课程目标的类型

幼儿园的课程目标不仅具有不同层次和结构，同时还具有不同的类型。从对象上，可分为教育目标和发展目标；从取向上分，可分为行为目标、表现性目标和生成性目标。

（一）基于不同对象的幼儿园课程目标类型

幼儿园课程目标从对象上分，可分为教育目标和发展目标两种类型。为了直观地了解它们的不同，我们先从实例入手。同样是“垃圾分类”的教育活动，在一套课程方案里，它的目标是这样表述的：

（1）了解垃圾可分为不同的类别，学习将生活中的垃圾分类处理。

（2）知道垃圾分类的重要意义，发展环保意识和初步的行为习惯。

而在另一套课程方案里，它的表述方式却略有不同：

（1）让幼儿了解垃圾的类别，指导幼儿学习将生活中的垃圾分类处理。

（2）让幼儿知道垃圾分类的重要意义，培养幼儿的环保意识和初步的行为习惯。

仔细分析以上对垃圾分类的两种目标表述，发现它们虽然有差别，但需要达到的要求却是相同的，即了解垃圾的类别，学习将垃圾分类，发展环保意识和行为习惯。第一种表述方法是从幼儿学习的角度，指出幼儿通过此活动需要达到的发展。第二种表述方法则是从教师教的角度，指明教师在此活动中应该做的工作或者应该达到的教育效果。

目前，多数人主张从幼儿学习的角度来表述目标，以促使教师把工作的重心从重视自身的“教”向重视幼儿的“学”转移，多关注幼儿在学习过程中的反应，以及幼儿的学习结果。另外，发展目标的表述方法也比教育目标简洁。

（二）基于不同取向的幼儿园课程目标类型

取向即选择的方向、趋向之意，比如我们常说的价值取向、审美取向。课程目标的取向主要是指课程目标所采用的形式。我们之所以要探讨课程目标的取向，是因为它涉及要不要制定课程目标，以及制定什么样的课程目标的问题。课程目标呈现出不同的取向，其实质是人们对学习者身心发展的规律、社会需求的重点以及文化知识的性质和价值的看法存在差异，以及对这三者之间关系的理解不同所致。根据不同类型目标对我国幼儿园课程的影响以及实际应用情况，这里介绍三种取向的目标，即行为目标、表现性目标和生成性目标。

1.行为目标

行为目标是以明确的、具体的、可操作的行为的形式来陈述的课程目标。它指明了课程与教学活动结束后学习者身上所发生的行为变化。对课程目标的系统论述，源自博比特1924年出版的《课程论》。他在书中提出了课程科学化的问题，由此提出课程目标必须具体化、标准化，并在《怎样编制课程》一书中具体列举了10个领域的800多个目标，与当时流行的刺激—反应理论相呼应。美国心理学家桑代克甚至为小学算术列出了3000个目标。这些关于课程目标的论述，基本就是行为目标的同义语。美国著名课程论专家拉尔夫·泰勒在总结已有成果的基础上，在《课程与教学的基本原理》(1949年)一书中，对课程目标作了系统而全面的论述。他指出，人们在教育实践中容易犯这样的错误：(1)把目标作为教师要做的事情来陈述，没有指明学生的变化是什么；(2)列举课程所涉及的各种要素，没有说明希望学生如何处理这些要素；(3)采用概括化的方式陈述目标，但没有指明这些目标所能应用的领域。因此，泰勒指出最有效的陈述目标的形式就是既指出要使学生养成哪些行为，又要说明这些行为所能运用的生活领域，即以行为方式来陈述目标。他因此被称为“行为目标之父”。比如：

· 在玩火车钻山洞的游戏时，尽量控制好自己的身体，如低头、屈身、屈膝、匀速慢跑、不挤推和拖拽他人，也不碰到扮城门的人。

· 通过操作活动感知数量10，认识数字10，理解它的实际意义，学习用它来表示事物的数量。

· 能用自己的语言清楚地讲述图片的内容。

· 知道110、119、120、122这些特殊的电话号码，了解它们分别在什么情况下使用。

采用行为目标的优点在于避免了目标模糊性的缺陷，具有具体的、可操作的指标。首先，它为教育管理部门或幼儿园的教育质量管理提供了评价和比较的标准；其次，在行为目标的指导下，教师能清楚地意识到自己要做什么，并能在教学过程中判断教学目标是否达到，从而及时调整自己的教学活动。对于认知和动作技能类的学习用行为目标的表述方式是非常有用的。因此，行为目标在课程开发领域受到普遍欢迎，至今在我国的幼儿园课程设计中仍被广泛采用。

行为目标虽然因为其科学性和便于操作性而受到欢迎，但在运用的过程中，也出现了一些弊端。第一，行为目标是以行为的方式来界定的，但并不是所有课程目标都能转化成外显的行为，情感、态度、价值观等心理意识问题并不能完全用外显的、可观察的行为来具体描述。并且，外显的行为未必能恰当地反映某种学习的发生。第二，过分重视学习结果和目标的达成，容易使教师忽视生动的、主动探究的学习过程，使教育走向唯科学主义的“加工”产业，沉湎于短期的行为—结果的绩效观察和考核之中，忽视学习者主动性和创造性的发挥，影响其长远的发展。

2. 表现性目标

表现性目标指学生在从事某种活动后所获得的结果。它关注的是学生在实际的教育情境中个性化的创造表现，而不是事先规定的结果。行为目标则是在课程开始之前预先定下课程结束后儿童将要发生的可见行为变化，比如学会唱某一首歌曲，学会某一项或几项动作技能。

表现性目标是美国课程专家艾斯纳提出的一种课程目标取向。艾斯纳认为，“行为目标可能适合于某些教育目的，但不适合用来概括我们所珍视的大多数教育期望”。因此，课程设计和评价应该提供三种类型的课程目标，即行为目标、解决问题的目标、表现性目标。表现性目标描述的是一种教育际遇：一种可以辨别孩子工作的情境，一个他们要处理的问题，一个他们要完成的任务；但是他们学习的际遇、情境、问题或者任务中，并不特别指出要做什么。[①]表现性目标是在教育活动结束时有意或无意得到的结果。至于对表现性目标的评价，则是一种美学式的鉴赏，而不能像行为目标那样，追求目标与结果的一一对应。他就如何叙写表现性目标给出了一个例子。比如：“参观幼儿园并讨论那里发生的有趣的事情、使用铁丝和木块发展三维形式。”“参观动物园，讨论在那里看到的最有趣的几件事。”“考察和评估《老人与海》的重要意义。”在目前我国幼儿园的课程设计中，其实早已在应用这种目标表述方式。如：[②]

在对比观察中，感知花的多样性。

通过讨论、分工，进一步感受合作游戏的快乐。

感受故事的意境，体验同伴间的友爱之情。

积极参与表演活动，体验与同伴合作表演的乐趣。

体验有节奏地念象声词的快乐，勇于挑战一次次的困难。

表现性目标的优点主要有两个方面：首先，将情感、态度、价值观等重要因素突出出来，弥补了行为目标狭窄、细小，将复杂的教育行为简单化的不足；其次，表现性目标尊重学生在学习过程中的创造性表现，给学生留出了个性与创造性的空间，弥补了行为目标轻视学生个性和主体性的不足。但是，由于表现性目标过于模糊，缺少明确的指向性和预设性，导致课程实施者无法很好地领会和展开，难以发挥课程设计和实施的指南作用。对某些重要的学习经验，也难以保证受教育者掌握必须掌握的内容，从而同样不能保证受教育者的利益。

3. 生成性目标

前面介绍的行为目标和表现性目标是从目标的内容表述这一角度区分的，而生成性目标则是从时间或程序上是否提前预设，或者谁是制定主体这个角度来作为分类依据的。因此，生成性目标与行为目标和表现性目标并非同一维度，但因为在目前我国的幼教课程界生成课程、生成性目标已被大量使用，为了帮助大家厘清认识，也在此一并介绍。从时间上看，行为目标一般是提前预设的，表现性目标既可以提前预设，也可以在教育过程中生成，生成性目标则是在教育情境中随着教育过程的展开自然生成的课程目标。从目标制定的主体看，生成性目标不是由外部事先对学习者规定要达到什么学习结果，而是在教育过程中根据学生的兴趣自然生发出来。生成性目标（或过程模式课程）的

---

①Eisner E W. Instructional and expressive objectives[M] // Golby M, Greenwald J, West R. Curriculum design. Manuka Australia: Croom HelmLondon, 1975: 352. 全国十二所重点师范大学. 课程论[M]. 北京：教育科学出版社，2007: 122.

②详见课程教材研究所学前教育课程资源开发中心. 幼儿园活动体验课程教师用书（中班下册）[M]. 北京：人民教育出版社，2005.

代表人物，英国课程论专家斯滕豪斯(L.Stenhouse)认为，课程开发不应该按照某些事先规定的行为目标制定出一套“方案”，然后再加以评价，而应当是一个持续发展的过程，并且能对过程进行不断改进和修正，即目标在于过程，具有生成性，是教师和学生在教学互动过程中共同建立的，是随情境变化而改变的。在课程实施之前，设定的目标应该是一般的、模糊的目标，这些目标不应细化，在活动过程中的一些结果也可以作为新的课程目标。课程和教学设计应该首先关注如何激发学习者的学习动机。

生成性目标改变了预设性目标的局限性，考虑到了教学的动态性和不确定性，关注了教学过程的生成性，有利于受教育者的发展。但是，生成性目标取向在理论上把目标理想化了，在实践中很难把握和操作。首先，生成性目标需要教师在教学过程中根据学生的需要和特点随时调整课程内容，而绝大多数教师没有这种边教学边生成新课程的驾驭能力。其次，这种边教学边调整和生成新目标的方法操作起来费时费力，即使有能力进行这种互动教学的教师，也需要做大量额外的计划和工作，在目前我国这种较大师生比的状况下实施起来比较有难度。最后，教育具有特定的价值取向和功能，往往学生并不了解在每一个学习领域哪些东西是对自己最有价值的，需要课程专家和执教教师进行周密的计划和引导。

以上我们介绍了三种不同取向的课程目标，每一种目标都有其长处和短处。行为目标具体、明确，便于操作和评价，但难以概括学校或幼儿园教育中的所有目标，如态度、兴趣、价值观的形成，很难用外显的行为方式来表述。表现性目标能够体现学生的独特性和创造性，但由于缺乏明确的内容和发展指标，难以发挥课程设计和实施的指南作用。生成性目标重视学生的兴趣和需要，关注个性差异，但对教师和条件的要求高，在我国现有的师资和班额条件下，难以保证教学质量。正因为不同的课程目标各有长短，所以尽量不以某一种目标作为唯一取向，而是几种课程目标相互补充，针对不同课程所要解决的具体问题，合理组合课程目标。如果课程的重点放在基本知识和基本技能上，行为目标比较有效；如果课程的重点放在培养受教育者解决问题的能力上，生成性目标比较有效；如果课程的重点是受教育者的态度、价值观的形成，则表现性目标更为合适。由此看来，与其简单地评价不同目标的优劣，不如多去思考什么样的课程适合采用何种目标更为有效。

关于生成性目标的一些观点

生成性目标是由英国学者斯滕豪斯提出的，他的这种课程观和英国社会的文化价值观念有很大关系，即提倡个人主义、自由主义和理性精神。主张一切价值以人为中心，尊重每个人自己的判断和选择，反对灌输和束缚。这一思想可以追溯到杜威。杜威认为，目标不应该是事先规定的，而应该是教育经验的结果。目标是在过程中内在地被决定的，而不是外在于过程的。课程的目的就是促进学生的生长。

斯滕豪斯认为，学校的教育是由四个不同的过程构成的：(1)技能的掌握；(2)知识的获得；(3)社会价值和规范的确立；(4)思想体系的形成。前两项可以用行为目标的形式来陈述，但后两项却无法用明确的标准来陈述。从而导致这些难以测评和难以转化成行为的重要内容从课程中消失。为此，他提出课程不应该以事先规定的目标(或结果)为中心，而要以过程为中心，即要根据学生在课堂上的表现来展开。因而提出了“教师即研究者”的口号。

这种观点在人本主义课程理论中发展到了一个极端。例如，罗杰斯(C.Rogers)认为，凡是可教给别人的东西，相对来说都是无用的，即对人的行为基本没有什么影响。能够影响一个人行为的知识，只能是他自己发现并加以同化的知识。人本主义课程强调的是学生个人的生长、修改的完善，至于怎样界定、测量课程，那并不重要。

【资料来源】施良方．课程理论——课程的基础、原理与问题[M]．北京：教育科学出版社，1996：86-87，172-190.

二、构建幼儿园课程目标的方法

（一）构建课程目标需要注意的问题

构建课程目标时，需要处理各种制约因素和相互关系，因此，需要注意一些基本原则。

1.全面性原则

幼儿教育的目的是培养德、智、体、美、劳几个方面全面发展的人，课程目标是国家培养目标的具体化和实现的重要手段，为了实现国家的培养要求，课程目标必须体现全面性。就像前面介绍的一样，完整、全面的课程目标应该包括知识、技能和情感三个方面，过于强调其中的任何一个方面都是不适宜的，将会难以实现教育目标。因此，在设计课程目标时，不仅要求不同学习领域或科目构成的整体课程目标要全面和完整，在单个教育领域或教学科目里，也必须包含认知、技能、情感三个方面的目标。

2.整体性原则

课程目标是一个多层次、多结构的体系。在纵向的层次上，上位的课程总目标、学年目标(或学科目标)是单元目标(教育时间单元或内容单元目标)和教育活动目标的方向和指导，下位的单元目标则是学年目标(或学科目标)、课程总目标的分解和具体化。各层次的目标相互衔接、螺旋上升，前面层次是后面层次的基础，后面层次是前面层次的延续和深化。在横向的结构上，不同的教育领域或科目既要完成不同的教育任务又要注意互相渗透和补充，从不同的方面共同促进幼儿的全面发展。比如，幼儿园科学教育课程的主要目标是让幼儿获得科学知识(或积累科学经验)、发展科学过程技能、培养科学态度，而数学教育主要是发展幼儿的数概念及数学思维能力，语言教育以发展语言能力为首要目标，美术教育强调的是幼儿感受美、创造美的能力……可以说，不同的领域或学科其主要目标相差甚远。虽然不同学科需要完成的主要目标不同，但是，它们之间并非互不相关，也存在着很多交叉之处。如“发展幼儿的逻辑思维能力”可以看作科学和数学这两个学科的共同目标(区域A)；而“发展幼儿的表达交流技能”这一目标则可以看作科学教育与语言教育共有的目标(区域B)……,另外,还有一些目标则是各学科或领域的教育中都需要加以考虑的,如发展幼儿的创造力、主动性及良好的个性品质等(区域C)。因此,我们可以说,幼儿园课程目标是由相互联系的各个学科教育目标组成的一个复杂的整体,各层次和结构之间不是彼此孤立的,而是层层递进、相互联系的有机整体。如图2-4所示。

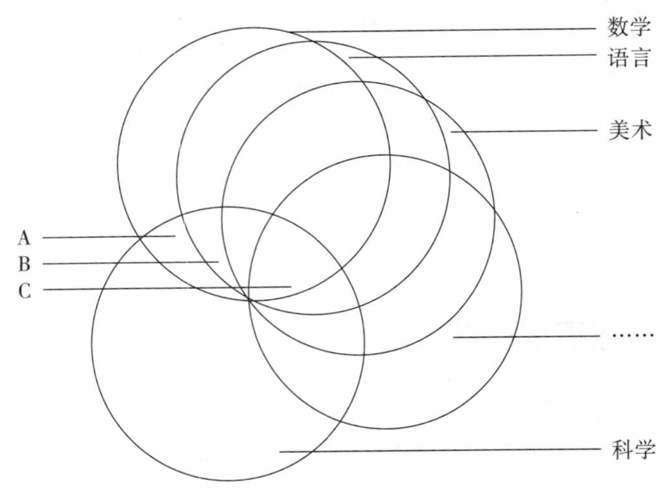

图2-4 幼儿园课程目标系统

3.可行性原则

课程目标要贯彻国家和社会对人才培养的要求,同时,文化知识经验也有一些基本的、通用的东西,但课程目标要充分考虑幼儿的适应性或条件的适宜性。在贯彻国家或地区标准的前提下,需要检查所定的目标是否符合本地区、本幼儿园以及本班幼儿的实际情况。比如,对3岁左右的小班幼儿提出认字、写字或者清楚连贯地复述故事等目标就是不适宜的,要求过高。对经验准备不同的偏远农村和大中城市的儿童也不能提出完全相同的目标要求。

4.时代性原则

人类的文化知识和经验具有相对的稳定性,但随着社会的变化,对人才培养的要求也会有所不同。比如,封建社会的人才培养目标可能主要在于培养听话、服从的人,但今天我们提出培养具有独立思考能力和创造精神的人。国际21世纪教育委员会在名为《教育——财富蕴藏其中》的报告中指出,面对未来社会的发展,教育必须围绕四种基本的学习来重新设计和组织。这四种基本的学习是:学会认知,学会做事,学会共同生活,学会生存。在当今科学改变生活的时代背景下,要求教育必须重视培养人的创造性和创新能力,培养幼儿自己发现问题、提出问题,学习独立思考和判断,主动行动和积极解决问题的素质和能力。在人与人之间交往和互动频繁的时代背景下,课程目标也相应强调发展敢于竞争又善于合作的精神,强调不同民族和文化之间的相互理解和包容等。

（二）构建课程目标的具体步骤

1. 在明确培养目标的基础上，制定幼儿园课程方案的目标

国家的教育目的和幼儿园保教目标为课程目标提供方向和总体要求，我们在构建幼儿园课程方案的目标时必须与教育目的和幼儿园的保教目标保持一致，体现教育目的和保教目标的基本要求。

《中华人民共和国教育法》这部关于教育的根本大法的第五条规定："教育必须为社会主义现代化建设服务、为人民服务，必须与生产劳动和社会实践相结合，培养德智体美劳全面发展的社会主义建设者和接班人。"一般将这一规定视为我国的教育方针，将其中的"培养德智体美劳全面发展的社会主义建设者和接班人"视为我国的教育目的。在相关的各种教育文件中，对教育目的的表述基本未变。我国现有的幼儿园保育和教育的目标则是在1996年颁布的《幼儿园工作规程》中提出的。2001年国家又颁发了《幼儿园教育指导纲要（试行）》（下简称《纲要》），此《纲要》具体列出了幼儿园各学习领域的教育目标。在国家《纲要》精神的指导下，很多省（区、市）还制定了实施细则。2012年教育部又发布了《3—6岁儿童学习与发展指南》。这些重要文件都是我们制定课程目标的依据，深入学习这些重要的国家文件，正确理解其精神实质和每项目标的具体含义，是构建幼儿园课程方案目标体系的第一步。

在明确了国家规定的教育目的和幼儿园保教目标后，我们将进入第二步，即构建某个课程方案的目标体系。分析本课程方案的适用物质环境和师资水平、幼儿的发展条件，采用统一性和灵活性相结合的原则，将一般性的目标具体化，层层分解成具有操作性和适用性的课程目标。

第三步可组织和叙写课程目标。课程目标有不同的类别，采用教育目标还是发展目标、行为目标还是表现性目标，或者在教育过程中再辅以生成性目标，要根据具体情况而定。从对象上说，目前幼儿园的课程方案多采用发展目标的写法；从目标的取向上看，我国目前的幼儿园课程设计领域多是行为目标和表现性目标结合使用。在分析各种目标优缺点的基础上，我们要结合具体的课程内容，用尽可能清楚的语句阐述目标。为了确保目标的落实，有些课程方案还会写出实施建议并对标准中的一些重要术语进行解释和说明。

下面以人民教育出版社组织编制的《幼儿园活动体验课程》为例，其课程总目标（书中称为一级关键经验）如下。①

· 感知和操作

在探索新鲜的事物、材料与事件的过程中感到乐趣。

---

①详见课程教材研究所学前教育课程资源开发中心组编：《幼儿园活动体验课程教师用书》，人民教育出版社2005年第1版。为了强调幼儿的主动活动和经验积累，目前我国有些幼儿园课程方案用关键经验的说法代替目标，实际类似发展目标。有些幼儿园课程方案直接将《幼儿园教育指导纲要（试行）》中各领域的教育目标作为自己的课程总目标。此处所举的课程总目标没有从学科领域的角度分类，而是从儿童的心理发展角度分类，目的是想避免过去分科课程中强调内容的分科，忽视儿童的心理和生活是一个整体的弊端。

通过看、听、闻、尝认识客体。

感知人和动植物的生命现象,种植、照料常见的植物和饲养小动物。

感知周围环境的变化及关系。

使用常用工具,操作、转换和组织材料。

· 语言和符号

从语言使用中获得表达和交流的乐趣。

倾听和理解别人的讲话。

用语言表达自己的意愿和情感,描述事件和事件间的关系,并与别人交流。

以多种方式进行阅读和书写,感受语言和其他符号的转换关系。

感知理解多种符号及其与人们生活的关系。

· 自主性和社会性

按自己的需要,做出自己的选择、计划和决定。

做自己力所能及的事,做事有始有终,遇到挫折和困难时,会自己想办法解决。

有安全卫生常识,保护自己不受伤害。

以礼貌的方式与人交往,在与他人的交往中感到愉悦。

对他人的感受、兴趣和需要敏感,理解和尊重他人。

控制自己的情绪和行为,遵守游戏、日常生活中的社会行为规则。

关注社区、家乡的变化,爱护环境,爱惜劳动成果和资源。

感受丰富多样的民族文化和世界文化。

· 身体控制和运动

在身体运动中获得乐趣。

协调自然地进行原地和位移的身体动作。

按口令和节奏做动作。

使用多种运动器械,探索运动器械和多种玩法。

与他人协同运动并灵活地调控身体。

· 思维和问题解决

多角度思考问题,尝试以多种方式解决问题,体验解决问题的乐趣。

比较、区分物体、事件和现象之间的相似性、差异和变化,描述事物的异同及特征。按一种标准或多个标准分类并解释理由。

发现事物排列、构成的规则或规律,并在活动中加以应用和创造性地表现。

根据线索对事物和事件变化及发展进行推理,找出因果关系。

收集、记录、整理信息,进行预测和推测,通过尝试错误和实验,检验自己及他人的问题或假设。

感知数、量、形、时间、空间等关系,用简单的数学方法解决生活和游戏中的某些问题。

·体验和表现

在多种艺术活动中表现自己的情感和想象,体验创作和表演的乐趣。

感受和欣赏周围环境和生活中的美好事物和各种各样的文学艺术作品,获得丰富的美感体验。

与同伴合作表演和创作,并一起欣赏和分享创作成果。

2.制定各年龄阶段目标

幼儿园课程总目标是整个幼儿园阶段需要达到的目标,也称为一级目标。为了便于理解和操作,我们需要将总目标细化,分解到各个年龄阶段,目前大多分解成小班、中班、大班或3—4岁、4—5岁、5—6岁三个阶段,每个阶段都包括不同学习领域的目标。如表2-5所示①。

表2-5　4—5岁幼儿的关键经验

领域	关键经验
感知和操作	·喜欢探索和认识生活环境中的新鲜事物。 ·用多种感官感知认识事物的特征和事物中存在的数、量、形、时间、空间等关系。 ·学习使用常见工具了解新事物。 ·能感知动植物的生命现象,在照料、种植的过程中发现动植物的生长变化。
语言和符号	·注意倾听并理解别人讲话。 ·能用语言清楚地与别人交谈。 ·尝试用语言对事物或现象的特征进行描述。 ·认识多种符号,并初步了解其与人们生活的关系。 ·喜欢听、讲故事,欣赏诗歌、散文等文学作品,并用多种方式进行阅读。 ·愿意并能较清楚地说普通话。
自主性和社会性	·做自己力所能及的事,做事有始有终,愿意克服困难。 ·考虑自己的需要,表达自己的意愿,并做出自己的选择。 ·主动与他人交往,识别他人明显的情绪,能够意识到他人的感受、兴趣和需要。 ·在生活中保护自己不受伤害,也注意不伤害他人。 ·乐于参加集体、小组的活动,学习控制自己的情绪和行为。进一步学习遵守和维护集体生活的规则。 ·认识自己生活的周围环境,关注社区和家乡的变化。 ·了解一些与自己生活有关的成人劳动,珍惜劳动成果。
身体控制和运动	·积极参加身体活动。 ·能较平衡地进行原地和位移的身体动作。 ·会按口令和节奏以及简单乐曲连贯有效地运动。 ·积极运用多种运动器械,探索多种玩法。

①详见课程教材研究所学前教育课程资源开发中心组编:《幼儿园活动体验课程教师用书》,人民教育出版社2005年第1版。

续表

思维和问题解决	·在与他人交流、讨论的过程中获得解决问题的不同方法。 ·比较、区分物体和现象之间的相同和差异。 ·学习按一个以上的标准分类。 ·观察、发现事物排列、构成规则或规律,并尝试在活动中加以应用。 ·根据线索对事物或事物变化及发展进行推理。 ·根据问题学习收集记录、整理信息。 ·学习应用对应、比较、计数等方法解决生活和游戏中的问题。
体验和表现	·欣赏生活中的美好事物,通过亲自参与,体验各种活动的乐趣。 ·学习欣赏和理解多样的文学、艺术作品,并从中提高审美理解力。 ·乐于尝试用不同的手段表现自己的情感和想象。 ·尝试使用常见的工具、材料、符号等,再现文学、艺术作品,尝试根据一定的题材进行创作。

3. 将年龄阶段目标分解到各个时间单元或内容单元中去落实

细化的目标都需要依靠具体的内容来落实。在课程设计中,一般是结合社会生活情境,将学年目标分解到每学期、每月、每周的课程内容中去,在综合课程中则将目标分解到各个内容单元。在各时间单元和内容单元中,目标可以从前往后逐步提高要求,同样的目标要求也可以在前后不同的单元中多次重复。下面展示的实例是中班下学期"长、长、长"的综合课程单元主题目标。[①]

· 会用各种感官感知、观察春天的自然景象,在观察、照料动植物的过程中感受生命的存在。

· 喜欢听故事,学习理解不同种类的文学、艺术作品,欣赏生活中的美好事物,提高审美理解力。

· 能用语言清楚地与别人交流,乐于尝试用不同的文学、艺术的手段表现自己对春天的认识与感受。

· 乐于参加集体、小组的活动,学习控制自己的情绪和行为,进一步学习遵守和维护集体活动的规则。

· 关注事物的变化,学习根据问题收集记录并整理信息。

4. 制定教育活动目标

单元目标虽然已经比较具体了,但是,各单元的目标最后还是需要依靠一个一个的教育活动来具体落实,这些教育活动可以从不同的层次和方面来分别实现目标。如表2-6所示[②]。

---

①选自课程教材研究所学前教育课程资源开发中心组编:《幼儿园活动体验课程教师用书》中班下册,人民教育出版社2005年第1版。原书中叫单元关键经验。

②选自课程教材研究所学前教育课程资源开发中心组编:《幼儿园活动体验课程教师用书》中班下册,人民教育出版社2005年第1版。原书中叫单元关键经验。

表2-6　“长、长、长”单元主题活动安排参考表

活动名称	目标
找春天	·感受、欣赏春天的美景，发现春天的季节特征，并能积极与同伴交流自己的发现。 ·有爱护花草树木的情感态度。
小熊种豆	·喜欢听故事，知道故事的主要内容，并能与同伴清楚地交流。 ·学习词语：急急忙忙、绿油油、纳闷。 ·知道做事情不能马虎。
种子发芽	·初步了解种子发芽生长需要的条件，学习观察、照料自己浸泡的种子。 ·对小实验感兴趣，乐于动手操作。
草地上的游戏	·熟悉音乐，能随乐句和节奏准确、合拍地做出相应的动作。 ·体验游戏中的交替规律及与同伴共同游戏的快乐情绪。
花儿与小草	·能按自己的意愿将方形纸撕成圆形、半圆形、长条或不规则图形，变化组合拼贴成花草。 ·能用各种创意和画面表现对春天的经验和想象。
小芽有多高	·尝试用在纸条上做标记的方法来学习测量、记录种子的发芽情况。 ·愿意在集体面前大胆表达自己的想法。
种萝卜	·尝试在直线两侧行进跳，发展弹跳能力及灵敏性。 ·培养相互协作、互相帮助的良好品质。
我也长	·感受自己的身体在长大，能与同伴交流自己的发现，体验成长的快乐。 ·有良好的操作及收拾物品的习惯。
怎样吃长得好	·知道食物有荤有素，懂得要让身体长得好，应吸收全面、丰富的营养，养成不挑食、不偏食的进餐习惯。 ·初步了解并感受统计在生活中的运用。

（三）制定和叙写课程目标需要注意的问题

1.目标要适当

幼儿教育要遵循幼儿的身心发展规律，科学保教，保障幼儿快乐健康地成长，幼儿教育的目标有别于小学，是将促进幼儿身体的发育和生长作为重要目标来提的，但目前我国幼儿园教育实践中，拔苗助长、小学化的倾向较为严重，对幼儿提出过高的目标要求，如语言领域重点在于培养幼儿的口语交流能力，培养幼儿的阅读兴趣、习惯以及初步的阅读理解能力，但很多幼儿园却让幼儿过早地大量识字、写字、学拼音。幼儿的数学学习应注重在生活和游戏中感知数学的有用和有趣，初步理解数量关系、形状与空间关系，培养初步的逻辑思维能力。在计算能力方面，《3—6岁儿童学习与发展指南》建议幼儿园阶段能完成10以内的加减即可，因为按我国小学课程标准的要求，小学一年级第一学期只学到20以内的加减。但实践中却有不少幼儿园在数学方面对幼儿提出过高的要求，花大量时间训练幼儿进行几十甚至几百以内的加减运算。艺术教育的目标主要是让幼儿学会发现和感受自然界与生活中美的事物，但现实中却大量存在用成人的标准去评判幼儿的艺术表现，过分追求技能技巧的训练。这些拔高要求的目标，不仅有违我国的幼儿园培养目标，而且是对幼儿身心健康的严重摧残。

2.上位目标要有概括性,下位目标要具体、有操作性

目标具有从上到下不同的层次,为了给课程留出弹性的空间,越上位的目标表述越具概括性,如课程总目标是非常宏观的,在表述上只给出方向上或原则性的指导即可,如"发展幼儿智力,培养正确运用感官和运用语言交往的基本能力,增进对环境的认识,培养有益的兴趣和求知欲望,培养初步的动手探究能力"。

领域目标或年龄阶段目标也较为宏观,要求既要有一定的内容指导性,又不能太具体地限定,如"能感知动植物的生命现象,在照料、种植的过程中发现动植物的生长变化"。

单元目标可以较为明确地列出各个方面的目标要求,尽量每个方面列一条,彼此不重复或交叉。如丰富哪些方面的知识经验,发展哪些动作技能,培养什么情感态度,如"会用各种感官感知、观察春天的自然景象,在观察、照料动植物的过程中感受生命的存在",指出了什么时间通过做什么事情发展哪些能力,即观察春天的自然景象,观察、照料动植物,从中感受生命的存在。

教育活动目标是整个目标体系中最具体、最细化的目标,必须结合内容,用具体的语词提出有针对性的目标,特别是一些行为目标,如科学活动"小芽有多高"的目标:"尝试用在纸条上做标记的方法来学习测量、记录种子的发芽情况。"再看歌唱活动"胡说歌"的目标:"通过演唱《胡说歌》,初步理解休止符在音乐中的含义,并能在教师的引导下,学会用较短促、稍跳跃的声音表现歌曲中因不合情理的穿戴方式而带来的诙谐、幽默的感觉。"

目前我国幼儿园的课程设计实践中,单元目标和教育活动目标找不准或表述空洞、泛泛而谈的现象比较常见。目标找不准主要指目标和内容不符,停留在内容在描述上,提炼不出教育内容对幼儿发展的价值。另一个常见问题是教育目标空洞,特别是一些表现性目标,几乎可以作为课程总目标或用到任何一个活动中去。比如,"培养幼儿的观察力和想象力","培养热爱自然的情感"等。

思考与练习

1.什么是课程目标?它在课程中的作用是什么?

2.确定幼儿园课程目标的依据是什么?

3.幼儿园课程目标的纵向层次和横向结构分别有哪些?

4.制定幼儿园课程目标要遵循哪些原则?

5.请你为幼儿园的某个班级设计一个单元目标体系,包含单元课程目标以及单元中的几个教育活动目标。

6.请评价以下教育活动目标,并提出修改意见。

活动一　鳄鱼怕怕　牙医怕怕

(1)引导幼儿理解故事内容,懂得保护牙齿的方法。

(2)知道牙医是帮助我们检查和治疗牙齿的,应配合牙医的工作。

活动二 我演怕怕

(1)激发幼儿的表演欲望,提高表现能力。

(2)培养初步的合作意识。

拓展性阅读导航

1.拉尔夫·泰勒著《课程与教学的基本原理》,人民教育出版社1994年版。

本书是被誉为“现代课程之父”的教育家泰勒的经典著作,是迄今为止课程领域最有影响的著作之一,被奉为现代课程理论的“圣经”。泰勒在书中提出的四个基本问题构成了考察课程与教学问题的基本原理,既为课程开发提供了坚实的理论基础,又为现代课程研究开创了范式。

作者认为,课程与教学的基本原理围绕着四个步骤开展,分别是:学校应该达到哪些教育目标?提供哪些教育经验才能实现这些目标?怎样才能有效地组织这些教育经验?我们怎样才能确定这些目标正在得到实现?

在这四个基本问题中,作者试图给出课程制定者和学校领导者中肯的建议,根据作者给的建议,我们就可以制定好教育目标,有效地组织教育经验,从而为满足学生的需要开辟路径,使他们的行为最终被社会接受。因为在作者看来,教育就是一种改变人们行为模式的过程。

2.李季湄、冯晓霞主编《〈3—6岁儿童学习与发展指南〉解读》,人民教育出版社2013年版。

本书全面介绍了《3—6岁儿童学习与发展指南》(下简称《指南》)的研制背景,简释了与《指南》文本有关的概念、观点,分析和说明了《指南》的架构与内涵,解读了五大领域学习与发展指南的要点,以帮助广大教师与家长准确地了解《指南》的内容,正确地理解与认识《指南》的性质与功能。即为什么叫“指南”而不叫教育“标准”,五大领域的各项目标里面为什么叫幼儿在各年龄阶段发展的“典型表现”而不叫发展的“目标”或评判标准。

3.玛丽·霍曼,伯纳德·班纳特,戴维·P.韦卡特著《活动中的幼儿——幼儿认知发展课程》(幼儿园教师手册),郝和平、周欣译,人民教育出版社1995年版。

本书是美国海伊斯科普(High / Scope)教育科学研究所编写和出版的一本幼儿教师工作手册,它是该研究所多年来对幼儿进行教育实验和研究的成果,已被翻译成多种文字介绍到许多国家。这是以皮亚杰的认知发展理论为基础,吸取现代教育学和心理学的研究成果,建立起的一种颇具特色的幼儿认知发展课程,其主导思想就是让幼儿在主动的活动中学习并获得发展。此书率先提出了关键经验的概念。关键经验是课程设计者希望幼儿在活动中获得的、对达成教育目标至关重要的学习经验,是通向目标的桥梁。海伊斯科普方案将“促进幼儿认知能力的发展,培养主动的学习者”的目标转化为一系列“关键经验”,并以这些关键经验为核心来组织课程,使教师把注意力真正从单纯关注是否达到教育目标转至关注是否使幼儿获得了必要的关键经验,从而关注儿童的活动过程。

第三章
幼儿园课程内容

【内容提要】

确定课程目标是课程设计的第一步。在确定课程目标之后，课程设计的第二步便是选择和组织课程内容。课程内容是实现课程目标的载体，是教师教和学生学的介质，课程内容选择的好与坏，会直接影响课程目标的实现程度。选择出来的课程内容，组织得合理与否，对课程实施的过程会产生很大影响。因此，选择和组织课程内容，是课程编制者必须面临的一项重要课题。本章将分别介绍幼儿园课程内容的含义、特征、取向；幼儿园课程内容选择的依据、标准以及基本方法；幼儿园课程内容组织的基本原则和组织形式等。

【学习目标】

1. 能够掌握幼儿园课程内容的含义，并能够了解幼儿园课程内容的特征及其取向；

2. 能够理解幼儿园课程内容选择的依据和标准，掌握幼儿园课程内容选择的基本方法；

3. 能够遵循幼儿园课程内容组织的基本原则，熟练掌握并应用几种常见的幼儿园课程内容组织形式。

【关键词】

幼儿园课程内容　课程内容选择　知识取向　社会取向　儿童取向　课程内容组织　逻辑顺序　心理顺序　直线式　螺旋式　横向组织　纵向组织

第一节 幼儿园课程内容概述

一、幼儿园课程内容的含义

人们对课程本质的认识不同,对课程内容的定义也会不同。我国不少学者从不同角度对幼儿园课程内容给出了自己的定义。朱家雄认为幼儿园课程内容是实现幼儿园课程目标的手段,对于教师和儿童而言,主要解决的是“教什么”和“学什么”的问题。[①]虞永平提出幼儿园课程内容是指依照幼儿园课程目标选定的通过一定的形式表现和组织的基本知识、基本态度和基本行为。[②]除此外,还有学者提出幼儿园课程内容是根据幼儿园课程目标,有目的选择的各种直接经验和间接经验的知识和活动体系。[③]

可以看出,尽管学者给出的定义不同,但是,在几个方面却是一致的:

第一,幼儿园课程内容与幼儿园课程目标关系密切。一方面,幼儿园课程内容的选择与组织应当以课程目标为依据,为实现幼儿园课程目标服务。另一方面,幼儿园课程目标需要以幼儿园课程内容为载体,将育人标准和规格形式化和具体化,在掌握课程内容的过程中实现课程目标。

第二,揭示了幼儿园课程内容和幼儿经验的关系。幼儿园课程内容,既包含了幼儿的直接经验,也包含了间接经验,唯有将课程内容与幼儿经验相联系,幼儿才能通过自身的活动和体验理解课程内容,掌握课程内容和学会运用课程内容。

第三,揭示了幼儿园课程内容的范畴。幼儿园课程内容不局限于知识范畴,还包括活动、态度、行为、情感等领域。幼儿在学习课程内容的过程中,不仅仅是掌握知识,还要通过活动发展基本态度、基本行为和基本情感。

第四,幼儿园课程内容应该是需要选择的。幼儿学习的课程内容,应该是人类文明的精华,应该是从众多的课程材料中精心挑选出来的,应该符合幼儿发展的需要,能够为幼儿所学习。

第五,幼儿园课程内容应该按一定的原则和形式进行组织。幼儿园课程内容被选择出来后,不应该是随意编排的,不应该是杂乱无章的,而应该按一定的组织原则和形式进行编写,方便教师的教和幼儿的学。

综上所述,我们认为幼儿园课程内容是指以幼儿园课程目标为依据,有目的、有计划地选择和组织的各种直接经验和间接经验的知识和活动体系。

---

①朱家雄.幼儿园课程(第2版)[M].上海:华东师范大学出版社,2011:161.

②虞永平.学前课程价值论[M].南京:江苏教育出版社,2002:196.

③高敬.幼儿园课程[M].杭州:浙江教育出版社,2010:141.

二、幼儿园课程内容的特点

幼儿的身心发展规律及幼儿园教育机构的特殊性，决定了幼儿园课程内容有着自身的基本特点。

（一）启蒙性

蒙台梭利认为，3岁时儿童已经打下了作为一个人的人格基础①，在这一时期积极地关心儿童的发展比任何其他时期更为必要②。因此，幼儿园课程内容必须承担起对幼儿心智启蒙的重任。比如，幼儿通常对外界事物充满好奇心，但却具有很深的朦胧感，而幼儿园课程内容应能对儿童的这种自发的兴趣进行培养和引导，促进儿童探索、创造的心理意识成长。幼儿园课程内容的启蒙性还体现在课程内容难度与深度要适中，要充分考虑每个幼儿的发展水平，不宜追求过高的目标，要促使幼儿在原有发展水平的基础上，得到与其发展水平相适应的发展与提高，着重于启发幼儿喜爱学习的态度。此外，幼儿园课程内容的启蒙性还体现在幼小衔接上，做好幼儿进入小学之前的知识、情意等方面的准备。

资料阅读：

我国自古以来就非常重视对幼儿的启蒙教育，一般把自己的启蒙学校称为母校，自己的第一位老师称为启蒙老师。在对幼儿进行启蒙教育的过程中，历代都非常重视读物内容的选择和编写，《三字经》《百家姓》《千字文》和《弟子规》等就是其中著名的启蒙读物。

（二）兴趣性

“兴趣是最好的老师。”对于幼儿而言，无疑更是如此，最有效的学习就是感兴趣的学习。兴趣能让幼儿主动从事某种活动，并从中得到体验和快乐。因此，幼儿园课程内容应体现兴趣性的特点。虽然，幼儿园的有些课程内容本身就具有直接的兴趣性，如各类游戏活动，“玩沙子”“搭积木”“打雪仗”“开火车”等等，但是有些课程内容本身却很枯燥，较难引起幼儿的兴趣，如识字、算术等文化知识学习活动。通常，幼儿比较容易对自己熟悉的，和与自己有关联的内容产生兴趣。这提示我们，幼儿园课程内容必须贴近儿童的生活经验，体现儿童的认知逻辑，融合儿童的自由天性，“寓学于乐，学乐结合”。

资料阅读：

我国《幼儿园教育指导纲要（试行）》（下简称为《纲要》）重视在幼儿园课程内容的选择和组织以及教学中激发幼儿的学习兴趣。比如，在健康学习活动范畴中，《纲要》指出，要“开展丰富多彩的户外游戏和体育活动，培养幼儿参加体育活动的兴趣和习惯，增强体质，提高对环境的适应能力”。在科学、社会、语言和艺术等学习活动范畴中，同样有类似的要求。

---

①蒙台梭利．蒙台梭利幼儿教育科学方法（第2版）[M]．任代文，译．北京：人民教育出版社，2001：339.

②蒙台梭利．蒙台梭利幼儿教育科学方法（第2版）[M]．任代文，译．北京：人民教育出版社，2001：338-340.

（三）潜在性

张雪门认为，“幼稚园的课程是一种具体的整体活动……各种科目都变成儿童生活的一面，不能分而且不必分。”这实际上揭示了环境在幼儿园课程内容中的重要地位。无论是以文本形式出现的学科课程，还是以游戏为载体的活动课程，都应当与幼儿所处的环境相融合，这里的环境既包括物理环境，也包括人文环境。比如幼儿园的设施、地板的颜色、活动室空间的布局、玩具教具的陈列等物理环境。幼儿园的办园理念、节日活动、师幼关系、幼儿园与幼儿家长的沟通等人文环境，这些都是与幼儿园课程内容紧密相关的，它们往往以一种潜移默化的形式影响着幼儿身心的成长。

资料阅读：

在幼儿园中，潜在性的课程内容一般被称为隐性课程。隐性课程这一概念是美国学者杰克逊（P.W.Jackson）首先提出来的。它是指学生在学习环境中所学习到的非预期的或者非计划的知识、价值观念、规范和态度等。潜在性课程的提出，要求幼儿园和幼儿园教师重视正式课程内容外的一些因素，如重视校舍建筑的设计、教室环境的布置、各种庆典仪式的组织、校纪校规的制定和宣传、课堂规则的制定、校风班风的建设、校园文化活动的开展、师生关系的改善、学生兴趣的激发、学习活动的引导、家园之间的合作、亲子活动的开展等，以提高正式课程内容学习的效率。

（四）全面性

幼儿园课程内容最终是为了促进幼儿身心全面、和谐发展这一目的而服务的，由于儿童的生活是整个的，因此，课程内容应当具有全面性的特点。幼儿园课程内容必须覆盖幼儿的德、智、体、美、劳等诸方面的发展，既要兼顾到促进幼儿器官、组织、神经系统的健康发育，也要考虑到幼儿感知觉、记忆、思维、想象、兴趣、动机、需要、能力等方面的锻炼与培养。另外，幼儿园课程内容的全面性还体现为课程内容的整体性。健康、社会、语言、科学和艺术五大领域的课程内容之间应当彼此联系、相互衔接成为一个系统。

（五）发展性

发展性应当是幼儿园课程内容的重要特性之一，体现着幼儿园课程目标的客观要求。幼儿园课程的发展性指的是幼儿园课程内容既要顺应幼儿生理成熟和心理成长的内在规律，又能促进幼儿的身心朝着预期的方向发展变化。如福禄贝尔（也译作福禄培尔）认为，“人的力量、天赋及其发展方向、四肢和感官活动，是按照它们本身在儿童身上出现的必然的次序发展的”。[①]同时，除了要遵循发展之“序”以外，发展还应指向未来，即幼儿园课程内容还应指向幼儿未来的理想发展水平。所以幼儿园课程内容不仅要依据幼儿已有的发展水平，而且要较超前于幼儿的最近发展区，这样才能更好地促进幼儿的发挥发展。

---

①福禄培尔.人的教育[M].孙祖复，译.北京：人民教育出版社，2001：31.

（六）生活性

幼儿学习与思维的特点决定了幼儿园课程内容应该具备生活性，与生活相关，在生活中生成活动内容。幼儿的学习是直观的，无意识的，因此越贴近儿童真实生活经验的知识，让幼儿在生活中尽情地活动与思考，在与生活的交融中寓教育于生活，就越可以使幼儿在获取知识的同时获得基本态度、基本行为等方面的发展。

此外，当课程所涉及的内容源于幼儿的生活时，幼儿不仅在行动上的表现是真实的，而且体验也是真实的，这样就必能给幼儿带来现实感、满足感。反之，如果课程内容远离幼儿的现实生活，那么也是远离幼儿自身。当然，生活性也并不是对幼儿生活的原版复制，也不是对未来生活的预演或者假定①，而应对真实生活进行过滤、筛选与加工，以生活的逻辑组织多样化、直观化的活动。

◇案例：车里开展的教育活动

中班阶段有“认识各种各样的车”的课程内容，目标是让幼儿了解各种各样的车给生活带来的便捷，体验交通规则。如何让该活动的实施紧密联系幼儿的生活呢？刚刚学会开车的王老师经过思考，决定充分利用自己的车，让幼儿在自己的车里开展这一学习活动。活动开始了，车在幼儿们熟悉的空无一人的、安全的马路上缓缓前行，一会儿开到这，一会儿开到那。幼儿亲眼观察着汽车的结构，亲身感受着汽车所带来的便捷，同时也初步了解了马路上的交通规则。当一个孩子指挥教师“往这道上开，这儿空”时，有孩子马上制止：“不行的，这道的箭头是往右，表示要向右拐弯的……”。

将认识车的活动与幼儿的现实生活联系，在生活中进行教育，自然使幼儿学得轻松而深刻。因此，只要教师真心融入幼儿园的课程实施中，将生活的元素融入到教育中，幼儿会更轻松、更有效地学习。

三、幼儿园课程内容的价值取向

所谓幼儿园课程内容的价值取向，是指人们基于不同的价值观念，并在这种价值观念的影响下，对课程方案的制定、课程内容的选择以及课程计划的实施所持有的一种倾向。而基本的价值观念主要包括：知识的发展、社会的需求和儿童的发展三方面，因此幼儿园课程内容的取向主要有三种：知识取向、社会取向、儿童取向。

（一）知识取向：课程内容即教材

这一取向主要受“课程即知识的授受”这一传统观念的影响，又因知识的载体是教材，所以在知识取向下，幼儿园课程内容几乎等同于教材。教材往往又被窄化为教科书，是指以文字和图形等语言符号形式反映一定课程内容的教学用书，它是课程内容的直接物质载体。②因此，幼儿园课程内容的知识取向，指的是把各门学科的知识及知识体系编制成教材作为幼儿园的课程内容，如在幼儿园开设语言、算术、音乐、美术、体育等科目。

---

①郑三元.论幼儿园课程的本质[J].学前教育研究，2005(3)：7.

②高敬.幼儿园课程[M].杭州：浙江教育出版社，2010：144.

这种“知识本位”课程价值取向的教育家，其代表人物有夸美纽斯、赫尔巴特等，如夸美纽斯从其“泛智论”的观点出发，主张应该把一切对于人类来说必需的知识教给所有人。

课程内容即教材这一取向，体现着对知识的系统性和逻辑性的关注，把教学视为教师和幼儿围绕教材进行知识授受的过程。这类教材通常由学科专家编制，一方面反映了对人类长期积累下来的最精华知识的继承，另一方面体现了使幼儿获得系统全面的科学知识，从而促进儿童发展的基本价值观念。虽然，在幼儿园教育阶段，教材的作用不像其他教育阶段那样突出。但是在实际幼儿园课程实践中，幼儿园课程内容也曾经一度以教材为中心，强调系统的知识教学，强调教师应该向幼儿传递那些必要的、有价值的知识。

此外，在这一取向下，幼儿教师在课程实施中主要关注的是教材，关注的是使用什么样的教材、如何使用教材以及如何呈现教材内容，以促使幼儿“理解和掌握”系统的科学知识。与此同时，幼儿的情感体验、成长经历、个性化表现就会被有意无意地忽略了。尽管这种价值取向的课程观，可以使幼儿的学习结果通过对知识掌握情况的测验，能够比较容易地评价，但是学习结果不等于幼儿发展的全部。换言之，由教材给定的幼儿必须学习的内容，对幼儿来说未必是其所需要的或者感兴趣的东西。杜威曾形象地指出这种现象是，在他正高兴地尝着某些完全不同的东西的时候，吞下和消化一口不可口的食物。[①]因此，知识取向的课程内容虽然让教师的教学有据可依，并能兼顾到知识的系统性、完整性，但却忽视了幼儿在教学中的主体地位，忽略了幼儿发展的实际需要和真正兴趣，同时也远离了幼儿丰富多彩的生活世界。

（二）社会取向：课程内容即学习活动

幼儿园课程内容的社会取向，指的是把幼儿园课程内容视为幼儿在学习过程中的学习活动，即幼儿在学习过程中实际做了什么。这种取向是建立在对“课程内容即教材”这一观点的批评的基础上的，它否定了在幼儿园课程中对学科知识体系的过度关注，提出应该把课程与社会生活联系起来，让幼儿在积极参加各种活动当中建构自身。这一取向的主要代表人物杜威就曾认为，“课程的最大流弊是与儿童生活不相沟通，学科科目相互联系的中心点不是科学，而是儿童本身的社会活动”。对于杜威来说，课程内容就是儿童的学习活动。因此，在社会取向的视野中，幼儿园课程内容即幼儿的学习活动。

社会取向的幼儿园课程内容关注的并非系统化的学科知识体系，而是幼儿积极从事的各种活动，尤其是各种外显的、动态的学习活动。英国教育家怀特海（A. N.Whitehead）就曾说过，“教育只有一种教材，那就是生活的一切方面”。[②]该课程的最大特点就是，强调课程内容和社会生活要有紧密联系，强调幼儿在学习过程中的主动探索和发现精神，并通过设计和安排大量活动，让幼儿参与其中。如我国幼儿教育家陈鹤琴所创立的“五指活动”课程模式就十分注重幼儿主动探索和发现的学习活动，鼓励课程应是“做中学，做中教，做中求进步”，并提出了“大自然、大社会都是活教材”等观点。把幼儿的活动作

①杜威.学校与社会　明日之学校[M].赵祥麟，任钟印，吴志宏译.北京：人民教育出版社，2004：127.

②华东师范大学教育系，杭州大学教育系.现代西方资产阶级教育思想流派论著选[M].北京：人民教育出版社，1980：116.

为课程内容，有利于激发幼儿的学习兴趣，让幼儿在实际经验中获取知识、获得发展，从而把枯燥的学习过程变成幼儿积极主动的生活体验过程。

在社会取向下，课程内容强调与社会生活、与儿童生活的联系，强调儿童作为学习主体在活动中的主动性，有利于幼儿探究知识、发现知识，重视知识获取的经验与体验，因此，这一观点目前在我国幼儿园课程实践领域获得广泛称誉。但是值得注意的是，社会取向的课程内容重视幼儿外显的活动，只关注到幼儿学习活动的表面现象，然而儿童内在的、深层次的心理活动、情感变化则观照较少。此外，对教师的教学而言，由于这种取向的课程内容呈现出零散性、非系统性和非逻辑性等特点，因此如何才能正确把握教学活动内容以及如何安排教学活动等，这些都对教师的教育教学水平提出了较高的要求。此外，由于过于关注幼儿外显的学习活动，忽视了系统科学知识的传授，易造成教学质量的下降。

（三）儿童取向：课程内容即学习经验

幼儿园课程内容的儿童取向，指的是把幼儿园课程内容视为幼儿在学习过程中所获得的学习经验，而学习经验就是幼儿与外部环境交互作用的结果。儿童取向的代表人物泰勒认为，“学习经验既不等同于一门课程所涉及的内容，也不等同于教师所从事的活动”。他提出，学习是通过学生的主动行为发生的；学生的学习取决于他自己做了些什么，而不是教师呈现了什么或要求做什么。[①]因此，儿童取向的幼儿园课程内容，幼儿是主动的学习者，决定幼儿学什么的是幼儿本身而不是教材更不是教师。幼儿取向的课程内容强调儿童与环境相互作用下，儿童自身经验的获得和对知识有意义的建构，而不是特定知识的传递，儿童是主动的学习者和探究者，知识是儿童自己“学”会的，而非教师“教”会的。

儿童取向把幼儿的学习经验看成是幼儿园课程内容选择与编制的出发点，强调幼儿在学习过程中是一个主动参与者，学习的质量和效果取决于幼儿自身而不是所呈现的课程内容。这一取向要求教师的职责是，创设有利于幼儿能力形成与兴趣激发的各种课程情境，以便于为每个幼儿提供有意义的经验机会。以使幼儿不仅可以在课程经验中获取知识，发展能力，还可以获得深刻的心理体验。正如一名幼儿教师所言，“幼儿在什么时候进行什么主题活动并不重要，学什么、学多少也并不重要，重要的是必须围绕幼儿的经验选择课程内容、实施课程，让幼儿在主题活动的推进中、在课程的实施中，获得更多的对他们成长有意义的学习经验”。

在儿童取向下，把课程内容视为幼儿的学习经验，有利于强化幼儿在学习与发展中的主体地位，激发其学习兴趣，增强幼儿在学习过程中的生命体验，促进其身心和谐发展，使其成为一个主动学习的自我建构者和探索者。但是，这一取向也有诸多不足之处，如：幼儿的学习经验主观性强，教师难以把握；课程内容过于泛化，致使幼儿的知识掌握缺乏系统性等；同时，过于强调以幼儿为中心，使课程内容的选择与编制受制于幼儿的经

①陈文华.幼儿园课程论[M].北京：科学出版社，2011：35.

验，对于提高教育质量无太大效果。

综上，目前课程界存在着三种不同的价值取向：知识取向、社会取向和儿童取向。由于不同的价值观对课程内容的取向产生不同的影响，与此相应，对幼儿课程内容的取向也主要有以下三种：教材、学习活动和学习经验。不同的课程取向对幼儿课程的关注点不同，甚至在有些方面存在着互相冲突的地方，如知识取向关注的是教材以及教材的编制，而儿童取向关注的是儿童以及儿童的经验。但是，不可否认这三种取向的课程观均有其合理的一面。因此，我们在课程设计中，应兼顾三种取向，取长补短，综合运用，始终坚持以幼儿园课程目标为依据，在学科知识、学习活动和幼儿经验中取得平衡。

|第二节|

幼儿园课程内容的选择

如上所述,幼儿园课程内容应兼顾学科知识、学习活动和幼儿经验三种取向。但在这三种取向下的课程内容体系庞大,不可能也没必要将所有的范围都囊括在幼儿园课程当中。因此,我们仍然需要在这“浩瀚”的内容体系当中,进行精细的选择,让那些最基本的、最适宜的知识、活动和经验作为幼儿学习的载体。我们必须明确课程内容选择的依据,建立课程内容选择的标准,掌握课程内容选择的方法。

一、幼儿园课程内容的选择依据

我国2001年颁布的《幼儿园教育指导纲要(试行)》第三部分“组织与实施”中,第五条明确规定:“教育活动内容的选择应遵照本《纲要》第二部分的有关条款进行,同时体现以下原则:(一)既适合幼儿的现有水平,又有一定的挑战性;(二)既符合幼儿的现实需要,又有利于其长远发展;(三)既贴近幼儿的生活来选择幼儿感兴趣的事物和问题,又有助于拓展幼儿的经验和视野。”基于其基本精神,我们提出,幼儿园课程内容的选择应遵循以下依据:幼儿发展的特点与规律;社会生活的现状与未来;幼儿教育的目的与目标。

(一)理论依据:幼儿发展的特点与规律

《纲要》指出幼儿课程内容的选择应体现“既适合幼儿的现有水平,又有一定的挑战性”,也就是说明内容的难度与深度应处在幼儿的“最近发展区”。所以,我们在进行课程内容选择时,应充分考虑幼儿的生理和心理的阶段性特点,并遵循其发展的普遍规律,选择既适度超越幼儿现有发展水平,又不至于让幼儿通过努力也无法掌握的教育活动内容,并让这些教育活动内容在幼儿园的各个阶段合理、科学分布,处理好这些内容间的衔接和关联,最终实现幼儿的全面、和谐发展。总之,只有了解幼儿,掌握其发展的一般特点和普遍规律,方能进行合理的、科学的课程内容选择。

(二)现实依据:社会生活的现状与未来

幼儿园课程是幼儿社会化成长的主要手段,因此课程内容的选择必须观照当下社会生活的现实,并要为未来生活做准备打下初步的基础。杜威提出“教育即生活”“教育即生长”“学校即社会”,主张儿童在学校中,既是一种学习的过程,同时也是一种生活的过程。因此,课程内容的选择必须反映社会生活现实,尤其是与儿童发展直接关联的儿童文化、家庭氛围、人为与自然环境、幼儿园生活等等。此外,为了让幼儿健康成长,更好地适应社会的发展,其还应该掌握基本的知识技能,形成基本的生活态度和生活习惯,形成初步的、健康的、积极的价值观念。这些都应当成为幼儿园课程内容选择的现实依据。

（三）实践依据：幼儿教育的目的与目标

如前文所述，幼儿园课程内容是实现幼儿园课程目标的手段，课程内容的适切与否直接影响着幼儿园课程目标的达成程度。因此，我们在进行幼儿园课程内容选择时，必须坚持以幼儿保教目标和课程目标为行动的指南，围绕这些目标，选择那些能够有助于幼儿“获得基础知识，形成基本技能，培养正确的价值观和情感态度”的课程内容。一方面，要以幼儿保教的目标为导向，将各级课程目标具体化，丰富幼儿园的课程内容；另一方面，要克服当前的幼儿园教育教学“小学化”的不良倾向，坚决抵制以单一的学科知识作为幼儿园课程内容的错误做法。

二、幼儿园课程内容的选择标准

明确了幼儿园课程内容的选择依据以后，我们在对幼儿课程内容进行选择时就有了宏观上的把握。但是，光有这些依据还不够，我们还需要解决微观层面的选择标准问题，如课程内容的目的性、基础性、适切性、整体性、发展性等，以保证所选课程内容的科学性、合理性和有效性。

（一）目的性标准

所谓目的性标准，指的是所选的幼儿园课程内容必须有助于实现课程目标。课程内容必须为课程目标服务，课程内容的选择始终要把握课程目标指定的基本方向。

具体来讲，目的性标准主要从三个方面去衡量：内容与目标的一致性，内容的关联性，内容的交叉性等。首先，选择课程内容时，要考虑所选择的内容是为了实现哪一项或哪几项目标，将那些易于实现目标的教育活动内容选择到课程中来。其次，很多目标的实现并非仅仅通过一项内容的学习就能完成，往往需要通过多项教育活动内容的开展才能达成，因此课程内容的选择还需要考虑这些为同一目标服务的教育活动内容之间的关联性。再者，课程内容与课程目标之间往往并非一一对应的关系，既存在多项内容为同一目标服务的可能性，也存在一项内容为多项目标服务的可能性，因此课程内容的选择还需要考虑所选择的一项教育活动内容可以同时实现哪些目标。

然而在实际的操作过程中往往出现课程目标缺失的问题，突出地表现在过分偏重智育而忽视难以在课程中表现出来的情感、态度类的目标。在多数情况下，教师在教学活动中更强调基本知识和技能的习得，因为情感、态度类的目标更需要教师精心策划、提供适宜环境等直接力量的支持。例如，幼儿自信心的培养，一方面教师可以采用渗透法，选择适宜于幼儿学习的内容，帮助幼儿获得“成功”的关键性经验，并伴以鼓励性的语言增强幼儿的自信心；另一方面教师可以设计专门的自信培养的情感教育活动，达到教育效果。鉴于此，在进行课程内容的选择时必须牢牢遵循目的性这一标准，全面选择课程内容，促进幼儿的全面发展。

（二）基础性标准

所谓基础性标准，指的是所选的幼儿园课程内容必须使幼儿获得基本的生活技能、成长发展必备的基础知识技能、基本情感态度和初步的价值观念等，以促进身心得到全面和谐发展，为适应未来社会发展对人才的需要。因此，基础性标准要求我们选择幼儿园课程内容时，必须注意尽量选择直观性、简单性和事实性的知识和经验作为幼儿园课程的主要内容。

首先，直观性知识和经验指向那些可观察、可听见、可触摸、可操作的事物和现象，比较符合幼儿的认知特点，有利于幼儿直接经验的获取。其次，简单性则指的是幼儿园课程内容应尽量避开复杂、晦涩、生疏的知识，应着力于学习兴趣的培养，学习习惯的养成等。再者，事实性的知识和经验，指的是概念和原理本身不能直接成为幼儿需要学习的内容，这些概念和原理的内容应该以与幼儿息息相关的事实呈现出来。如“电”的概念不应该作为幼儿园课程的内容，但是“一些家用电器的认识”比如电动玩具、电视机、电脑之类的与幼儿生活经验有关的电器，则可以作为幼儿园课程内容，成为幼儿理解“电”的基础。

目前幼儿园在选择课程时常会出现课程内容“超载”的问题，具体表现在：第一，课程内容“量”过多。究其原因是不少幼儿园为迎合家长的要求与需要，扩大幼儿入园率。除正常教学外，还开办各种兴趣班、能力提升班等。第二，课程内容“质量”欠佳。要么课程内容贴近于小学课程，超出了幼儿阶段幼儿的认知发展水平，导致幼儿学习起来十分困难，挫伤了幼儿学习的兴趣和积极性，甚至导致幼儿小小年纪就产生厌学情绪；举例来说，有些幼儿园特别注重训练幼儿的数学运算能力，3—6岁的幼儿竟然要学会100以内的加减乘除，而这些内容严重不符合学前阶段的课程。要么课程内容过于简单、浅显，对幼儿没有挑战和吸引力，使幼儿产生倦怠消极的情绪。

（三）适切性标准

所谓适切性标准，指的是所选的课程内容既要符合幼儿的发展水平、是幼儿力所能及的，也要贴近幼儿生活、是幼儿喜闻乐见的。[①]所以在幼儿园教学活动中对“适切性”的理解有三方面：一是适宜发展，二是贴近生活，三是尊重兴趣。首先，所选课程内容既要考虑到不同年龄阶段幼儿发展的一般特点，还要精心观察现实中每一位幼儿不同的年龄特征，寻找差异，针对不同的幼儿所选择的课程才具有适切性。其次，所选课程内容要反映幼儿的现实生活，要充分结合幼儿的生活情境和生活经验。三是所选的课程内容要符合幼儿的兴趣和需要，一方面要从幼儿感兴趣的事物中寻找富含教育价值的课程内容，另一方面要善于帮助幼儿形成新的兴趣中心，尤其是与课程目标衔接的事物。

然而，由于教师对课程适切性的思考不足，实践中并不能合理、科学地选择课程内容，经常出现所选内容脱离幼儿生活、学习经验。如一些教师在开展主题活动“现代信息广场”时，为了完整性将主题内容延伸到远古时代，在通信工具中添加了“狼烟”“消息树”等内容，这种追求表面上的尽善尽美，不仅没有考虑幼儿的生活经验，对幼儿的发展也是没有任何意义的。所以在进行课程内容选择时必须依照适切性标准，合理、科学地选择

①许卓娅．幼儿园课程理论与实践[M]．南京：南京师范大学出版社，2008：35．

课程内容。

◇案例:幼儿园集体婚礼

2011年某月某日下午,郑州一家幼儿园为100多名孩子举行了一场"集体婚礼"。孩子们穿着礼服互相承诺,小"新郎"要给小"新娘"戴戒指。老师和家长代表担任主婚人,参照大人结婚的程序,"新郎"和"新娘"都要接受询问、宣誓。比如"妞妞,你嫁给了亮亮,他如果生病了,你会对他好吗?""宝宝,你娶了丽丽,如果有别的小朋友欺负她,你会保护她吗?"主婚人还会问一个问题:"你为什么要和你选择的另一半结婚呢?"所有"新人"更是异口同声:因为我爱他(她)! 小"新郎"们单膝跪地,给小"新娘"戴上结婚戒指。然后,在众人的祝福声中,或者紧紧拥抱,表达爱意;更亲密的,还当众吻了一个。据了解,当日有100多个孩子"结婚",全部是"自由恋爱"。幼儿园的李园长说,3至6岁的孩子中,不少进入"婚姻敏感期",这正是因势利导、给他们灌输健康婚姻观的好机会。一位家长认为这种形式挺好的,让他们体验一下结婚的感觉,消除好奇心,也是一种良好的成长教育。

——摘自《郑州晚报》

你觉得"集体婚礼"这一幼儿园活动的设计符合幼儿园课程内容选择的适切性标准吗? 为什么?

(四)整体性标准

所谓整体性标准,指的是所选课程内容之间应有内在的、本质的规律性的联系,相互联合成一个整体。幼儿园教育目标就是把幼儿培养成身心全面和谐发展的人。因此,幼儿园课程内容作为一个整体,就是要把各种教育因素有机组织起来,使其各个组成部分的比例相对平衡,达到最优结构。这就要求:首先,每个目标都要有相应的课程内容与之对应,且这些内容在课程总体中的分配应适宜。其次,显性课程内容与隐性课程内容应彼此协调,不仅要注重显性课程的教育影响,也要考虑到隐性课程对幼儿可能产生的影响。如幼儿一天中的教学、游戏、生活、运动和休息的时间安排应科学合理。再次,各领域之间的课程内容应相互衔接、相互联系,力求为幼儿提供一个完整的全面的内容体系。

遵循幼儿园课程内容的整体性标准,就是要求课程设计者要有整体观,不能把课程看成是单一教学内容的叠加、单一教学环节的连接。而要把课程内容的各个部分、要素、环节看成是整个课程体系中的部分、要素、环节。使课程内容之间形成一个和谐、合理的整体。使整个课程的体系大于各个单一课程之和,这才是选择课程内容整体标准的关键所在。

(五)发展性标准

所谓发展性标准,指的是所选的幼儿园课程内容不是一成不变的,需要根据时代的发展、知识的更新、幼儿的生活变化等做出适时的调整。发展性标准既反映了幼儿园教育现代化的趋势,也体现了幼儿发展的内在要求。因此它要求幼儿园课程内容一方面要不断更新,跟上时代发展的步伐。比如,在选择有关"科技产品"方面的内容时,就需要以

“彩色电视机”“电脑”分别代替“黑白电视机”“半导体”等，以“无人售票车”“双层车”代替“有轨电车”等。[①]此外还应有意识培养幼儿获取信息、运用信息的能力与素养，在幼儿课程中以适当的方式融入民族、多元文化等教育因素拓宽幼儿的课程内容。另一方面为了适应幼儿发展的需要，课程内容在整个三年中要不断扩展、拓宽，从小班到大班，知识点逐渐开阔。[②]比如对于幼儿语言能力的培养，要求小班幼儿能安静听同伴讲话、不随便插嘴，愿意在集体面前讲话等；中班幼儿能初步养成认真倾听的习惯，理解并能复述故事等；而到了大班则要求幼儿能听懂和坚持说普通话，能用丰富的语言描述生活中的美等。为每个发展的幼儿提供适当的课程，由易到难、具有挑战性。

三、幼儿园课程内容的基本范围[③]

以各种活动为表现和组织形式的幼儿园课程内容主要包含以下基本成分：①关于周围世界（包括自己）的浅显而基本的知识经验；②关于基本活动方式（包括认识活动）的行动经验（“做”的经验）；③关于发展智力、提高各种基本能力的经验；④关于对待世界（包括自己）和活动的态度，即情意方面的经验。

（一）关于客观世界粗浅的基础知识

这类知识指的就是“描述与解释”世界的知识。尽管建构主义知识观反对把知识仅仅看作是对世界的描述与解释，但这并不意味着可以忽视这类知识。应该看到，关于客观世界的知识是人类智慧和文化的结晶，具有多种功能与价值。苏联教学论专家沃·维·克拉耶夫斯基指出，知识具有三个功能：①本体论功能（建立对周围世界的观念）；②定向功能（指明活动的方向和方式）；③评价功能（指明社会所持评价态度的标准及社会的理想体系）。具体地说，客观知识能形成关于周围世界的认识与理解的观念，能为主体的活动和行动确立方向，并成为评价对象化客体的主要依据。

对于幼儿来说，掌握有关客观世界的粗浅的基础知识是必要的，因为它不仅能帮助幼儿认识自己生活的环境，还会通过这种认识影响他们的行动，比如避开危险、节约资源、从事有利于自己和他人健康的活动等。同时，知识还具有发展价值，是逻辑思维（如概念、分类、排序等）发展、能力提高和情感态度培养的基础与前提。离开知识这种精神营养来奢谈促进发展是毫无意义的。虽然幼儿园课程不以传授系统知识为目的，不强调系统的知识学习，但一些日常生活必需的知识还是需要掌握的，另外旨在为入小学做准备而使幼儿已有的知识经验系统化更是重要的，因为系统化本身也是一种认知方式，知识系统化的过程也是一个思维方式逐渐改造、思维水平不断提高的过程。

因此，在选择课程内容时，需要将幼儿必需的或具有发展价值的基础知识的内容纳入课程。这样的知识包括：生命活动必需的知识，比如与幼儿的健康、安全有关的知识；

---

①许卓娅．幼儿园课程理论与实践[M]．南京：南京师范大学出版社，2008：36.

②李生兰．“幼儿园究竟应该教些什么？”讨论之三：浅议幼儿园课程内容的构建[J]．学前教育研究，1996(3)：38-40.

③教育部基础教育司．《幼儿园教育指导纲要（试行）》解读[M]．南京：江苏凤凰教育出版社，2017.

有利于幼儿解决基本的生活、交往问题的知识，比如基本的社会行为规则、规则的意义等；帮助幼儿认识自己生活环境的知识，如自然和社会环境中常见事物的名称、属性，幼儿能理解的事物之间的关系和联系等；为今后学习系统的学科知识打基础的知识，比如基本的数、量、形、时间、空间概念等；为成长为未来社会的高素质公民奠基的知识，如简单的环保知识等。以上所列几类知识或许并不完全，相互之间也有交叉，但无疑是比较基础性的。

（二）关于活动方式、方法的知识和经验

这类内容即所谓"过程性知识""做的知识"。人无时无刻不在活动，活动是人存在的形式，也是人发展的方式。人类的活动大体有生产劳动、社会交往、科学实验等几种基本类型，每一类活动都有自己的一些基本方式方法、基本的原理原则。这些基本的活动方式是每个人都需要掌握的，掌握它们不仅可以提高人的生存能力，也可以让人体验到活动成功的快乐。

幼儿的基本活动从大体上看，也无非是生活、交往、学习等，具体又可分为自我服务、身体锻炼、游戏、观察、探索、交流、表达等，各种活动都包含着一些基本的方式方法、技能技巧。例如，如何借助于"工具"达到目的，选择什么样的工具是最适合的，如何灵活地使用工具，如何计划自己的活动，遇到困难如何处理，如何参与到同伴群体中去，采用什么方式能够让别人进入自己的活动。教师只要具有这样一种意识，就可以随时抓住教育的时机，指导幼儿的学习。

例如，小雪希望加入"过家家"的游戏。她提出了"让我和你们一起玩好吗"的请求，但被以"人够了"的理由拒绝了。之后，她又几次提出这样的请求，甚至说"求求你们了，让我参加吧，让我干什么都可以！"但仍然无效。这时，一个男孩走过来，用手做敲门状，嘴里同时发出"咚咚"声。"谁呀？""我！煤气公司的！公司让我来检查一下你们的煤气灶有没有问题！""啊！师傅，快请进来吧！"……男孩顺利地参加到游戏小组中去了。教师把这一切看在眼里。她让小雪讲一讲男孩采用的办法，启发她也想一种别人难以拒绝的方式。后来，小雪便以送生日礼物的"老师"的身份加入了游戏。

（三）关于发展幼儿智力和能力的活动与经验

发展幼儿智力和能力是幼儿园教育的主要目的之一，因此，课程内容中必须包含这一部分，而且应占有相当的比例。智力（核心是思维能力）和能力的特性之一是"问题性"，也就是说，只有在解决问题的过程中、在实际"做"的过程中它们才出现并活跃起来。幼儿的智力和能力常常表现在解决活动时所遇到的问题中，并在解决问题的过程中得到发展。解决问题一般要经过几个阶段：发现问题（即意识到困难或问题），提出问题（通过分析明确问题），寻找线索（搜集有关的事实），形成假设（提出各种可能的解释或解决问题的办法），用适当的方法或手段验证假设，得出结论，即解决了问题。对幼儿来说，验证假设要靠"做"。如果一个假设被"证伪"，即被否认，那么还需要提出新的假设，再次检验……多次反复，直至得出结论。因此，幼儿园课程应包括那些能够构成幼儿的"问题"的

内容，让他们的智力和能力在解决问题的过程中得到提高。

幼儿的问题常常出现在生活中、游戏中、交往中和与环境的相互作用中。例如：几个孩子比赛谁跳得远，可每人起跳的地方有前有后，如何比较？一个幼儿偶然注意到鱼缸里的水变少了，是被鱼喝掉了吗？这里不时有孩子为骑一辆小三轮车而“告状”，能不能自己解决，怎样解决更好？这些都是包含着“问题”的学习内容。因此，利用生活中幼儿经常遇到的或感兴趣且有价值的问题作为课程内容，既有利于激发他们学习的积极性，也有利于发展他们的智力和能力。教师也可以有意“制造”一些问题，或将必要的学习内容转化为幼儿可以研究的问题，以促进幼儿智力的发展。

例如，影子是孩子司空见惯的现象，但他们真正注意过影子吗，教师不妨让孩子画一画“我和我的影子朋友”，然后去和实际的影子对比一下，也许会发现不少有趣的“问题”：画中的自己和影子像是一白一黑的孪生兄弟（姐妹），各自独立地并排站立，而阳光下的影子却躺在地上，并和自己脚对脚。能让影子和自己并排站立吗，能把它和自己的脚“切开”吗？再如，幼儿一般认为物体沉在水里的原因是“因为它重”，重量是唯一的原因吗？用天平称一称，找出一个比刚才下沉的物体重的泡沫板，试一试，再找找原因，再验证一下，等等。也许很多问题在幼儿期得不出一个明确的答案，但是，尝试解决问题寻求答案的过程，无疑使幼儿体会到如何去思考，感受到影响事物因素的复杂性，学习多角度考虑问题，同时，“做中学”的经验也在增加，能力也在逐渐提高。

（四）关于培养幼儿情感态度的活动和经验

这里的情感态度指的是对人、对事、对己的一种倾向性，它构成行为的动机，影响人的行为。情感态度是伴随着活动过程而产生的体验，类似的体验积累得多了，就形成了比较稳定的倾向性。因此，原则上讲，情感态度不是“教”出来的，它的形成是潜移默化的结果。但这并不等于说课程无法对幼儿的情感态度倾向施加影响。心理学的有关研究表明，态度一般可以通过三种途径形成：①环境的同化作用。周围人对某事的评价会不知不觉影响儿童，使他们也持有同样的观点。②经验的情绪效应。幼儿对使自己体验到愉快、满意的事物会形成积极的态度，如喜爱；对使自己感到痛苦的事物则形成相反的态度，如厌恶。③理智分析。当幼儿认识到真正理解了某种事物或特定行为的实际含义时，会根据这种认识对它们形成“好”或“恶”的态度。

只要我们依靠研究所揭示的有关规律，选择适当的内容，提供关键性的学习经验，幼儿的情感态度同样可以按照我们希望的那样培养出来。例如，为了培养幼儿的学习兴趣（即一种对学习的积极态度），应该：①让他们有机会探索他们感到好奇的事物，满足其好奇心；②让他们在学习中获得某种愉快的体验，如感到有趣、令人惊讶、兴奋等；③让幼儿在学习过程中有自主感、成功感；④让他们感到周围的人都爱学习，而且对幼儿的学习活动也很感兴趣等。

因此，选择的内容本身或学习活动应该有趣、有“悬念”，能使幼儿获得认识上的满足感，与幼儿愉快的情绪体验有关联，能够引起孩子的探索等。再如，对形成幼儿的自尊心来说，最重要的是让他们感到自己受尊重、受重视，在教师和同伴心目中有地位。而对于自信心的形成来说，活动中的成功体验，即“成就感”则是关键性的情感体验。这就要求在选择内容时能考虑孩子的意见，难度适宜等。当然，这已经不仅仅是课程内容本身的问题了。在幼儿期，学习兴趣、自我价值感和自信心、责任感、团体归属感、关心、友好、尊重、同情等都是应着重培养的情感态度。

第三节

幼儿园课程内容的组织

完成了课程内容的选择以后，我们就需要对课程内容进行组织，形成符合幼儿学习特点与认知规律的课程内容的呈现方式，保证幼儿园课程实施的顺利进行。在《幼儿园教育指导纲要（试行）》第三部分“组织与实施”中，对课程内容的组织做出了以下原则性的规定：“教育活动内容的组织应充分考虑幼儿的学习特点和认识规律，各领域的内容要有机联系，相互渗透，注重综合性、趣味性、活动性，寓教育于生活、游戏之中。”教育活动的组织形式应根据需要合理安排，因时、因地、因内容、因材料灵活地运用。①这些规定为我们理解和把握幼儿园课程内容组织提供了基本的参照。

一、幼儿园课程内容组织的含义

由于人们对课程本质的理解和研究的视角不同，因此，对于课程组织或课程内容组织的定义也各异。如泰勒认为，课程组织是把学习经验组织成单元、学程和教学计划的程序；而斯基尔贝克则认为，课程组织是将构成教育系统或学校课程的要素加以安排、联系和排列的方式。②我国有学者认为，课程组织是对选择出来的课程内容予以安排，构成比较可行的教育方案或计划的过程。③课程内容组织简称课程组织，是指在一定的教育价值观的指导下，将所选出的各种课程要素妥善地组织成课程结构，使各种课程要素在动态运行的课程结构系统中产生合力，以便有效地实现课程目标。④综上可以看出，关于课程组织的理解大致包括以下几点主要内容：第一，课程组织是一种课程内容的安排方式或过程；第二，课程组织是为了实现课程目标；第三，课程组织因对课程内容理解上的差异呈现多种类型。

根据以上对国内外幼儿园课程内容组织的分析，我们将采用冯晓霞的观点，她认为幼儿园课程内容组织是指创设良好的课程环境，使幼儿园课程活动兴趣化、有序化、结构化，以产生适宜的学习经验和优化的教育效果，从而实现课程目标的过程。⑤可见，幼儿园课程内容组织首先需要分析课程内容的构成要素，其次应明确课程内容的各种类型之间的关系，再次要将课程内容的各个要素系统化、结构化，最后要保证这些内容的呈现方式是活动性的、趣味性的，所有这些步骤最终都要为实现适宜的幼儿学习经验和优化的教育效果服务。

---

①王春燕.幼儿园课程概论[M].北京：高等教育出版社，2007：89.

②许卓娅.幼儿园课程理论与实践[M].南京：南京师范大学出版社，2008：37.

③许卓娅.幼儿园课程理论与实践[M].南京：南京师范大学出版社，2008：37.

④王春燕，王秀萍，秦元东.幼儿园课程论[M].北京：新时代出版社，2009：47.

⑤冯晓霞.幼儿园课程（第2版）[M].北京：北京师范大学出版社，2001：72.

二、幼儿园课程内容组织的原则

幼儿园课程内容组织的原则，指的是幼儿园课程组织过程中必须遵循的基本原则。那么幼儿园课程应该遵循哪些基本原则？根据《纲要》中所规定的课程内容组织的基本精神，结合课程组织的相关理论，我们认为幼儿园课程内容组织需要遵循以下几个原则：逻辑顺序和心理顺序相结合的原则；横向组织和纵向组织相结合的原则；直线式组织与螺旋式组织相结合的原则。

（一）逻辑顺序和心理顺序相结合

逻辑顺序指的是根据学科本身的系统及其内在的联系组织课程内容；心理顺序指的是以适合儿童特点的方式组织课程内容。[①]前者更多强调学科知识本身的体系结构，对学科知识与儿童的心理发展之间的关联观照不足；后者更多强调儿童的兴趣、需要、学习能力和发展特点，而较少考虑学科知识本身的固有体系。

就幼儿园课程内容的组织而言，如果紧紧按照逻辑顺序或只按照心理顺序来组织课程，都存在一定的困难，而且取得的教学效果都无法让人满意。例如，如果按逻辑顺序，以学科为中心来组织和编排课程内容，这显然不符合幼儿的认知特点和身心发展规律；如果按心理顺序，以幼儿的需要和兴趣组织和编排课程内容，也有阻碍幼儿系统知识的获得，延缓幼儿社会化成长进程的可能。同时，对于幼小衔接也产生不利的影响。

按照逻辑顺序或心理顺序组织幼儿园的课程内容，两者都各自存在着优缺点。因此，在幼儿园课程内容的组织环节中，应将逻辑顺序和心理顺序有机结合起来，充分发挥各自的长处，使两者取长补短，最终有效地实现推进课程的实施，促进幼儿身心和谐发展，以达成教育与课程的目标。

资料阅读：

在幼儿园中班《科学》课程中，很多教材都会选用《七只小鸡排排队》作为课程内容，因为这一内容既生动有趣，又有利于幼儿数学思维的发展。在课程内容的具体安排中，许多教材都遵循“逻辑顺序与心理顺序相结合”的原则进行组织。其编制过程一般是这样：

按小鸡个头由小到大顺序排列七只小鸡（里面也会穿插一些辨识、比较小鸡大小的内容）并编号；将小鸡的后两只放到小鸡队伍的前面，让幼儿辨识移动后小鸡的编号；再移动小鸡队伍后面的小鸡，排列后再让幼儿辨识小鸡的编号。

在编排中，课程内容首先是按照心理顺序即认知顺序排列的，之后两次小鸡的移动都注意了逻辑顺序，以便于幼儿推断移动后的小鸡队伍中各小鸡的编号。

（二）横向组织和纵向组织相结合

横向组织指的是按照“广义概念”组织课程内容，即打破传统的知识体系，使课程内容与儿童已有经验连为一体；纵向组织指的是按照课程组织的某些准则，以先后顺序排

①朱家雄．幼儿园课程（第2版）[M]．上海：华东师范大学出版社，2011：164.

列课程内容。[①]

就幼儿园课程内容的组织而言,横向组织和纵向组织的做法均有其合理性。横向组织遵循了知识学习和获取的基本过程——从简单到复杂,从具体到抽象,从初级到高级的循序渐进的过程。纵向组织则与儿童成长紧密联系,强调那些简单性的、事实性的具体知识,这些具体知识因与儿童的经验直接相关,比较容易被幼儿接受和掌握。

在幼儿园课程内容组织中,应以纵向组织为主,以横向组织为辅,这样既考虑到学龄前幼儿的发展特征和学习方式,同时也有利于幼儿循序渐进地初步地掌握知识。

资料阅读:

下面是美国High Scope(高瞻课程或海伊斯科普课程)课程模式组织的一些课程活动,从这些课程活动中我们看看课程内容是按什么原则组织的。

接下来,幼儿复习了日历,观察了他们已经学过的排序(pattern),例如由5创造的pattern。在墙上贴着的一张纸条上记录着他们已经在学校里多少天了。幼儿把下一个数字加上去,复习了纸条上2和5的pattern。

排序活动结束以后,幼儿到外面去玩。幼儿可以选择骑车、玩秋千、攀爬、搭积木、钻隧道等游戏。Michelle和一组朋友在玩攀爬和钻隧道游戏。在大部分时间里,她们高兴得大呼小叫。

在约25分钟以后,老师发出信号让幼儿回教室。在幼儿进教室时,老师让他们选择自己要吃的点心。幼儿洗手,自己吃点心。吃点心以后,在老师的帮助下,幼儿把刚才对点心的选择制成一张图表,讨论其中的关系。

从以上我们可以看出,排序是按纵向组织进行的,排序活动、游戏活动与吃点心活动是按横向组织顺序排列的。

(三)直线式组织和螺旋式组织相结合

直线式组织指的是将课程内容组织成一条在逻辑上前后联系的直线,使前后内容互不重复;螺旋式组织指的是在不同的阶段,课程内容会重复出现,但是这些重复出现的内容在深度和广度上都有所加强。[②]

在幼儿园课程内容的组织中,运用螺旋式组织方式组织幼儿课程内容是比较常见的。这是因为幼儿的认知与思维水平尚处于皮亚杰认知理论中的前运算阶段,即此时幼儿的思维方式以直觉思维为主。课程内容不断重复有利于幼儿知识的掌握和经验的获得,这种组织方式在综合课程、方案教学等许多幼儿园课程类型中都能表现出来。但是,这并不是说直线式组织方式是一无是处的,如在语言、数学等分科教育的学科课程中,直线式组织有助于幼儿逻辑性地思考问题,同时在知识获取方面效率较高。因此,在“分科教学”中,直线式组织方式是较常用的组织幼儿课程内容的方式。

①朱家雄.幼儿园课程(第2版)[M].上海:华东师范大学出版社,2011:164.

②朱家雄.幼儿园课程(第2版)[M].上海:华东师范大学出版社,2011:164-165.

直线式组织和螺旋式组织在幼儿园课程内容组织中,各有其长处和不足。前者要求逻辑思维,使幼儿能够比较高效地掌握知识和技能。后者要求直觉思维,这种思维方式符合幼儿的发展特点,有利于幼儿学习过程中经验的获得以及创造性思维的发展。因此,在幼儿园课程组织过程中,根据需要可以使两者取长补短有益结合。

下面是High Scope课程模式中对教学活动的描述:

老师接着开始读一本大书里的故事。在老师读的时候,一些孩子跟着老师读他们认得的词。老师告诉他们明天他们要写自己的故事。

从上面的课程活动中我们可以发现,大书中的一些词重复出现了,这在课程内容组织中被认为采用了螺旋式原则,大书中的一些词如果不重复出现,那么这会被认为采用了直线式组织原则。一般来说,这两种组织原则在课程内容组织中会结合使用。

三、幼儿园课程内容组织的形式

由于对课程内容的取向不同,相应地会产生不同的幼儿园课程内容组织形式。在幼儿园教育实践中,常见的幼儿园课程内容组织形式有三种:学科中心组织形式、活动中心组织形式、经验中心组织形式。

(一)学科中心组织形式

学科中心组织形式是按照知识的内在联系及其结构组织课程内容。在这类组织形式中,幼儿园教师的角色是主导教学的活动进程,幼儿的角色是对幼儿教师的主导活动做出反应。在幼儿园课程目标的指导下,教师依据学科专家编制的幼儿园课程教材,实施一系列设计好的教学方案,帮助幼儿一步一步地获得必需的知识和技能。如在幼儿园课程中的“分科教学”就可以说是学科中心组织形式的典型代表。通常,学科中心组织形式在幼儿知识和技能获取方面能够取得较高的效率。

(二)活动中心组织形式

活动中心组织形式强调按照幼儿的兴趣、需要和发展水平组织幼儿园课程内容。在此类组织形式下,幼儿的兴趣、需要和现有的发展水平是课程内容组织的出发点,而且课程内容也可以根据幼儿活动的兴趣和需要做出相应的调整变化。在课程实施的过程中,幼儿获得了较多的自主设计、积极参与各种活动的机会,能够在与教育情境互动中建构自我的发展。如在幼儿园实施的“方案教学”,就明显地体现出了以儿童活动为中心的倾向。

以活动为中心来组织幼儿园的课程,其课程活动内容有很多种类型,如游戏活动、教学活动、生活活动等。在这些活动中,若再以幼儿参与活动的规模来划分,还可以分成集体活动、小组活动和个别活动等。由于活动中心组织,能够给幼儿提供较多的自主活动的机会,所以,活动中心组织形式对于发展幼儿的实践能力、思维品质和个性心理等方面具有明显的作用。

（三）经验中心组织形式

经验中心组织形式强调依据儿童的学习和生活的经验来组织课程内容。一般通过问题的解决来实现，此类问题一般是幼儿生活中的各种问题，包含认知、情感、态度、价值观等方面的问题。问题解决的过程主要是，教师依据对幼儿的观察，预先设计好问题，拟定所选问题的发展目标，然后引导幼儿主动参与问题解决，让幼儿在发现和探索中获得知识技能、情感培育、态度观念形成等。

经验中心组织形式与活动中心组织形式一致的是，经验中心组织形式也强调幼儿的兴趣和需要。不同的是，前者强调的是各种活动情境的构建，后者注重生活情境的构建。幼儿教师的任务是为幼儿提供学习材料和学习机会，创设一个富有教育性的情境，让幼儿自发地通过自己的直接经验发现和掌握知识、发展能力。经验中心组织形式有利于幼儿思维能力和动手能力的提高，更有利于幼儿个性心理品质的养成。

可以看出，在理论基础上，幼儿园课程组织形式是可以加以严格区分的。但是，在实践中，各种课程组织形式不能简单地以一种形式作为中心，去组织课程内容。它们之间应该根据需要取长补短有益结合。总之，我们给予幼儿的课程内容组织，应该是能够使幼儿得到全面发展的形式，不仅要与系统的科学知识紧密联系，也要与幼儿生活、需要和兴趣紧密联系。

拓展性阅读导航

1. 刘晓东著《蒙蔽与拯救：评儿童读经》，江苏教育出版社，2009年。

"儿童读经运动发轫于20世纪90年代，是一次教育运动，又是一次文化运动，迄今已满十有五年，虽有方克立、薛涌等人批评，但未见其有终结的征兆。可见此一运动在中国文化中有怎样丰厚的土壤，与中国文化某些传统的对接是何其成功。这一运动的倡导者如蒋庆先生，欲借此运动实现'王道乐土'的政治抱负，尽管有人将其视为儿戏，却难以忽视此运动有芸芸信众的现实。此运动所涉问题极为复杂，一言以蔽之就是：中国文化向何处去。"

学前教育也要承担文化的传承创新的重任，而幼儿园课程则成为学前教育中文化的载体。在全球化的背景下，我们的课程在西方现代文化和中国传统文化之间摇摆不定，幼儿园课程的内容选择如何面对和处理两者之间的关系，显得日益重要。

2. 王春燕著《中国学前课程百年发展与变革的历史研究》，教育科学出版社，2004年。

以史为鉴，可以知兴替。学前（幼儿园）课程内容随着社会历史文化的发展而不断演进。对学前课程内容的历史分析，有助于我们了解课程内容的变迁轨迹，有利于我们对当下幼儿园课程内容存在的问题进行反思。

3. 刘小红，廖其发《"禁教"：幼儿教育必须走出的误区》，课程·教材·教法，2012年第8期。

禁止幼儿园教幼儿学习拼音、识字、唐诗、算术等内容，是不科学的，是对幼儿教育

“小学化”不正确理解的产物。这不可能必然地给幼儿带来快乐的童年,更不可能真正促进幼儿身心的健康发展。相反,采用游乐性的方法,在幼儿可接受的范围内适当地引导幼儿学习拼音、识字、唐诗、算术等,会给幼儿带来更高层次的快乐,会使幼儿的身心获得更高水平的发展。对于这种观点,你如何理解呢?

第四章 幼儿园课程的实施

第一节 课程实施概述

课程实施是整个课程系统中的一个重要环节,因为课程方案里的目标和内容以及教育活动设计,如果被束之高阁或者被教师大打折扣,那教学效果就会很差。因此,我们不得不从理论和实践的层面关注幼儿园课程的实施问题。

课程实施是把设计好的课程方案或拟定的课程计划具体付诸实践的过程,它是达到预期课程目标的基本途径。还有人肤浅地将课程实施理解为,如果一套新的课程方案或计划得到了幼儿园或教师的采用,那就大功告成了,达到了课程设计者的目的。其实,课程采用或选用与课程实施是两回事,有些采用者也许会忠实地执行课程方案或计划,有些可能是表面上采用,但做法上还是老一套,即穿新鞋走老路,或新瓶装旧酒。还有的情况可能是根本不采用,或采用时完全走样。目前我国幼儿园教育“小学化”现象就是一个例证。我国的《幼儿园工作规程》和《幼儿园教育指导纲要(试行)》都强调幼儿园教育要在游戏和生活中进行,课程方案里的目标、内容和方法也都是幼儿化的设计,但教育实践中还是出现了较为严重的小学化、学业化现象,就是幼儿园和教师对课程实施的走样。

课程实施的过程不是简单地采纳课程方案,而是从理念到实践、从文本到效果转化的动态过程。课程设计者基于一定的理念设计好课程方案后(理想的课程),实施者总是以自己的认识来理解课程方案(现实的课程)。同时,课程的实施也不仅是教师教学的问题,还受周围的环境和物质条件等因素的影响,另外,课程方案本身是否切实可行,也会影响实施效果。因此,课程实施是课程设计者、课程的执行者,以及课程的评价者共同关心的重要问题。

一、课程实施的取向

由于人们对课程实施含义的不同理解,导致在课程实施中采取不同的做法,这些不同的做法被称为课程实施的不同取向。国外的课程专家总结了课程实施中的三种不同取向,即忠实执行取向、互动调适取向、创造生成取向。①下面分别介绍。

(一)忠实执行取向

这种取向认为,课程实施需要忠实地反映课程设计者的意图,将课程设计的理念和课程方案的文本内容付诸实践。课程评价是检查课程实施是否达到了设计者的预期目标。在这种取向下,课程的设计者和实施者是完全分开的,一些幼儿教育专家和优秀教师负责根据一定的理念设计课程方案,规定课程的目标、内容和方法,带班教师则根据这些内容组织教育活动,具体落实,以达到预定的目标。借用美国学者塞勒(J.G.Saylor)等人对课程与教学关系的一种隐喻即是:课程就像一幢建筑的设计图纸,会对如何施工做出具体的计划和详细的说明,教学(在此种取向下,教学是课程的主要实施手段)则是具体的施工。教师就是施工的工匠,教学的好坏是根据施工效果与设计图纸之间的吻合程度来评量的。

仔细考察目前我国幼儿园课程的实施现状,发现有不少幼儿园采用的是忠实执行取向,特别是一些教育欠发达地区和师资水平不高的幼儿园。因此现在的很多课程方案几乎排好了教师需要上的每一节课,规定了每节课的教学流程,甚至列出在课上需要提出的问题。除了规定的教具、学具之外,教师几乎不需要做任何准备。教师长期这样从事他人的计划和活动,对自己的工作缺乏创新性和成就感,会逐渐丧失思考和研究能力,到最后,是否有能力忠实地执行课程设计者的计划和意图也是个未知数。

(二)互动调适取向

这种取向的基本假设是,课程设计者不可能也不应该事先规定精确的实施程序,应该让实施者根据实际情况做出适当的调整。调整方式一般有三种:第一种是基本按课程设计者的意图执行,只根据自身情况对某些计划做局部调整;第二种做法是课程实施者和课程设计者双方都或多或少地调整一些计划或做法,以便能相互适应各自的情况;第三种是课程实施者完全根据自己的情况来调整原定的课程计划,不去适应设计者的意图。在这三种调整适应方案中,目前关注较多的是前两种,第三种调适方法主要考虑的是实施者的意图,而非课程设计者的意图。

计划和实施之间相互调整,以适应不同地域的情况,不同水平的师资以及不同发展水平的幼儿,对于以“幼儿为本”、实施有质量的学前教育具有重要作用。我国地域广大,物质条件、师资水平以及幼儿的先期经验各有差异,不管多么周密和完善的课程计划,用到每个具体的班级和不同准备状态的幼儿时,适应程度肯定有所不同。教师参考课程方案里的目标、内容和方法建议,但又不照搬计划或书本,能随时根据外部环境如天气、动植物的生长状况、突发事件等调整课程内容,能根据班级幼儿的能力水平和环境条件适当调整教学流程和活动方法,充分发挥课程方案的价值和教师的能动性。

---

①全国十二所重点师范大学.课程论[M].北京:教育科学出版社,2007:205-206.

(三)创造生成取向

这种取向认为,课程并不是在实施之前就固定下来的,课程实施的过程也是制定和形成课程的一部分。具体指教师和幼儿在教育实践中,可根据实际情况创造和生成新的课程目标与内容。因为教育过程中幼儿的思想和行为是无法预测的,因而课程实施的方向也不确定,很多目标和内容需要在教育过程中临时决定,其结果也无法事先预计。这种取向能够最大限度地关注幼儿兴趣的变化和能力水平、个性发展等,也能发挥教师和幼儿在课程开发中的作用,从一定程度上表达了我们的教育理想。即教育就是引导人去探索知识,使人变得更自由,更有创造力。但是,边实施边设计的创造生成取向对教师的要求实在太高。它需要教师对孩子兴趣和发展水平进行准确的把握,对教育目标和内容的价值进行合理筛选,对新的教育过程进行精心组织。从我国目前的师资状况和教育条件看,真正有能力独立开发课程的教师并不多。

从国际上看,在课程实施中成功地创造生成新课程的案例也存在,如意大利的瑞吉欧方案教学课程、美国的"自然发生"课程、英国的开放课程等。瑞吉欧方案教学的创始人马拉古兹(Loris Malaguzzi)指出:"我们是真的没有计划或课程,但是若说我们只依赖那种令人羡慕的技巧,像临时起意的课程,那也是不正确的。我们并不依赖机会,因为我们深信我们也可以期待某些我们尚未了解的事物。我们知道的是,与幼儿一起共事,是三分之一的确定以及三分之二的不确定和新事物。"但是,马拉古兹也指出,教师应该有许多事先的考察,并大略草拟出一系列长期或短期的相关项目计划。[①]美国学者卡络·科贝尔用了一个非常贴切的名词来表达这种课程,即"生成课程"。"生成"强调方案或计划必须来自孩子和成人的日常生活,尤其是孩子本身的兴趣,它提醒我们自发总是产生于孩子学习和游戏的情境中;而"课程"则意味着此环境中教师的计划和安排。[②]下面是瑞吉欧幼儿学校一位教师描述的一个教育主题的产生过程[③],或许能够帮助大家更好地理解创生取向的课程实施。

一次我注意到窗外的阳光正照在树的后方,树叶的阴影投射到窗户玻璃上,于是我便将一大张半透明的白纸巾贴在窗户玻璃上。当孩子们来到学校,看到树叶影子的景象时感到很惊讶,接下来发生了许多事情,孩子们甚至将这些阴影当作时钟。有的小朋友说:"看看纸上的图形,就知道是午餐时间了。"这些影子提供了非常好的教育机会,并引发了孩子关于"除了蚂蚁,每样东西都有影子"的主题探索活动。

下面我们用表格的形式对三种课程实施取向的异同点进行归纳和比较(表4-1)。

---

①杜成宪,单中惠.幼儿教育思想史[M].北京:人民教育出版社,2010:421.

②屠美如.向瑞吉欧学什么——《儿童的一百种语言》解读[M].北京:教育科学出版社,2002:74.

③Elizabeth Jones,John Nimmo. Emergent Curriculum. NAEYC,1994.转引自屠美如.向瑞吉欧学什么——《儿童的一百种语言》解读[M].北京:教育科学出版社,2002:77.

表4-1 不同课程实施取向的比较[①]

实施取向	课程方案	实施者的角色	方法	评价
忠实执行	事先确定好,不可变	完全按预定的计划和方案执行	固定的	与方案一致程度越高,效果越好
互动调适	事先确定好,但可根据情况适当调整和改变	需要根据实际情况对方案进行适当调整	不固定,根据情况适当变化	综合考虑对方案的运用和实际效果
创造生成	不确定,在实施过程中创造和生成	实施过程中创造和生成新方案	动态的、创造性的	方案的形成和实际效果

了解了三种课程实施取向各自的特点后,也许你会以为,创造生成是最理想、最以儿童为本的课程实施取向,应该是大家努力追求的目标。但最理想的实施对教师、幼儿以及物质环境等的要求也是最高的。课程实施是一种动态的实践过程,其目的在于解决问题,因此"可操作性"和"实际效果"是课程实施的根本要求。如果要求专业程度相对不高的师资,在较大班额的情况下,主要使用创造生成的课程实施取向,自己决定"教什么"(课程目标和内容)和"怎样教"(教学方法),那么课程对儿童发展的价值将是难以保证的。反之,如果教师只能忠实地执行课程设计者的思想和意图(假设教师真的理解了课程设计的意图的话),是否就能实现课程设计者的初衷呢?答案也是否定的,因为课程是否成功实施,受课程方案本身的特性、作为课程实施者的教师和作为教育对象的幼儿等多种因素的影响,所有课程方案都需要教师将课程内容以适当的形式转化为幼儿能接受的教学内容,而不同幼儿的认知特点、个性品质、经验背景等却是各不相同的,教师的教育智慧和教学策略就显得尤其重要了。

所以,在课程实施过程中,必须综合考虑各方面的因素,从而使课程实施过程变成最优化地解决实际问题的过程。为了使儿童得到更好的发展,教师既要清楚地理解课程设计者的意图,能够在实践中执行,同时也需要教师根据具体的教育情境进行调整和相互适应,在可能的情况下,也欢迎创造和生成新课程。

二、幼儿园课程实施的影响因素

课程实施是在实际情境中动态进行的,会受到众多因素的影响。自20世纪60年代以来,国内外许多学者对此做过大量的研究,归纳起来,主要有以下四个方面。

(一)课程方案本身的特性

课程方案本身的特性是课程能否有效实施的前提。设计新课程方案是为了改变原有的课程,而课程的实施则是为了将新的课程方案引入教育实践。这就意味着,作为课程实施者的教师需要理解新课程方案的理念和做法。有台湾学者将课程比作服饰,认为之所以市场上有的服饰被抢购,有的被冷落,固然与使用者的喜好、实际需要及服饰价钱

①全国十二所重点师范大学.课程论[M].北京:教育科学出版社,2007:207.

有关，但服饰本身的设计是否足够完美，能否发挥其所宣扬的作用则更为重要。[①]一般来说，课程方案的以下几个变量会影响到实施。

1.课程方案的结构和内容表述是否清晰和明白

一套课程方案的内容是按一定的结构组织起来的，其内容组织方式以及内容本身如果不清晰易懂，使教师不能理解其精神实质，不知道实际上应该做什么，或者感到非常复杂、含混不清，那么教师就会回避方案精神而取容易之对策。因此，课程方案的文本最好使用人们熟悉的语言和结构。现在有些幼儿园课程方案热衷于制造新的名词概念和进行形式上的花样翻新，或者直接将心理研究的内容搬到教育方案中，给教师的理解带来困难，最终影响推广范围和实施效果。

2.课程方案是否具有可操作性

课程方案中的做法是否方便、可操作，对实施有重要影响。一些很新、很高端的课程方案看上去很美，理念很先进，但操作性差或者需要很高的物质条件要求，那也会影响推广和实施。比如，英国著名课程论专家斯腾豪斯提出的过程模式课程，尽管有很好的课程编制思想，但由于没有具体说明操作方式，使人感到难以把握，因此在课程实践中没有产生什么影响。因此，一种课程方案是否实际地产生理想的效果，不仅仅在其本身的理念多么先进，更重要的是要符合教育的实际，要具备实施的可能性。

3.课程方案是否与现实环境相和谐

指新的课程方案是否与现实需求和公众需要相吻合，是否与流行的价值取向和行为方式相一致。倘若新的课程方案刚好是符合当时社会和公众需求的，就会得到较好的推广和实施。比如20世纪80年代中后期南京的“综合课程”实验，虽然有先进的理念和设计方法，但当时的教师们由于都习惯于分科教学，没有改变原有方式的迫切需要，因此当时的综合课程并未在全国大面积铺开。到了2001年以后，由于《幼儿园教育指导纲要（试行）》的发布及在全社会的广泛宣传，“各领域的内容要有机联系，相互渗透，注重综合性”几乎成了幼教界的主流认识。由此，一些综合的课程方案应势而生并被广泛推广，如幼儿园整合性课程、幼儿园主题建构（探究）式课程、幼儿园综合主题教育、幼儿园综合活动课程等。

总之，新的课程方案越清晰易懂，越简便易行，并且与现实需求和公众的认识相吻合，就越容易得到推广和实施。

（二）教师的因素

是否编制有效可行的课程方案是影响课程实施成败的前提条件，但不是充分条件，因为良好的课程方案并不一定产生良好的教育效果。一套课程方案顺利地被幼儿园采用后，决定课程实施成败的关键取决于教师。教师履行着与课程材料的创造和实施有关的多种功能。不论教师是自己编制课程还是运用现有的课程材料，教师总是一个“课程的决策者”，因为课程的发展和运用总是要依靠教师的思维和行动。[②]具体而言，我们可

①黄正杰.课程设计基础[M].台北：东华书局股份有限公司，1991：413.

②马云鹏.中国城乡小学数学课程实施的个案研究[D].香港：香港中文大学博士论文，1999：36.

以从两个方面分析教师在课程实施中的重要地位和作用。

1.教师正确的课程观念和积极的态度是课程实施的前提

事实表明,一些课程方案没有取得预期的效果,并不是方案本身的问题,而是教师不理解、不参与或不能驾驭。因此,课程实施首先应该是教师的学习过程,通过学习,让教师理解课程的理念、目标、内容和方法等,这是课程实施的前提。只有作为课程主要参与者的教师理解了这些内容,才能决定是否在自己的班级、幼儿园或区域内选用或修改这个课程方案。如果教师拒绝学习甚至拒绝选用新的课程方案,课程实施就失去了基本前提。

2.教师良好的专业素质是课程实施的保障

课程实施是繁难而复杂的系统工程,同时也是教师观念和知识的重构过程。如果教师队伍的专业素质不能达到课程理论和实践的要求,再美好的课程理想也难以在幼儿园顺利施行。在课程方案被选用以后,教师的专业能力越强,课程实施的水平就越高,理想的课程和现实课程的差距越小。观察教育实践中的表现我们可以发现,优秀的教师不管采用什么课程方案,都能调动幼儿的积极性,能巧妙地将教育目标变成幼儿的兴趣和需求,课堂活跃,收放自如。甚至在几乎人人诟病的分科教学活动中,一些优秀教师也能因人施教,促进幼儿在原有水平上的良好发展。而一些教育观和儿童观不正确、专业能力差的教师,即使采用精心编制的综合课程方案,依样画葫芦,也照样将综合课程变成孩子索然无味的“放牛”课程或枯燥传授知识的“小学化”课程。因此,有人指出,教育是否真正促进幼儿的发展,关键的因素不是课程方案或模式,而是教师的专业素质。比如,教师是否能深入观察幼儿的表现并做出正确的判断,教师是否能与幼儿进行良好的互动,是否能提供恰当的引导和支持。

(三)幼儿园的因素

幼儿园的整体教研水平、园长的管理导向以及实施课程的物质条件等也是影响课程实施的因素。幼儿园的领导如果经常组织教师进行各种教研活动,帮助他们了解各种新的思想和方法,一来有助于教师专业水平的提高,二来也使教师更容易接受新的思想和观念。采用一套新的课程方案就意味着放弃原来自己熟悉的方法和程序。所以有学者指出:“课程实施的最大障碍就是教师的惰性。”其实就是不愿意费时费力地去改变自己的习惯做法。如果幼儿园有一个积极学习、努力尝试新事物的氛围,园长对教师们的努力多加鼓励和包容,调整评价考核的标准等,新的课程方案就能更好地推行和实施。

不过,新的课程方案可能需要相应的物质条件作为保障,比如,较丰富的学具或实物,较小的班额或较小的师生比,较多的外出观察时间等。课程方案的编制和推广人员要同幼儿园和教师充分交流,共同做好促进课程实施的物质保障。

（四）环境是影响幼儿园课程实施的重要因素

1. 幼儿园教育环境的内涵

幼儿园的教育环境从广义说，指幼儿园教育赖以进行的一切条件的总和。从对象上看，既包括物质环境，也包括人际环境；从范围上看，既包括班级和幼儿园的小环境，也包括家庭、周围社会与自然的大环境。从狭义上说，幼儿园的教育环境主要指班级和幼儿园的小环境，尤其是物质环境。它是教育者自觉选择和建设的环境，对幼儿的影响是系统的、全面的，有利于达到促进幼儿发展的教育目标。

（1）物质环境。

指为幼儿园教育活动服务的各种物质存在，如幼儿园园舍、设施、玩具、操作室、科学活动室等等。它是幼儿园教育活动开展的前提和基础。

（2）人际环境。

人际环境指在幼儿园里，弥漫在人与人之间的气氛，如教师对待幼儿的态度，教师与幼儿的关系，幼儿之间的关系等。人际环境影响幼儿学习和探索，也直接影响幼儿健康人格的形成和发展。作为影响课程实施的重要因素，我们在这里主要探讨狭义的幼儿园环境，也适当涉及对幼儿园课程实施重要影响的社会和自然环境。

2. 环境对幼儿园课程实施的作用

环境是幼儿园课程实施的物质保障，同时，创设学习环境又是课程实施的重要内容。蒙台梭利说过，“在教育上，环境扮演的角色相当重要，因为孩子在环境中吸收所有的东西，并将其融入自己的生命之中”。

《幼儿园教育指导纲要（试行）》总则指出，“幼儿园应为幼儿提供健康、丰富的生活和活动环境，满足他们多方面发展的需要”；在组织和实施部分再次强调，“环境是重要的教育资源，应通过环境的创设和利用，有效地促进幼儿的发展”。

（1）环境是幼儿园课程实施的物质保障。

幼儿是通过操作和活动学习的，而材料丰富和具有一定结构的环境布置为幼儿提供了学习的对象和场所。合理的空间布局、适宜的光线对幼儿良好的身心发展也具有重要影响。总之，在丰富的环境中实施课程是幼儿园教育的重要特征，那种仅有小板凳、小桌子和小黑板的环境绝不是真正的幼儿园。

（2）环境推动课程的产生、发展和延续。

丰富的环境可能引发幼儿的学习兴趣和探究问题，生成新的课程。比如，一个班级在布置“我们居住的地方”这一主题墙饰时，孩子们发现教室里有一块空墙壁，便提议在空白处再布置一个小区。于是，大家开始研究一个小区应该有些什么东西，然后和教师一起准备了丰富的材料，用废旧盒子做成各种各样的房子，用毛笔和水粉颜料绘出了道路，又用各色彩纸做了树及花草，并为这个小区取名为“娃娃新村”。

环境不仅能生成课程，还能推动课程的发展，比如，一个班级在进行《春天草地上的秘密》这一主题时，孩子们在持续观察草地、比较草地的变化、草地上的其他植物、草地上的动物的过程中，将观察记录、照片以及实物等在环境创设中展示出来。从环境中，我们不仅可以看出活动的一步步开展，更可以欣喜地看到孩子们在活动中情绪的体验，能力的提升，以及其成长和变化；环境记录促使教师不断地自我反省，增加了教师之间的经验分享；环境记录加强了孩子对活动的兴趣，增强了自信心，也将幼儿在活动中积累的经验加以积累和梳理；环境记录更使家长了解了孩子的活动过程。

环境还可以作为课程的补充和延续，比如，一个班级在开展了“动物王国”的主题活动后，教师在美工区、娱乐区、益智区等区域为幼儿准备了大量的材料：利用废旧材料制作动物头饰、玩具，提供图片、资料，了解动物王国的相关知识等。幼儿积极地投入到各区域中，通过与环境材料的互动，加深了对主题的理解，使许多在教学活动中不能完成的内容在区域活动中得到完善，使活动得到了更广的延伸。

3. 创设幼儿园教育环境时应该注意的问题

第一，是环境创设要有利于课程目标的实现，环境要有利于幼儿在德智体美劳各个方面的和谐发展，切不可只重视发展认知的环境，而忽视社会性和身体的发展。

第二，需要根据课程目标，对环境作系统规划。本学期有几个教育重点，需要怎样的环境支持，多少时间更换一次，教师和幼儿各可以做什么，需要家长做哪些配合工作等。如果提前做出规划，不仅能使环境最大限度地对课程实施产生积极作用，还能减轻教师的工作负担。

第三，将环境与课程巧妙融合。优美、丰富的环境能带来美好的视觉享受和心理体验，但仅有这一点是不够的，既然是教育环境，就要使它为课程和教学服务，各个阶段的课程内容结合起来，使环境既成为物质保障，也成为课程资源。

（五）外部因素

新的课程方案的实施，不仅需要教师的参与和幼儿园的支持，还需要得到社会各界的支持，如政府部门的重视，家长的理解和支持，社区和社会团体的协助等。良好的外部环境可以成为推动课程实施的无形动力。

幼儿园的教育课程关系到孩子的成长和发展，良好的家园合作也是促进课程有效实施的必要保障，因此，家长已经成为影响课程实施的直接因素。比如，《幼儿园工作规程》和《幼儿园教育指导纲要（试行）》都要求幼儿园教育要以游戏为基本活动，主张教育和生活结合，将教育融入幼儿的一日生活之中。但是在望子成龙的功利化思想影响下，很多家长认为上幼儿园就是去学知识，学认字，学做题。甚至每天会问孩子在幼儿园学了什么知识，如果孩子说在幼儿园玩了非常好玩的游戏，一些家长会不答应，认为浪费了孩子的时间，使他们什么也没学到。如果这样的家长成为主流，将很难实施具备先进幼教理念的课程方案。还有，健康领域中幼儿的生活能力训练、膳食、营养等方面的内容，以及社会领域中的人际交往等内容，很多需要在日常生活中进行，需要家园配合，形成合力，如果幼儿园和家庭的理念背道而驰，幼儿可能会进一步退两步，难以达到预期的教育目标。

政府部门的重视可以有效地促进新课程方案的推广和实施。因为要用新的课程方案取代教师已经习惯的思维和做法，总会面临一定的阻力，这就需要教育主管部门或其他管理部门进行协调，制定和调整有关政策，鼓励和支持幼儿园的课程改革。比如，2001年教育部颁布《幼儿园教育指导纲要（试行）》后，各省市教委的幼教处、教研室积极宣传和培训，组织专家制定《纲要》实施细则，由此引导和带动了新世纪以来我国的幼教课程改革热潮。可以说，任何一次课程改革的成功实施，都与政府部门的支持密不可分。

另外，社区、社会团体、新闻媒介的支持和配合，也能更好地促进幼儿园课程的实施，可以提供物质资源和技术支援，宣传正确的教育观和儿童观等。比如，2010—2011年，国家在纠正严重的幼儿园教育“小学化”时，就得到了电视、网络和报纸等媒体的广泛宣传助力。2012年5月教育部发布《3—6岁儿童学习与发展指南》的征求意见稿后，也得到了很多网络媒体的大力支持。只有具备了良好的舆论环境和物质资源保障，幼儿园和教师才能安心教研，有效地实施课程。

下面将影响幼儿园课程实施的各项因素汇总在一个示意图中，见图4-1。

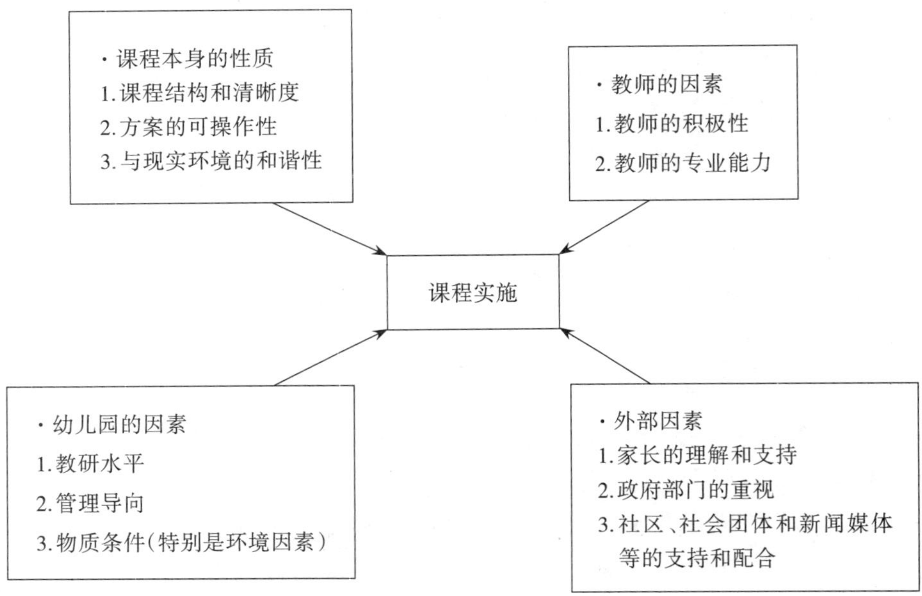

图4-1 影响课程实施的主要因素

阅读资料

瑞吉欧学前教育机构的环境创设①

瑞吉欧的教育工作者对学校环境的诠释和实践远远超出我们对环境的界定，他们将环境视为“一个可以支持社会互动、探索与学习的‘容器’”，赋予了环境丰富而深刻的教育内涵，使一切方案活动都以环境的创设为基础，把环境的教育价值摆在了整个教育取向的一个重要位置。

①张金梅．谈谈环境的教育价值——从瑞吉欧环境创设获得的启示[J]．学前教育研究，2002(1)：19-21.

一、环境是课程设计与实施的要素

在瑞吉欧所倡导的建构性学习中，幼儿的认知、情感和社会化的发展始终来自和环境的相互作用中，幼儿与环境相处的方式直接影响教育的质量。因此，从课程设计的总体观念到具体方案的实施，环境一直是瑞吉欧教育者所考虑的因素。他们思考着生活在某所学校及社区环境中的幼儿究竟对周围的哪些环境产生了兴趣，是否可以从中产生一个新的方案；他们还思考着在方案的进行中需要哪些新的环境的设置，利于方案的不断延伸。比如在“人群”的方案活动中，为了体验“人群”的川流不息，幼儿与教师共同创设了一个拥挤的环境，使教室的墙壁变成了一个城市的广场，幼儿组成人群，每个幼儿扮演着一种身份，在人群中穿梭行动；又如，在一个有信息沟通的长期性方案中，为了让幼儿体验信息沟通的中介——信箱的作用，便布置了一个属于个人信箱的空间：每一位幼儿有一个，每一位老师、厨师也都各有一个；每一个信箱都是透明的，不用成人的指导，幼儿就知道它有什么功用；每一个信箱上都贴有主人的名字和照片，幼儿可以随时找到自己和别人的信箱，信箱的设置大大丰富了方案活动的内容和形式。

二、环境是最佳的“记录”方式之一

正如马拉古兹所说：“我们的学前学校的墙壁会说话，也有记录的作用，利用壁面的空间暂时或永久地展示幼儿及成人的生活。”所以，我们一走进瑞吉欧学前教育机构，不用言谈，只要留意校园的环境，就能“阅读”到其中蕴含的各种教育信息。

在瑞吉欧，记录的方式很多，而最常用的方式就是环境记录，这反映出瑞吉欧教育工作者的智慧与勤奋，他们最大限度地发挥了空间传达教育信息的作用。不仅在墙壁上展示，瑞吉欧学前学校还设置了档案资料室，那里收集了更为详尽的幼儿发展信息，以及教师和家长提供或制作的各种物品，而参与记录的不仅有教师，还有各位家长。

环境记录所传达的各种信息对教师、幼儿和家长都有很大的益处。首先，环境记录促进了教师的成长，它如一面镜子再现教师的想法，促使教师自我反省；它增加了教师之间的经验分享，取长补短。其次，环境记录对幼儿也很重要，它让幼儿知道成人重视他们的工作，使幼儿十分热情地投入到工作中，并珍惜自己的劳动成果；它为幼儿提供了重新检视、反省和解释的机会，有助于知识的自我整合和集体建构。最后，环境记录还是家长了解幼儿的重要途径，它让家长了解到孩子在学校的所作所为；它不仅使家长了解幼儿的成果——作品，也了解到孩子学习的每一个过程，而这些往往是家长看不到的；它为家长提供探讨教育的素材，进而协助家长进行角色定位。

三、环境是幼儿与幼儿之间、幼儿与成人之间、幼儿与物之间互动的关键性因素

马拉古兹曾说：“教育乃是由复杂的互动关系所构成，也只有‘环境’中各个元素的参与，才是许多互动关系实现的决定性关键。”的确，要实现幼儿与幼儿之间、幼儿与教师和职员以及家长之间、幼儿与物之间的互动，少不了环境的支持与介入。在瑞吉欧的学前教育机构，大到学校的地理位置，小到教室内每一个小物件的摆放，都充分地为幼儿形成各种互动经验提供便利条件，确保环境成为互动的保障而不是障碍。他们具体的做法是：使学校位于城市的市中心，让这里成为文化交流的中心，便于幼儿进行各种信息交

流；教室内分隔成大小不同的空间便于幼儿在人数不同的小组中进行合作学习，使他们的沟通、竞争与合作更容易一些，同时也便于教师进行倾听和记录；工作坊的各种工具、材料和设备摆放在幼儿伸手可及的地方；通向所有教室的广场是不同年龄幼儿碰面交流的地方，是他们逗留游戏的地方，也是各种想法和点子诞生的地方，等等。

四、环境是"第三位老师"

在瑞吉欧教育工作者眼中，除了每个班有两位教师外，环境还是"第三位教师"。当环境具有"教师"的意义时，环境已不再是没有生命的完全物化的东西，而成为一种富有人格魅力的教育力量。在这种情况下，环境如同教师一般，对幼儿的认知具有激发性，使幼儿处于积极的探究状态，在各种尝试中使用材料、发现问题和解决问题；环境如同教师一般，对幼儿的认知具有指导性，幼儿可以在各种材料的使用中，获得对周围世界的认识。

他们的具体做法是：

1. 校园里没有一处是无用的环境，即环境具有教育功能。例如，天花板上悬挂着许多不同形状的雕塑品，这些都是幼儿用透明的、五颜六色的、平常少见的材料做成的，教师把它们挂上去让幼儿欣赏、评论；厨房、餐厅和洗涤室都有水槽，除了洗涤物品外，还可以让幼儿在这里进行玩水活动；等等。

2. 环境具有问题性，对幼儿的建构式学习产生一定的刺激。例如，"洗涤室与洗手间里的镜子都切割成不同的形状，以便吸引幼儿用有趣的方式看着自己的影像。"并进一步探究不同形状对影像的影响。环境具有一定的相关性，即把能引起相关经验的各种环境因素组合起来。比如为幼儿创设水中倒影、镜中像和光与影等一系列一一关联的环境，促使幼儿在原有经验基础上提出疑问、讨论解决方案，尝试各种操作，从而建构出新经验。

3. 环境富有弹性，可以根据幼儿和成人的需要而不断变化，经常以新的面貌激励幼儿进行新的探索活动。比如，在"小水坑里的智慧"方案活动进行中，当阳光在墙壁上投下树枝斑驳的影子时，教师就把一块布挂在这面墙上，让幼儿清晰地随时观察光与影子的变化；在"石狮的雕像"活动中，把环境扩展到社区的广场中心，环境的内涵也延伸到"石狮"几百年的历史时空中；还利用四季气候和天气变化丰富环境的意义，"雨中的城市"方案其环境涉及雨中的街道到雨中的古迹，再到雨中的戏院。

瑞吉欧学前教育机构中外部因素的作用①

一、瑞吉欧学前教育机构的社区式管理模式

社区式管理模式是幼儿、家庭、学校和社区之间相互整合而成的一种教育组织管理形式。这种管理模式使学校的管理不仅是幼儿、家长和教师这"三巨头"的事情，也是学校所在社区所有人的事情，社区作为第四种教育成分加入到学校事务中来。美国幼教专

①资料来源：引自屠美如．向瑞吉欧学什么—《儿童的一百种语言》解读［M］．北京：教育科学出版社，2002:115,123.

家考察了瑞吉欧的社区管理模式后说:“我们可以用‘层层关系所组成之系统’来比喻瑞吉欧的婴幼儿和学前学校。”瑞吉欧的层层关系组成之系统即市政府—学校—社区—市政府的循环组织网络。具体如下。

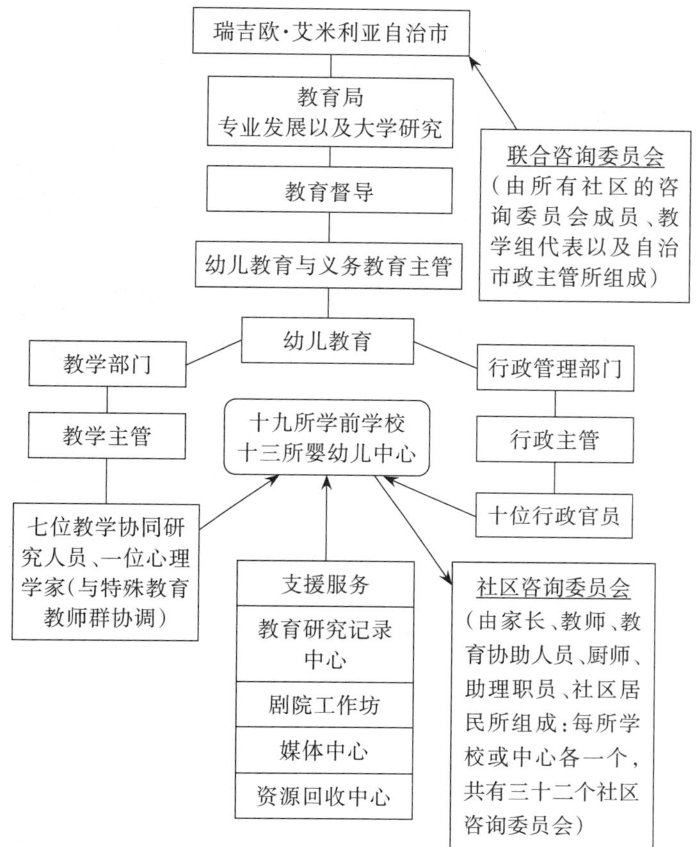

二、瑞吉欧学前学校中家长参与的任务

在瑞吉欧,家长被视为一种“内在的重要成分与不同智慧的结晶”。家长承担的任务具体如下。

1. 每班进行的个别会议。每班的教师与家长开会讨论一组幼儿在学校里进行的方案、评估教育成果,研究下一步的方向等。一般利用晚上大部分家长有空的时间开会。

2. 小组会议。教师与班上某一组幼儿的家长开会,针对这组幼儿的情况做讨论。班上的每个家庭至少参加一次这样的会议。

3. 家长与教师个别讨论。针对某个幼儿的特殊问题或某个家庭的特殊需要而进行的讨论。

4. 针对一个主题的会议。就某一个主题由家长和教师共同发起会议,并邀请对这个主题感兴趣的相关机构参加。主题可能是父亲的角色、孩子的恐惧等。所有参加会议的人员都可以自由辩论,最后讨论出一个较为满意的解决方案。

5. 与专家会面。请专家以演讲或圆桌会议交流的形式进行,每次会议都有一个主题,如幼儿的性教育、神话故事与幼儿的关系、儿童读物的选择、幼儿的饮食等,其意图是给家长一个咨询、请教专家的机会。

6.工作会议。家长为学校提供特定的实际帮助,如与教师一起做家具、重新安排教室、改变校园环境以及教具的维修等等。

7.实验活动。家长和教师一起从事某项实验活动,比如折纸、制作布偶、演皮影戏、操作摄影器材等。比如,有一次实验活动名为"烹饪实习",由厨师和新生家长一起准备一道菜,有些菜可能是他们一辈子都没见过的。

8.节日与庆祝活动。幼儿、家长、祖父母、亲朋好友以及镇上的市民都可以参加,有时属于全校性的活动,有时只是一个班的活动,项目包括幼儿的生日庆祝会、迎新年、庆祝丰收等。

9.其他活动。家长和孩子、教师一起参加镇上的一日游、野餐、远足、度假等活动;或在学校组织家长一起参加小组的主题活动;或者几个幼儿互相拜访彼此的家庭,家长给予配合;等等。

|第二节|

幼儿园课程实施的途径

从幼儿园课程就是幼儿在园的全部生活或活动这一内涵出发,我们就能发现幼儿园的课程不仅包括集体的教学活动、游戏、身体锻炼,也包括餐点、饮水、如厕、盥洗、午睡,还包括做操、散步、游戏等各种常规活动。幼儿园课程的实施则主要通过日常生活和各种常规活动、游戏活动、教学活动三种途径来进行。下面分别介绍。

一、日常生活和各种常规活动

日常生活和各种常规活动指在幼儿园的一日生活中,除了教师专门组织的教育活动和幼儿自由游戏之外的所有活动。包括幼儿的入(离)园、餐点、午睡、盥洗、排便、过渡环节、值日、做操以及户外自由活动等。《幼儿园工作规程》在“总则”中指出,“幼儿园的任务是实行保育与教育相结合的原则,对幼儿实施德、智、体、美、劳诸方面全面发展的教育,促进其身心和谐发展。”在保教结合、保教并重的任务指导下,帮助幼儿学习生活知识,提高生活自理能力,促进幼儿的身心和谐发展是幼儿园课程的重要目标,这些目标需要通过日常生活和各种常规活动来实现。从占用的时间来看,生活活动和常规活动在幼儿园课程中所占的时间最多。在这个意义上说,日常生活和各种常规活动是幼儿园课程最重要的实施途径,这也是幼儿园教育区别于学校教育的独特点。

《3—6岁儿童学习与发展指南》对各年龄阶段幼儿的学习与发展提出了目标,试观幼儿在园生活的每一个环节,不难看到《指南》各领域的目标与幼儿的生活也是密切相关的,生活的每一个环节都蕴含着实现《指南》各课程领域目标的机会,具有极大的教育价值①。比如:

·入/离园环节

健康领域——如:情绪安定愉快(经常保持愉快的情绪;表达情绪的方式比较适度,不乱发脾气);具有一定的适应能力(能较快适应人际环境中发生的变化;能较快融入新的人际关系环境);具有良好的生活与卫生习惯(养成每天按时睡觉和起床的习惯);具有基本的生活自理能力(能将玩具和图书放回原处;能自己穿脱衣服、鞋袜、扣纽扣)。

·餐点、饮水、如厕、盥洗、午睡等生活环节

健康领域——如:具有良好的生活与卫生习惯(坚持午睡;不偏食、挑食;不暴饮暴食,喜欢吃瓜果、蔬菜等新鲜食品;吃东西时细嚼慢咽;饮用白开水,不贪喝饮料;保护眼睛、牙齿等);具有基本的生活自理能力(自己穿脱衣服、鞋袜、扣纽扣、系鞋带、根据冷热增减衣服、整理自己的物品);手的动作灵活协调(熟练地用勺子、筷子吃饭;能使用简单的劳动工具或用具)。

---

①参见李季湄、冯晓霞.《3—6岁儿童学习与发展指南》解读[M].北京:人民教育出版社,2013:218-222.

·转换环节

健康领域——如:情绪安定愉快(能随着活动的需要转换情绪和注意);具有一定的适应能力(能较快适应环境中发生的变化);具有基本的生活自理能力(能按类别整理好自己的物品)。

·户外自由活动

健康领域——户外活动不仅对幼儿形成健康的体态、愉快的情绪、适应环境的能力,发展动作的平衡、协调、灵敏、力量和耐力等具有极大的作用,还能够发展幼儿的生活自理能力和安全意识、自我保护能力,如运动时注意安全,不给他人造成危险,根据冷热自己增减衣服、系鞋带等。可以说,健康领域的大多数目标都可以通过户外活动来实现。

二、游戏活动

在幼儿园教育领域,没有哪个词比"游戏"的地位更重要了。"以游戏为基本活动"是幼儿园教育的重要命题,也是我国幼儿园课程建设的重要指导思想。作为指导幼儿园课程建设的国家文件,1996年颁布的《幼儿园工作规程》,2001年颁布的《幼儿园教育指导纲要(试行)》,以及2010年下发的《国务院关于当前发展学前教育的若干意见》,都一字不差地指出了幼儿园教育要"以游戏为基本活动"。2012年颁布的《3—6岁儿童学习与发展指南》,再次强调了"幼儿的学习是以直接经验为基础,在游戏和日常生活中进行的。要珍视游戏和生活的独特价值……"。

从严格意义上说,游戏应该是幼儿园所有教育活动的手段或方式,包括在集体或小组的教育活动中采用的游戏。作为课程实施的途径之一,这里的游戏主要指幼儿的自由游戏活动,如在各个区角、在户外等的自由游戏。它强调的是"过程""表现"和幼儿自由、自主的活动,能够最大限度顺应幼儿的自然发展。幼儿在自由的游戏中,不仅能宣泄情绪,还能锻炼交往技能、动手能力,发展语言和认知能力。特别是社会领域的课程,很多都是需要通过幼儿的自由游戏来达成目标,如人际交往技能的学习,处理纠纷的方法,自我意识的培养,自尊、自信的养成等内容,教师很难通过专门的上课或讲道理的方式来进行。维果茨基指出,当儿童自发活动时,正是愉悦从环境压迫中释放的时候,而使自己服从游戏规则,则是通过最大限度愉悦的途径。因此,是游戏"创造了最近发展区",而它正是导向儿童进一步发展的教学背景。

虽然游戏对幼儿发展具有重要价值,在幼儿园的课程中也被赋予了极高的期望,但由于功利主义思想的影响,在我国的幼儿园中,幼儿游戏的权利并未得到普遍的尊重,在课程编制和实施过程中,由于过分重视读写、计算等学科知识的传授,与幼儿园的集体教学活动相比,游戏这一课程实施途径被很多教师忽视了,甚至成为点缀或课间休息的"小插曲"。

三、教学活动

与游戏自由、自发的特点相比，教学活动主要是一种有目的、有计划的由教师对幼儿施加影响的活动。它更多地强调教师的作用，强调目的性和计划性。与日常生活活动和自由游戏相比，教学可以具有以下优越性。

1. 高效、经济

幼儿园的教学活动既可以是全班幼儿参加的集体活动，也可以采取分组的形式进行，甚至因材施教，个别进行。教师在相对固定的时间里同时指导几十个幼儿的学习，在现有的教育条件下，是非常高效和经济的，幼儿可在较短的时间内获得更多的信息。

2. 对幼儿学习和发展的引领性强

如果我们相信维果茨基的观点，是"游戏创造了儿童的最近发展区"，那么，教学的功能则是引领幼儿到达自己的最近发展区。尽管幼儿在日常生活和自由游戏中可以获得极其丰富的经验，但这些本源的、基础性的经验只是幼儿发展的素材和原料，如果教师不有目的、有意识地帮助幼儿提炼和升华，其发展的价值将大打折扣。杜威指出，教育的作用就是改造和重组儿童的经验，教学活动则是改造和重组幼儿自发经验的重要手段。

3. 系统性强

幼儿园教学活动的内容一般是教师根据课程标准和自己对幼儿发展的了解，精心安排和组织的，其内容具有较强的系统性，有利于幼儿循序渐进地获得和提升经验。比如，动物怎样吃东西，吃什么东西是幼儿非常感兴趣的内容，在日常生活中也积累了大量相关经验，教师可将这些内容整理成主题探究活动，在幼儿查找资料、相互交流的基础上，指导幼儿一步一步地探究，帮助幼儿系统梳理和建构动物食性及其与环境的依存关系这一知识体系。具体如：

动物爱吃什么？→不同的动物爱吃的东西不一样→有些动物吃草，有些动物吃肉→肉食动物和草食动物各有身体特征→吃肉动物的食物哪里来？→吃草的动物→吃草的动物为了生存，有哪些特别的本领→扩展经验：自然界中的动物怎样保护自己？→总结提升：动物与环境的适应和依存关系。

像这样，将幼儿感兴趣的内容有目的、有计划地组织成系统教学的内容，是幼儿园的功能和教师作用的重要体现。正如维果茨基所指出的，与3岁前儿童按照他们自己的大纲进行学习相比，学前教学大纲（幼儿园教学大纲）表现出两个特点：一是按照引导学前儿童达到一定目的的体系来编制学前教育大纲；二是学前教育大纲应该是儿童自己的大纲，符合学前儿童的兴趣和思维特点。①

日常生活和常规活动、自由游戏和教学这三种课程实施途径中，针对不同的内容各有适用性，三者之间相互补充、相得益彰，三者之间不能随意替代。幼儿园课程的实施不是教学的同义词，不可以像中小学课程那样，以教学作为课程实施的主要手段或唯一手段。只有三者最优化地结合，才能彰显幼儿园课程的价值和特点，从根本上改变放羊式

①维果茨基．维果茨基教育论著选[M]．余震球，选译．北京：人民教育出版社，2005：248-249.

和灌输式的教育。生活知识的学习、生活技能的培养主要应该在洗手、餐点、如厕等生活环节中进行；适当的行为、建立关系与社会交往、表述和控制情绪、发展自我感觉以及理解别人需要等内容的学习则非常适合通过游戏的方式来进行；帮助幼儿整理、扩展和提升经验，建构初步的概念和学习前学科知识体系则可以通过组织集体和小组的教学活动来进行。

下面这两个图示可以帮助我们了解游戏和教学的关系。它对于课程设计和实施具有指导意义。图4-2表明课程设计需要关注教育者的打算、儿童的打算和意义这两个方面，并且，教育者的打算和儿童的打算和意义虽然处于一条线的两极，但两者不是相互对立的，可以互相转化。教师的作用是观察和分析儿童的游戏，了解他们当前的经验状况和发展需求，然后通过教学指导开辟出新的探索与学习，促使儿童从当前水平进入一个更高的游戏阶段（如图4-3）。

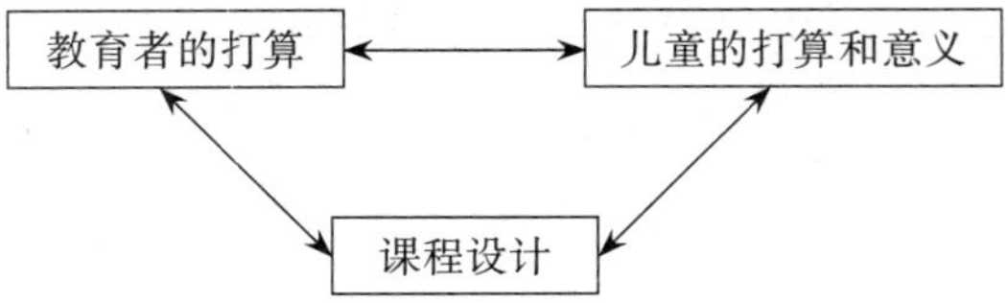

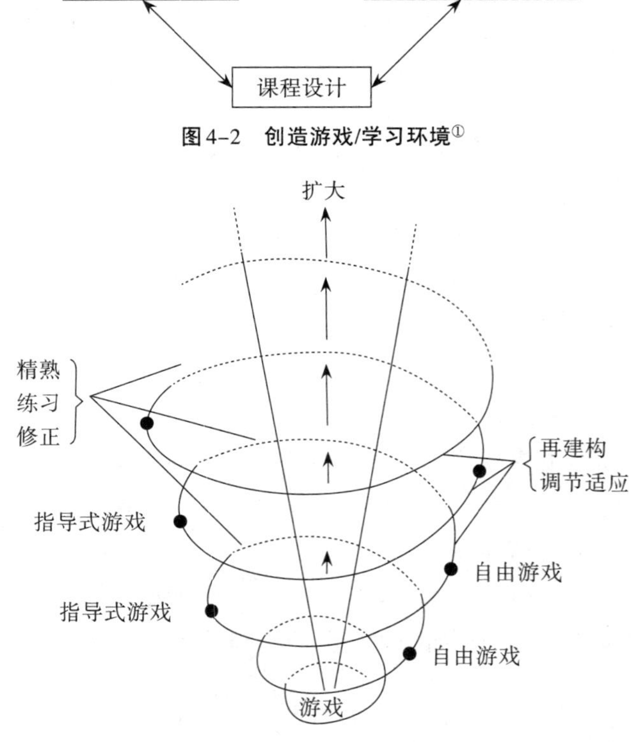

图4-2　创造游戏/学习环境①

图4-3　游戏和教学互动循环图②

① Wood L, Attfield J. Play, Learning and the Early Childhood Curriculum, Paul Chapman Publishing Ltd, 1996, P.89. 转引自朱家雄. 幼儿园课程的理论与实践[M]. 上海：华东师范大学出版社，2010.

②李季湄，冯晓霞.《3—6岁儿童学习与发展指南》解读[M]. 北京：人民教育出版社，2013：271.

|第三节|

教师的专业水平是幼儿园课程实施的关键因素

美国学者古德莱德(J. I. Goodlad)在考察“课程”的内涵时曾指出，存在五种不同层面的课程，即：理想的课程、正式的课程、领悟的课程、运作的课程、经验的课程。[①]其中，领悟的课程是指教师对课程的理解和领悟，教师根据自己的知识、经验、态度、信念等对理想的课程或是正式的课程进行“二次加工”，使得课程成为了领悟的课程。这一过程中，对教师专业发展水平的要求是比较高的，而当教师将自己领悟的课程运用到现实中时，这是“三次加工”，使得领悟的课程成为了运作的课程，这一过程要想获得良好的效果，同样需要教师较高的专业水平。英国课程专家斯腾豪斯也提出，课程发展就是关于教师的专业发展，没有教师的相应变革，就不可能实现课程变革，课程实施也不会有好的效果。可见，教师专业发展水平是课程实施的关键因素。可见，教师专业水平的高低，直接影响到课程实施的效果，成为幼儿园课程实施的关键因素，而课程实施也是教师专业发展的核心手段。

霍伊尔(Hoyle)指出，教师专业发展是指教学职业的每个阶段，教师掌握良好专业实践所必备的知识和技能的过程。佩里(Perry)指出：“教师专业发展意味着教师个人在专业生活中的成长，包括信心的增强，技能的提高，对所任教学科知识的不断更新、拓宽和深化以及对自己在课堂上为何这样做的原因意识的强化。”[②]刘维东等认为：“教师专业发展是指教师作为专业人员，从专业思想到专业知识、专业能力及专业心理品质等方面由不成熟到比较成熟的发展过程，即由一个专业新手发展成为专家型教师或教育家型教师的过程。”[③]可以说，幼儿教师专业发展是幼儿教师作为幼儿教育的专业人员，从专业理念、专业知识技能、专业能力、专业心理品质、专业伦理等方面由不成熟到比较成熟的发展过程，也是一个专业新手发展成为专业熟手、专家型教师或教育家型教师的过程。幼儿教师的教育理念是其专业发展的根本指导，也是其实施幼儿园课程的根本指导，并起着决定性作用，因为教师是幼儿园课程实施的主体，其师德水平与教育理念、知识与能力的专业化程度，直接影响着幼儿园课程实施的方向、过程与结果[④]，同时，课程实施过程也在不断调整和促进幼儿教师专业水平的发展。

---

①施良方．课程理论——课程的基础、原理与问题[M]．北京：教育科学出版社，1996:9.

②刘赞林．科学教师专业化成长与科学新课程实施[J]．现代教育科学(中学教师)，2010(1):14.

③韩维东，刘要悟．特级教师长效引领及其对推进新课程实施和教师专业发展的意义[J]．当代教师教育，2013(3):76.

④杨晓萍，何孔潮．西部农村公办小学附属幼儿园课程实施现状与变革[J]．学前教育研究，2014(10):41.

一、幼儿教师的专业水平对课程理念的影响

（一）幼儿教师的儿童观影响课程理念

儿童观是指人们对儿童的认识和看法。幼儿教师的儿童观是指导其了解幼儿的根本前提，直接影响到对幼儿的人格、权益、身心发展状况、学习方式和风格等的认识与把握，是教师是否能根据幼儿的发展水平、特点、兴趣和爱好等情况去设计和实施课程，发展幼儿情感、态度、能力、知识、技能的观念导向；也是教师是否理解幼儿、如何去理解幼儿的根本依据。而《幼儿园教育指导纲要（试行）》也明确指出，教育活动内容的组织应充分考虑幼儿的学习特点和认识规律，各领域内容要有机联系，相互渗透，注重综合性、趣味性、活动性，寓教育于生活、游戏之中。下面这个案例，教师引导在一项活动中被拒绝的幼儿通过体验另一项活动获得了成功和喜悦；其中教师发挥了教育智慧、调整了课程实施方式，体现了教师平等参与幼儿的活动，尊重幼儿的发展需求，并给予适时推进的课程理念。

◇案例：

这个游戏一样有趣[①]

在小班，“娃娃家”的“妈妈”和另外一个小朋友走了过来，对冬冬说：“今天我们家的爸爸来了，你就不要来我们家了。”原来前几天这家的“爸爸”生病没来，我便请冬冬临时代替当他们家的“爸爸”（冬冬原先是玩其他游戏的），冬冬很愉快地接受了这个角色，而且和“妈妈”合作得很好。可今天原先的“爸爸”回来了，没想到“妈妈”对冬冬说了这样一番话。冬冬眼眶立刻红了起来，不知所措地站在那里。我也觉得很为难，怎样才能不打击孩子的积极性呢？突然我想到了一个办法，我对冬冬说：“听说今天‘香香饼干屋’要招聘一个点心师，去做各种各样的点心，你愿意试试吗？”冬冬有点犹豫地看着我。于是我蹲下来，看着他的眼睛，充满信任地对他说：“去吧，老师知道你很棒，一定行的！”听了我的话，冬冬径直走到了“香香饼子屋”。我向“香香饼干屋”里的孩子介绍了今天请来的点心师，并特别说明这是个很棒的点心师。看得出，孩子们听了我的介绍后，很欢迎这位“点心师”。在游戏过程中，我不断鼓励冬冬将制作好的点心送给同伴“品尝”，并积极地帮他给点心起好听的名字，启发他创造新的制作方法。冬冬越来越投入，还不时地把点心送给“娃娃家”。游戏结束后，我问大家“今天你最喜欢和谁玩游戏”，许多孩子都选择了冬冬，理由是“冬冬做了很多好吃的东西并和大家一起分享”。冬冬在大家的掌声中幸福地笑了！

我们在幼儿园中经常会遇到这类事例，我采取的方法是创设另一个游戏情境。这对孩子来说，既充满了新鲜感，又充满了挑战性。孩子在我的引导下体验新角色带给他的快乐，获得了满足。在这一过程中，孩子也与我建立起良好的信任关系。

（杨静）

---

①杨静.这个游戏一样有趣[J].幼儿教育，2006(9)：12-13.

（二）幼儿教师的教育观影响课程理念

教师的教育观是其根本教育思想，也是指导教师教育行为和解决教育问题的根本思想。教育观以儿童观为基础，有什么样的儿童观，就造就了什么样的教育观。如案例“蹲下来的发现”中，教师愿意走近幼儿，站在幼儿的角度去看待和思考问题，最终真正实现与幼儿零距离接触，体会到幼儿的所见、所感、所思，从而转换思路，调整课程实施方式方法，实现课程以幼儿发展为本的教育目的。

◇**案例：**

蹲下来的发现[①]

蹲下来，请你蹲下来！发现了吗？蹲下来的世界有些不一样，周围的墙似乎变得更高了，地面似乎离我们更近了——这就是和我们天天在一起的幼儿的世界。

在中班的一次语言活动中，我挂好教学用图，问坐在两边的孩子：“你们都能看见挂图吗？”“我看不见！”元元喊道。我走到他身边看了看：“咦？能看见呀！”心里暗想：真是个调皮的孩子！这时，元元委屈地说：“真的看不见，老师你蹲下来看。”蹲下来会有什么不同吗？我半信半疑地蹲了下来，就在我蹲下时，一缕阳光正好射在图上，反射光使图片看上去明晃晃的……我的心不由得一颤。

其实，这样的事例对于教师来说并不陌生。在过去，教师依据自身的经验为幼儿排好座位后，便不再去了解幼儿的感受了。而今，在新的教育理念的影响下，幼儿的主体地位不断被强调，教师也逐渐意识到自己的行为将直接影响师幼互动的效果。所以，我们现在常常会听见教师询问幼儿的感受，希望得到幼儿的反馈。但要真正理解幼儿，教师须从细节入手，蹲下来融入幼儿的世界，只有这样才会有全新的发现。

（禹心悦）

（三）幼儿教师的课程观影响课程理解

幼儿教师课程观主要体现在教师的课程理解方面，幼儿教师的课程理解是指对课程现象、课程设计（或称文本）、课程事件或是课程问题等方面的理解过程。教师理解课程是实施课程的前提条件，更是课程实施的蓝图，指导着课程实施的进行，左右课程实施的效果。如“假如我有一朵七色花”的谈话活动，这位教师没有走大多数教师的谈话设计，即回忆七色花的故事→问幼儿七色花是什么，有什么用处→鼓励帮助别人是令人很高兴的事，我也要帮助别人→假如我有一朵七色花，我要怎么帮助别人→谈谈你帮助别人的办法、体会→最后总结：我很快乐，因为我帮助了别人。这位教师的谈话活动主要情况如下：

“假如我有一朵七色花”的谈话活动：当回忆到七色花可以实现人们的愿望时，某老师问孩子们：“你们有什么愿望啊？可以给大家说说吗？”孩子们七嘴八舌地说开了，有孩子说想在一辆车，有孩子说想要一个兔斯基，有孩子说想要一本故事书，有孩子说想要吃口香糖，有孩子说想吃汉堡，有孩子说想要一把枪，……面对孩子们五花八门的愿望，她

---

①禹心悦. 蹲下来的发现[J]. 幼儿教育，2006(9)：13.

赶紧改变了原来的计划。她说:“每个小朋友都有自己的愿望,不过啊,可惜七色花的故事是个童话,我们也没有一瓣真的奇妙的七色花,那我们小朋友的愿望还能不能实现?”这位老师调整了话题,鼓励孩子们思考:“我们怎么实现自己的愿望呢,有什么办法吗?”这样一来,很多孩子说可以让爸爸妈妈买,还有一些孩子说可以拿自己的零花钱去买,也有一些孩子说可以和其他小朋友交换,等等。老师又引导孩子们通过自己动手实现自己的愿望,引出“梦想乐园”的主题,把不同的愿望进行分类、整理,规划出“梦想乐园”的梦想美食、梦想玩具、梦想美图,分别把孩子们分为三队。梦想美食队去找好吃的美食,对美食的营养、制作进行家庭调查、幼儿园厨房调查,向家长和幼儿园厨师学习制作美食;梦想玩具队则搜集孩子们的玩具,互通有无,并学习一些玩具的制作方法,自制玩具;梦想美图队则搜集好看的故事书,自制绘本故事等。最后“梦想乐园”主题活动的三个子项目更衍生出很多探索、分享和合作的活动项目,初步树立了孩子们自己动手,实现梦想的信念。

二、幼儿教师的专业水平对课程计划的影响

《幼儿园教师专业标准(试行)》(以下简称《标准》)中明确指出教师专业标准要以能力为重,而教育活动计划与实施能力要求“制定阶段性的教育活动计划和具体活动方案”,这就要求教师要成为课程的研究者和决策者,要求教师具备较高的专业发展水平,能够根据课程实施的情况和幼儿的情况创造性地对课程计划进行调适、批判、创新,选择和设计最适宜幼儿的课程。同时,教师专业水平的高低还决定着其能否从幼儿的讨论、争论、问题和假设中找出有价值的项目或是主题,并根据幼儿发展水平和《3—6岁儿童学习与发展指南》课程总目标的要求,按照项目或主题内容之间的内在关系,设计课程目标、选择课程内容、制定课程计划。如案例“从音响师到‘身边的电器’主题课程”,教师能够根据幼儿的兴趣特点,针对幼儿心理发展需求,生成适宜幼儿发展的课程,并取得良好的效果。

◇案例:

从音响师到“身边的电器”主题课程①

东东是我班的一个男孩子,在我组织的音乐活动中,他经常处于游离状态。更让我郁闷的是,他总会趁大家不注意时随意去按那些录音机、电脑等设备上的开关。当我放着音乐带小朋友表演时,他会突然关掉音乐,而不需要播放音乐时,他又会突然把音乐打开。以往碰到这种情况,我都会很生气,不是跟他讲道理,就是大声批评他,但实际效果可想而知。

现在我重新思考、分析了东东的行为,尝试换个角度去看待东东的行为表现:喜欢摆弄电器不就是东东目前喜欢做的事情吗?对电器的敏感不就是他的长处吗?他之所以不时地打开、关上音乐,是不是因为我没有给他机会满足他的需求?那么我该如何利用

---

①林黎佳.欣赏每一个孩子的成长[J].幼儿教育,2015(Z4):76-77.

他的兴趣和长处去促进他的发展呢？

在一次音乐活动开始前，我很认真地告诉东东：今天活动，老师要聘请他做音响师。同时，我把如何操作录音机的方法告诉东东，让他清楚“播放、暂停、停止、快进、后倒”等按钮的位置和作用，并让他操作了一遍，东东果然很快就学会了。然后我告诉他音响师的工作就是要配合老师，听老师的指令及时播放活动时用到的音乐。音乐活动开始后，东东坐在录音机旁边非常认真地按我的指令开关音乐。几次下来，他操作得越来越顺利，后来甚至不用我说“停”，他就能及时按下暂停键。在这次音乐活动中，东东虽然没有直接参与学唱和表演，但再也没有神游，更没有出现“破坏”行为。活动结束后，我对东东说：“东东，谢谢你，今天你这个音响师做得太好了！老师有了你的帮助，组织活动更轻松了。”东东也很开心，说：“下次我还可以当音响师吗？”“当然可以。”……

让我没想到的是，为了当好音响师，东东注意倾听音乐，渐渐地对音乐产生了兴趣，也就自然而然地参与到了音乐活动中。我欣喜地看到东东享受着音乐的美好，体验着参与的快乐。

因为东东在音乐活动中有了明显的进步，教师和同伴都给予他很多的肯定，东东也变得越来越自信、快乐了。后来，我发现班上一些小男孩对活动室里的电器产生了兴趣，于是，我们就开展了“身边的电器”的主题活动，引领着孩子们认识活动室里的各种电器及其功能，学习如何操作与使用。为了进一步发挥东东的长处，我们特地聘请东东做大家的“小老师”。东东自然很乐意，回家主动询问爸爸各种电器的工作原理，学习看电器的使用说明图，到幼儿园他就耐心地告诉同伴电器上不同按钮的作用，提醒大家安全使用电器……

（林黎佳）

又如案例“我的设计”，教师根据幼儿发展需求，选择与幼儿高度相关的课程内容，课程计划中教师通过幼儿故事引出对指纹的疑问，引导幼儿探索指纹的图像，比较自己与其他人的指纹有什么异同，并与生活中指纹的用途相结合，进行与指纹有关的一些设计。这既满足了幼儿对自身奥秘的探索，也充分发挥了幼儿的创造性，寓教于生活，体现了教师善于捕捉与幼儿生活相关联的主题，并设计了符合幼儿发展需要的课程计划。

◇案例：

我的设计①

设计意图：

我们以“指纹像什么”“指纹是一样的吗”等问题为线索，开展日常观察活动和集体教学活动，让幼儿在亲历观察、猜想、实验对比、表达交流的过程中释疑解惑，建构经验，从而获得初步的探究能力。

①王兰.我的设计[J].幼儿教育，2007(4)：39.

活动一　指纹像什么

目标：

1.借助放大镜观察指纹的外形特征，能用语言描述，用绘画方式记录。

2.学习正确使用放大镜，了解放大镜的作用。

准备：

放大镜、记录纸（画有幼儿手的轮廓图）。

过程：

一、发现指纹

1.幼儿观看录像《黑猫警长》。

2.黑猫警长是如何破案的？（通过罪犯留下的指纹找到罪犯的。）

3.黑猫警长在破案时运用了放大镜，它可以将小的东西放大，使我们看得更清楚。今天我们也来学一学黑猫警长，用放大镜来观察我们的指纹。

4.幼儿练习使用放大镜观察自己的指纹，自由交流使用放大镜的感受。

二、指纹像什么

1.通过放大镜，你看到的指纹像什么？

2.在观察基础上，幼儿先同伴间交流，再集中交流，如说出我的指纹像波浪，像迷宫，像一个个圈圈，像龙卷风，像一大把绳子等。

3.引导幼儿边用放大镜观察指纹，边在记录纸上绘画。

4.引导幼儿根据记录将指纹分为中心是封闭圈形和不封闭圈形两种，统计自己两类指纹的数量。

延伸活动：

将幼儿画好的指纹图张贴在“我的指纹像什么”主题板上，让幼儿自由交流，引入下一个活动。

活动二　指纹是一样的吗

目标：

1.在收集相关信息的基础上，初步学会运用观察、比较的方法发现每个人的指纹都不一样。

2.想象设计有指纹识别特征的生活用品。

准备：

1.幼儿根据研究兴趣分成“我和同伴”“我和爸爸”“我和妈妈”等指纹研究小组。

2.幼儿根据不同研究内容收集相关信息，填写《×××的指纹调查表》（被调查人的指纹印或记录图）。

3.放大镜、记录纸、笔、指纹锁运用的录像。

过程：

一、分组观察比较

1.你收集的指纹和自己的指纹是不是一样呢?

2.幼儿用放大镜观察比较收集到的指纹,选取1—2个和自己的指纹最像的指纹进行比较。

3.各小组讲述观察比较的结果,发现每个人的指纹都不一样,它是每个人的特征之一。

二、想象设计

1. 观看运用指纹锁的录像,激发设计愿望。

2. 幼儿个别操作,运用指纹的唯一性设计生活用品。

3. 幼儿集中交流各自的作品,并说明其用途。

延伸活动:

将幼儿的作品张贴在"我的设计"主题板上,交流分享共同关心的话题。在美工区引导幼儿制作指纹画、指纹身份证等。

(王兰)

三、幼儿教师的专业水平对教学方法的影响

"在教育活动中观察幼儿,根据幼儿的表现和需要,调整活动,给予适宜的指导;在教育活动的设计和实施中体现趣味性、综合性和生活化,灵活运用各种组织形式和适宜的教育方式;提供更多的操作探索、交流合作、表达表现的机会,支持和促进幼儿主动学习"(见《标准》)。这些是教师课程实施过程中的基本要求,这要求教师具备较高的专业发展水平,能运用自己的专业特长、经验价值、教学特色及教学智慧,形成独特的教学艺术,能够根据课程实施的过程和幼儿的情况选择最能够调动幼儿主动性和积极性的课程实施方式方法,并采取温馨的师幼互动方式。正如:我们必须能够接住孩子丢给我们的球,并以一种让孩子想要继续与我们玩,过程中有可能渐渐发展出其他游戏的方式把球抛回给孩子(Filippini,1990)……教师必须与在团体中的孩子进行一种智慧上的对话,并且参与他们的兴奋与好奇感……教师试着去扩展幼儿的耐心与注意力的集中,增加技巧与策略的范围,强化他们的集中与努力,但仍允许孩子在游戏中尽情地体会到欢乐。[①]教师必须能够选择适宜的课程实施方式,恰当地组织好课程实施过程,根据幼儿在课程实施中的具体情况有理有据地对幼儿进行教育,达成促进幼儿发展的目标。

(一)课程实施方式方法选择

教师专业水平高低不同,必然影响到教师对课程实施方式方法的选择方面。一般而言,教师专业水平越高,越能够根据幼儿的实际水平、兴趣和需要选择更契合幼儿与课程内容的课程实施方式方法,更能发挥课程计划的效果,并在一定情况下及时调整课程实施方式方法。以游戏为基本活动,激发幼儿的内外部学习需求,综合运用集体活动、小组活动、个别活动相结合的方式,游戏、演示、操作、谈话、参观、讨论等多种方法有机结合,更灵活而有效地发挥课程实施功能,融课程实施于一日生活各个环节中,使课程实施真

①卡洛琳·爱德华兹,莱拉·甘弟尼,乔治·福尔曼.儿童的一百种语言[M].罗雅芬,连英式,金乃琪,译.南京:南京师范大学出版社,2006:77-78.

正成为一个不断促进幼儿发展的动态过程。如案例“爬爬乐”，教师通过自身示范、幼儿示范、创设情境、趣味环节等多种方式方法激发幼儿爬的兴趣和积极性，课程实施中幼儿主动性得到了极大的发挥，同时还考虑到幼儿身体生长发育和动作发展的需求，循序渐进、体脑结合，达到了寓教于乐、身心和谐发展的目的。

◇**案例：**

爬爬乐（中班）①

设计意图：

爬行能增强幼儿四肢肌肉以及背肌、腹肌的力量，提高幼儿动作的灵敏性、协调能力，发展耐力素质。中班幼儿的四肢力量仍然较弱，上下肢动作配合不够协调，因此，在小班开展简单爬行活动的基础上，我们引导幼儿探索用爬行方式通过各种各样的障碍物，合理控制活动密度和活动量，以提高中班幼儿的身体协调能力，增强他们的四肢力量。

目标：

1.探索不同姿势的爬行动作，尝试通过不同的障碍物。

2.在游戏中增强四肢的力量，提高动作的协调性和平衡能力。

3.尝试克服困难，体验爬行的乐趣。

准备：

两座长3米、宽20厘米、高20厘米的平衡木，四座长3米、宽20厘米、高25厘米的平衡木，小蚂蚁胸贴每人一个，乐曲《甩葱歌》。

过程：

一、热身运动：模仿小蚂蚁自由爬行

1.幼儿集体做热身操。

师：今天我们来当快乐的小蚂蚁。蚂蚁妈妈要和小蚂蚁一起出去寻找食物，现在先来活动活动身体吧。（幼儿边念儿歌“太阳公公起得早，小蚂蚁们来做操，伸伸臂，伸伸臂，弯弯腰，弯弯腰，踢踢腿，踢踢腿，蹦蹦跳，蹦蹦跳”边做动作。）

2.幼儿练习无障碍自由爬。

师：我们是一群快乐的小蚂蚁，爬来爬去真开心。爬得快，爬得慢，向前爬，向后爬，倒着爬，侧着爬，转个圆圈爬爬爬……（析：热身操让幼儿将身体的各个部位活动开了，“小蚂蚁”角色将幼儿自然引入爬行动作的学习中。在自由爬行中，教师引导幼儿集体学习个别幼儿富有特点的爬行动作，为下一环节的学习埋下了伏笔。如四肢着地直腿爬为后面的“爬山坡”游戏作了铺垫；倒爬锻炼了幼儿的手臂、手腕力量，为后面的“滑行”游戏打下了基础。）

二、游戏“爬山坡”：尝试在障碍物上开展四肢着地的爬行活动

1.在窄平衡木上爬。（场地布置：将两座3米长、20厘米宽的平衡木摆成间隔1.5米的

---

①朱玉.爬爬乐（中班）[J].幼儿教育，2015(Z4)：38-39.

两竖排。)

师:这里有两座山坡,山坡那边有许多好吃的豆子等着我们去运。蚂蚁宝宝要怎么从山坡上爬过去呢?

师:爬的时候要注意什么?

师:一个接着一个爬,不要与其他小伙伴碰撞。(幼儿爬行。)

2.在宽平衡木上爬。(场地布置:将两座平衡木合并成一组,变成宽度为40厘米的小桥,纵向摆放。)(幼儿一个跟着一个屈膝爬过山坡,游戏进行两遍。)

师:除了屈膝爬,还可以怎么爬过山坡? 谁来勇敢地试一试?

师:大家可以多想几种办法来爬过这座桥。

(幼儿跟随示范者练习其他爬法:倒爬、侧爬、四肢着地直腿爬,之后,在平衡木上休息调整。)

(析:此处设置的具有一定高度的平衡木,使幼儿同样的动作具有了不同的难度,有帮助幼儿适应接下来在障碍物上爬行的作用。)

三、游戏"钻山洞":练习匍匐爬钻过25厘米高的平衡木(场地布置:分别用两座高25厘米的平衡木横摆出两个"山洞"。)

1.个别幼儿示范玩法。

师:爬过了山坡,现在又有两个山洞挡住了我们的去路。蚂蚁宝宝怎么钻山洞呢?谁来试一试?

师(根据个别幼儿的示范动作进行小结):钻山洞时要把身体伸直,肩膀、肚子、双腿紧紧贴在地面上,手臂伸向头的前方。

师:钻山洞的时候怎样才能不碰到头和屁股呢?

2.幼儿集体练习匍匐爬行。(幼儿循环练习,教师注意观察幼儿的爬行动作,进行适时提示和纠正。)

(析:教师对材料的高度作了适当控制,并对幼儿"钻山洞的时候怎样才能不碰到头和屁股"作了生动的提示,有利于幼儿掌握匍匐爬行的动作技能。)

四、游戏"过大河":练习在不同高度的平衡木上滑行(场地布置:将两座高20厘米的平衡木纵向连接,摆出一座"桥"。)

1.教师示范玩法,幼儿观察双手和双脚抱住平衡木爬行的动作。

师:前面一条大河挡住了我们的去路,河面上只有一座索桥。我们要从上面滑行过河,妈妈先来试一试。

2.个别幼儿示范玩法,其他幼儿继续观察动作要领。

师:谁能像妈妈一样倒滑过索桥吗? 桥下有滚滚的河水,我们滑行的时候要注意什么?(双手双脚紧紧抱住平衡木。)

(幼儿练习来回倒滑2次,个别不会的幼儿可单独练习。)

(析:滑行动作对于幼儿来说有一定的挑战性,幼儿需要掌握动作要领,才能保证滑行的有效和安全。在这一环节,教师和能力较强的幼儿分别作了示范,为其他幼儿提供了反复观察的机会;小桥的高度被控制在20厘米,降低了幼儿初次练习的难度;情境问题“桥下有滚滚的河水,我们滑行的时候要注意什么”再次提示幼儿要掌握“双手双脚紧紧抱住平衡木”的动作要领。)

3.幼儿尝试滑过不同高度的平衡木。

(场地布置:将两座25厘米高的平衡木分别纵向摆放成另外两座“桥”。)

师:咦,河面上又多了几座桥,你想滑过哪座桥,就去试试吧。

师:每一座桥的高度都不一样,你们都去试一试。

师:你刚才滑过了哪座桥?你是怎么滑行的?

(鼓励幼儿大胆表达,并针对幼儿的练习情况进行总结。)

(析:设置高低不同的两组“平衡木”,目的是鼓励幼儿根据自己的能力挑战不同难度的任务。能力强的幼儿可以充分展示,满足挑战自我的需求;能力弱的幼儿也可在活动中得到一定的锻炼。)

五、放松身体,结束活动

师:小蚂蚁们累不累?躺在草地上休息吧!

(幼儿舒展身体,躺在地上,然后自由翻滚身体,伸展四肢。)

(朱玉)

一些需要全班幼儿了解和掌握的知识技能、规则和学习方法等,可以采用集体活动的方式,面向全体幼儿讲解说明或进行集体练习,以保证每个幼儿得到较多系统的教育。但由于集体活动中,难以让每个幼儿都有操作物体和与他人相互作用的机会,所以还应重视小组活动和个别活动的形式。因为在小组活动和个别活动中,幼儿有更多的和物体相互作用的机会。教师面对少数的幼儿或个别幼儿,有更多的机会观察、了解、判断幼儿的发展水平,从而可以更大限度地发挥幼儿的潜力。应该明确的是,重视小组活动和个别活动,并不意味着否定集体活动,而是使三种活动形式互相补充、互相促进,共同为幼儿的智力发展和知识的掌握服务。①

(二)教师与幼儿良性互动生成

(1)专业水平高的教师,能够科学地看待幼儿,了解幼儿的身心特点和发展规律,理解幼儿的发展需求,掌握幼儿的个性心理特征,善于观察幼儿,能够及时引导幼儿,不断构建幼儿新的最近发展区,使幼儿在情感、态度、能力、知识、技能等方面谐调发展。

(2)专业水平高的教师,能够理解不同文化背景的幼儿,排除自己的偏见,提倡相互尊重与合作、理解与包容的态度,促进幼儿之间的和谐相处,为所有的幼儿提供平等的学习机会,营造每一个幼儿自由表达意见和建议的学习氛围,提倡合作学习。

(3)专业水平高的教师,积极主动关注幼儿在课程实施中的各种情况,鼓励幼儿发展自己独特的认知策略,指导幼儿学会从不同角度思考问题,学会不同的表达表现方式方

---

①曹能秀.课程实施过程中幼儿教师应处理好的四种关系[J].学前教育研究,1998(1):36.

法,同时采用双向或多向交流的课程实施方式,促进教师和幼儿、幼儿们之间进行及时有效的交流和反馈,促进幼儿参与活动的积极性和主动性,与幼儿建立良好的关系,形成良性互动,让教师真正成为幼儿生活的引路人、学习的促进者、人生的导师。

(三)课程实施的生成与发展

课程实施的发展与教师专业发展是相互促进、一体两面的关系,课程实施对教师专业发展不断提出新的挑战,促使教师专业成长的需要与目标不断变化,也促使教师专业发展不断多样化与多元化。同样,课程实施中教师更微观地关注幼儿,积极与幼儿形成良性互动,打破僵化的教学方式方法,关注幼儿的学习方式与学习风格,师幼关系更融洽、活跃,更生动活泼地实施课程,并根据幼儿发展需求调整和创生新的课程,课程实施的效果也更好。如案例“好玩的皮球”中,教师根据幼儿的兴趣生成系列活动,幼儿在操作、游戏中生成多种玩皮球的方法,并探索了不同的皮球在操作中的不同表现,推动了课程实施不断向前发展。

◇案例:

好玩的皮球①

设计意图:

一次音乐活动“大皮球”后,我听到几个小朋友在议论着。亮亮说:“我家里也有一个皮球,上面有个米老鼠。”静静说:“我的皮球是圆圆的,上面还有花纹呢。”奇奇说:“我会拍皮球。”璐璐说:“我还会滚皮球呢,在家我和妈妈一起玩。”旁边的孩子听到他们的对话,也参与进来……看到幼儿对皮球的兴趣这么大,我想起俄国教育家乌申斯基的话:“没有丝毫兴趣的强制性的学习,将会扼杀学生探求真理的欲望。”于是,我从幼儿的兴趣出发,设计了“好玩的皮球”这一主题活动。

活动目标:

1.运用各种感官感知皮球的特征,乐意用恰当的语言描述自己喜欢的皮球。

2.能将皮球按照从大到小或从小到大的顺序进行排列。

3.练习用双手接球和抛球,尝试控制皮球按指定方向滚动。

活动准备:

1.教师准备:皮球(大小、颜色、花纹不同的,有气、气不足的),乒乓球,打气筒。

2.幼儿准备:每人准备1个皮球。

活动一:皮球真有趣(预设)

活动过程:

1.提供各种不同的皮球,让幼儿运用感官,发现皮球的外形特征(皮球都是圆圆的,都有颜色或花纹,有的硬、有的软,有的大、有的小)。

2.探索皮球的弹性,师生共同探寻皮球可以滚、拍的原因。提问:

(1)皮球为什么会向不同方向滚动?

---

①季爱琴.好玩的皮球[J].当代学前教育,2006(6):41-42.

(2)为什么有的皮球弹不起来?(比较有气和没气的皮球,知道皮球要充气后才能玩。)

(3)怎样让没气的皮球弹起来?(教师出示打气筒并给气不足的皮球打气,全体幼儿练习打气)

3.集体谈话:你喜欢什么样的皮球?鼓励幼儿说说自己喜欢的皮球是什么样的,引导幼儿从大小、颜色、花纹等方面讲述。

4.欣赏儿歌《玩皮球》:“妈妈买个皮球,上面画个小猴,我来拍拍皮球,小猴翻翻跟头。”

活动反思:

每个幼儿都有玩皮球的经验,所以皮球是幼儿都熟悉的。因为活动中让幼儿玩的皮球是他们自己带来的,所以他们观察时特别仔细,通过运用各种感官感知皮球的特征,知道皮球是圆圆的,上面有各种花纹。幼儿还发现有的皮球硬硬的,有的则软软的,于是我就让幼儿分别玩一玩软的和硬的皮球,找找其中的秘密,幼儿一下子就发现气不足的皮球摸上去就软软的,拍的时候弹得也不高,而气充足的皮球摸上去就硬硬的,弹得很高。在活动中幼儿乐意用语言描述自己喜欢的皮球,说得还是比较具体、清楚的。应该说,本次活动达到了预期的目标,效果挺好。

活动二:球的同乐会(生成)

活动过程:

1.让幼儿展示并介绍自己带来的各种球。

2.请其他幼儿相互交流并观察。

3.选三个大小差异较明显的球,请幼儿进行排序。

4.请幼儿围成圆圈,教师站在中间和幼儿一起玩抛接球的游戏。

5.引导幼儿玩各种球的游戏,如传球、抛球、藏球等。

活动反思:

为了便于幼儿与同伴比较球,我请幼儿一起将小椅子围成了个大圈,然后让幼儿展示、介绍自己带来的球,并互相进行比较。有的幼儿发现自己的球比别的幼儿的球大,于是我马上选了三个大小差异较明显的球,让幼儿进行排序。

在活动中我听到伟伟说:“大的球跳得高,小的球跳得矮!”于是我马上进行了随机教育:“什么样的球跳得高?”我先让幼儿进行猜测,接着让幼儿用球操作,结果幼儿发现有的大的球跳得很高,但有的小的球像乒乓球跳得也很高,于是我让幼儿观察我拍球的经过,我分别轻轻地拍大球和小球,同时我也重重地拍大球和小球,幼儿很快就发现球跳得高、低与拍球的力量也有关系。由于抓住了幼儿的兴趣点展开活动,幼儿的兴趣很浓,探索时也很专注。

活动三:玩皮球(预设与生成)

活动过程:

1.指导幼儿进行准备活动。

2.请幼儿自由练习各种玩球的方法,如左右手拍球,自抛自接球,接反弹球,互相滚接两个球等，教师随机指导，并请1—2个幼儿表演玩球的方法。

3.游戏“快跑追球”。

玩法：

(1)让幼儿沿着直线，把手中的球贴着地面用力向前滚出，然后奔跑着去接球，再向前滚出球，一直把球滚到场地的尽头为止。

(2)在场地的四个方位角上，插上红、黄、绿、蓝四面小旗，鼓励幼儿听从老师的指令，依次向四个方向快跑追球。

(3)幼儿自由选择方法快跑追球，要求要想办法让皮球滚过四种颜色的小旗。

4.滚球比赛(生成)……

(季爱琴)

又如案例“量量影子有多长”，教师综合运用游戏、发现、实践等教学方法，层层推进课堂的实施。

◇案例：

量量影子有多长①

幼儿对“影子”非常感兴趣，于是教师支持幼儿对影子进行探索活动。幼儿对影子的长度感兴趣，于是教师准备了各种测量工具(如绳子、小棒、铅笔、粉笔等)。

活动过程

一、画影子

幼儿在操场上相互帮助画下自己的影子。

二、量影子

幼儿从各种测量工具中选择一种，量一量自己的影子有多长。

(在此过程中，教师予以个别指导，并鼓励幼儿互相帮助)

三、比一比

1.幼儿与使用同样测量工具的同伴去比一比，看看谁的影子长，谁的影子短。

2.幼儿互相交流测量时发现的问题。例如：幼儿发现自己身高比别人高，但为什么影子量出来却比别人短。

四、再量影子

1.换一个地方再画下自己的影子。

2.使用第一次测量时用的工具，量一量这次影子有多长，和第一次影子的长度比一比。

“量量影子有多长”这个活动是教师根据幼儿的兴趣及时生成的。在整个活动过程中，已经很难绝对地区分什么是游戏活动，什么是教师的教学活动了，这两种性质不同的活动已经有机地融合成一体了。由于每个幼儿的经验不同，在画影子、量影子和比影子等活动中，有的完全沉浸在自我的游戏体验之中，有的则在教师的指导下进行活动，还有的是模仿别的幼儿进行活动，而且每个幼儿自身在不同的时间段和不同的情景中也会有

---

①胡娟.幼儿园课程概论(第二版)[M].上海：复旦大学出版社，2020:87-88.

不同的活动状态。

四、教师的专业水平对课程评价的影响

幼儿园课程评价是一种特殊的认识活动，是针对幼儿教育的特点和组成要素，通过收集和分析比较系统全面的有关资料，科学地判断幼儿教育的价值和效益的过程。[①]课程评价也是教师实施课程的一种手段和课程运行的一个环节。这里，教师专业水平高低直接关系到课程实施的效果，课程实施中对幼儿学习兴趣的重视、能力的培养和综合素质的提高等方面是放在核心位置的，因此，课程评价也必然侧重幼儿的学习过程，而非关注幼儿的学习结果。

（一）评价标准的生成性

课程实施中各因素处于不断动态变化的过程中，如果使用静止的标准进行静态评价，其结果必然无法反映真实情况，也失去了评价意义，这就需要根据课程实施及其诸因素的具体情况，随时调整预设评价标准或生成适宜的评价标准，使评价标准因具体情况的需要发生相应变化，这些因素要求评价标准必须具有生成性。评价标准的生成性过程也是适应和发展评价者水平，促进课程高质量运行的过程。

在评价幼儿的发展情况时，应该区别对待，用相对的标准进行评价。不能用评价一个各方面表现都很突出的幼儿的标准来衡量其他幼儿，也不能要求全班幼儿在课程实施之后都达到同一个绝对的标准。而应该根据每个幼儿的原有水平来评价他们的发展，看看他们是否在原有水平上都获得了最大限度的发展，并根据幼儿的发展状态有意识地调整相应的课程内容和教育方式、方法。[②]

（二）评价主体的多元性

评价主体的多元性指参与评价的人是多元的，它不仅指教师，还包括幼儿个体及群体、具有评价资格的专业机构、教育决策机构、幼儿园的管理人员、幼儿家长及其他相关人员。教师是课程实施的最终执行者，理应成为课程评价的主要力量，教师的评价往往表现出强烈的历时性特点，它存在于一日生活的各个活动之中，常常比较零散，这要求教师运用专业知识经验，敏锐地观察与理解课程运行的各个方面，做出正确的判断。幼儿发展是课程的目的，因此，幼儿也有权成为课程评价的重要主体，幼儿的评价是不同于教师或其他成人的。幼儿常常依据自己的需要、兴趣、喜好进行评价，带有强烈的情绪、想象、创造性特点，教师应积极鼓励幼儿进行评价，引导幼儿进行评价和合理采用幼儿的评价等方法，以促进幼儿观察、想象、思维等方面能力的发展。如案例“欣赏孩子”，教师通过鼓励孩子找到自己的优点对自己进行评价，既培养了孩子观察、分析、比较和评价等方面的能力，也极大地增强了孩子的自信心，不失为一个好的评价手段。

---

①虞永平，张辉娟，钱雨，等.幼儿园课程评价[M].南京：江苏教育出版社.2006：23.

②曹能秀.课程实施过程中幼儿教师应处理好的四种关系[J].学前教育研究，1998(1)：36.

◇案例：

欣赏孩子[1]

在大班晨间锻炼评价活动中，我提出了这样的话题："我们今天来夸夸自己，说说今天有什么进步，好吗？"溜溜说："我能连续跳几下绳了。"我说："你昨天跳不起来吗？"溜溜说："我昨天跳的时候连不起来。"我说："溜溜今天能连续跳绳，这就是进步。"同同说："我昨天走加高轮胎时，因为害怕，走到中间就停下来了，今天我一直坚持走完。"我说："同同的进步是增加了勇气。在体育锻炼中勇气是很重要的，它可以帮助我们成功。"菲菲说："昨天我在早操音乐响起时乱跑，今天我很快就找到了自己的位置，做好了做早操的准备。"话音刚落，孩子们哈哈大笑："这也叫进步啊？"于是，我问："那什么是进步呢？"孩子们安静下来，开始思索。小秋说："进步就是比以前好一点儿。"我说："是啊，只要比以前好一点儿就是进步。菲菲今天能很快找到自己的位置站好，就是进步，说明她能主动遵守规则了。我们大家给她一些鼓励吧！"孩子们一边点头一边为菲菲鼓掌，菲菲的脸上洋溢出幸福的微笑。

在讨论中，我将评价的机会留给幼儿，自己则在幼儿评价之后给予适当的引导。这不仅可以帮助幼儿建立正确的评价理念——人最重要的发展是不断超越自己，同时要学会欣赏自己、欣赏周围的人，而且可以拉近师幼之间的距离，有利于营造平等对话的氛围。

（陈薇）

（三）评价方法的多样性

总体来说，课程评价的方法可分为定性与定量评价两大类别，定量评价极具客观性，但在课程实施过程中很难进行，一般不予考虑。定性评价比较具有弹性，能综合考虑课程实施中的各个因素，进行整体性的综合评价，给予各评价者和被评价者合作、协商的空间，评价方法比较弹性和人性化。如观察法、谈话法、作品分析法、学习故事法等，可相互结合，取长补短。

小资料：

学习故事[2]

学习故事（Learning Story））是来自新西兰的针对幼儿学习的一种质性叙事评价方法和研究方法，是新西兰学前教育专家卡尔（Margaret Carr）于2001年提出的，它是新西兰儿童早期课程改革的产物，是新西兰早期教育课程框架经过多年研究发展而成，其核心理念深受"新西兰早期教育课程框架——Te Whariki"的影响。学习故事力求教师以生动的语言和描述性的话语结合图像（或照片）记录真实发生的幼儿活动和学习事件，直观体现幼儿学习和发展的连续性，关注幼儿能力的发展和学习心智倾向，与家长一起分享幼儿的学习评价，是一种基于幼儿真实的生活经验和活动表现而实施的评价，并要求教师的课程实施中要从观察幼儿的学习开始，分析幼儿的行为，利用教师的经验和识别的信息

①陈薇.欣赏孩子[J].幼儿教育，2006(9)：13.

②梁耿."学习的故事"——新西兰的记录式幼教评估体系[J].幼教新视野，2011(3)：13-14.

来促进和支持幼儿的进一步学习和发展。

学习故事的运用程序包括四个D:描述(description)、记录(documentation)、讨论(discussion)、决定(description)。描述是指教师对幼儿表现性行为的描述;记录则是教师利用图文形式对幼儿学习行为的记录和评价;讨论包含幼儿家长与教师之间的谈话交流;决定是指教师思考下一步应如何给予幼儿回应和指导。学习故事的具体操作可分为以下步骤:→注意→识别→回应,以此形成一个不断发展的循环系统。

学习故事"试图通过连续描述儿童在真实情景中的行为来展示儿童的学习与发展状况以及学习与情景的多方面联系,它强调对儿童的学习与发展进行全面和整体的观察和评价"(周欣等,2012)。第一,学习故事关注教育中的幼儿,注重建立平等和谐的师幼关系,它是一种幼儿学习与发展的新的评价方法,更是倡导一种以幼儿为中心的、教师与幼儿一起工作的思维和行为方式的新理念。第二,学习故事评价的焦点落在幼儿的学习过程本身,强调学习的联系性和复杂性,聚焦幼儿优势和兴趣,通过积极发现和肯定幼儿的优点和长处,放大幼儿的优势和长处,进行扬长培优,并通过有效的回应来促进每一位幼儿得到更好的发展。第三,学习故事强调情景、地点以及相关人员在幼儿学习中的作用。学习故事能让教师在多种情景下看到幼儿和他们的学习,能给教师提供有关自己所用的教学方法是否有效的反馈信息,为教师的专业性反思,确定更有效的教学策略提供机会。

(四)评价过程的教育性

评价结果必须具有教育性,这样评价才具有真正的意义,评价是为了教育,而评价的过程是评价者与被评价者、中介物(课程计划)相互转换经验、吸取经验的过程,它同时是一个教育过程,是评价者对被评价者的教育过程,也是被评价者对评价者的教育过程。课程评价本身也是课程。课程实施的评价起着反馈、调整和优化的作用。如案例"'小兵'游戏",教师能够静下心来,倾听孩子的心声,理解孩子,以孩子的发展作为评价的目的,关注过程的教育性,而不是为了结果评价,为了评价而评价。

◇案例:

"小兵"游戏①

托班的天天把玩具撒了一地,我便来到他的身边帮助他一同收拾。天天却把玩具放在地上依次排开,说:"一二一,齐步走!"于是我对他说:"请你把玩具送回家,好吗?"天天仿佛没听见,继续投入地游戏。

我有点儿急了,又大声说"请你把玩具送回家",同时快速捡起地上的玩具。这时,天天不高兴了:"不行!不行!这是我的小兵!"

我意识到刚才的指令过于生硬了。于是,我靠近天天,轻声对他说:"玩具都没有穿鞋子呢!这么冷的天,它们站在地上多冷啊!还是赶快把它们送回家吧!"天天沉默了,站在那里想了一想,急忙把玩具收了回去。天天放好玩具又走到我面前说:"我请玩具到桌上

①郑姗姗."小兵"游戏[J].幼儿教育,2006(9):12.

玩，好不好？”我欣喜地回答：“好的！”于是天天将玩具一一搬到桌上，还找了许多朋友和他一起玩“小兵”游戏，玩得特别开心。

在托班，如果教师想让处在游戏状态的幼儿停止游戏，幼儿便会对教师产生对立情绪。如果教师能采用情境性语言启发幼儿将生活经验迁移到“玩具朋友”身上，幼儿就会乐意调整自己的行为。

（郑姗姗）

（五）评价结果的资源性

课程评价是一种课程资源。首先，教师作为评价者。教师的评价反映了教师的评价理念、专业知识技能、对课程计划的理解、对幼儿的认识与理解、对各种文化的理解等，蕴含了教师的评价智慧，这里不凡真知灼见。这对课程而言，无疑是一种重要的课程资源，具有促进课程实施发展的价值。其次，幼儿作为评价者。幼儿的评价反映了幼儿的视角、想象力、思维、理念等，既有利于教师认识和理解幼儿，站在幼儿的立场设计课程、实施和评价，也有利于课程设计者对幼儿的认识和理解，调整课程计划，深化课程实施。如案例“学习故事：冰冰的改变”为我们生动地呈现了冰冰的改变过程，通过对这个学习故事的分析，我们能更深刻地认识到幼儿是有能力的学习者和沟通者，为我们理解幼儿学习提供了重要经验。

◇案例：

学习故事：冰冰的改变①

冰冰是一个比较内向的孩子，而且有些固执的习惯，比如自己的座位，从来都是固定在一个地方，基本不会改变，如果其他幼儿没注意坐到了她的位置，她就会站在边上不自在地小声念“这是我的位子”，或是哭泣。而最近，我们班对座位规则进行了调整，每个幼儿的座位不再是固定的，而是以游戏的方式进行找位或是轮换，这对冰冰来说，很不适应。我们没有强迫她，而是请她信任的朋友帮她找座位。

故事一：“你和我做朋友好不好？”

冰冰从娃娃家里出来，不是很娴熟地套上了靴子，宜宜从围墙边探出脑袋：“冰冰，今天你和我做朋友好不好？”冰冰停下动作，抬起头轻轻地应：“好。”自由活动后准备洗手吃午饭了，盥洗室有点挤，冰冰坐在自己的书包柜上休息等待，宜宜走到冰冰面前，鼓着嘴巴：“冰冰，吃饭的时候我们坐在哪里？”冰冰扑闪着一双大眼睛：“不知道……”宜宜挥手指一角落方向：“我们一起坐在那儿好不好？”冰冰头也不抬就点了点头：“好。”洗好手，冰冰坐回到从娃娃家出来时坐的位子上，今天的午餐有鸡翅，这是冰冰的最爱，她高兴地享用着。宜宜从盥洗室出来后走到两人“约好”的角落，停了一会儿，没有看见冰冰，她又抬头张望，发现了冰冰，嘟着嘴巴眨了眨眼，立马又露出笑容，坐到冰冰的身边。冰冰侧头看见了宜宜，笑了笑继续吃着鸡翅。

---

①陈文娟．学习故事：冰冰的改变[J]．福建教育，2015(38)：32.

故事二:“谁可以帮帮我? 我要帮谁呢?”

“小树叶,飘呀飘,飘到高空中,飘呀飘,落到床铺上。”幼儿们边玩着小树叶的游戏,边来到寝室。幼儿们陆陆续续开始自己脱衣服,摆鞋子。“孩子们,先自己脱,如果不会脱可以向其他小朋友还有老师求助哦。”“我脱不了裙子,谁来帮帮我?”哦,是最后进来的冰冰正举着小手求助呢,发现没人理她,她转过头看了看我,又低下头,小指扣着自己的裙摆。“谁可以帮帮我?”冰冰抬头看了我,举起小手又轻声叫了一声。“我来帮你。”凡凡跳着过去,冰冰高兴极了,配合凡凡的口令,两人合作拉开了拉链,脱下了裙子。冰冰又自己脱下了鞋子,她一边脱还一边四处张望,角落的涵涵在帮川川解扣子,坐在上铺的婧婧在帮惟惟拉裤脚,凡凡帮洲洲换上睡裤。冰冰躲在被窝里眯着眼自言自语:“我明天也要帮助别人,我要帮谁呢?”关了灯,孩子们安静了,冰冰带着这个美好的疑问也睡着了。

孩子的改变:冰冰学会接受同伴的交往,逐渐有了自信,在自信心的驱使下学会寻求解决问题的办法。她慢慢没有了固定不变的习惯,不焦虑,不恐慌,开始有了自己的想法,想表达,会表达。冰冰从不愿意打破自己习惯,到接受同伴的改变,到愿意接受同伴的帮助,再到慢慢出现想要帮助别人的意识,冰冰在放松自己,在接受着别人,在进步着。

(陈文娟)

总之,幼儿教师的专业发展水平直接影响课程实施的质量,而幼儿教师也在课程实施的过程中不断提升自己的专业发展水平。为了更有效地促进幼儿教师的专业发展,应做到:“首先,幼儿园教师应该明确自身在幼儿园课程实施中的关键角色,加强专业知识的学习,在保教活动中逐渐熟悉幼儿的发展规律。其次,幼儿园教师之间应该加强交流,利用活动观摩、园本教研、同行交流等途径,逐步提升自己的专业能力。再次,幼儿园教师应该对课程实施活动进行全面、系统的反思,并在撰写反思日志的过程中发现问题、分析问题与解决问题,借此逐步提高自己的专业化水平。”①专业发展水平的提升是一个循序渐进的过程,幼儿教师要不断致力于自身专业水平的提升,并力求通过多种途径实施专业水平的提升,才可能真正提高课程实施的质量,为更好地促进幼儿的和谐发展提供条件。

阅读拓展:②

教师专业网络(Teacher Professional Network)是教师专业发展新策略中的一种。专业网络是“为社会的或职业的目的而交换信息、信号和经验的一群人”组成的专业团体。“这种专业团体的特征包括为参与者提供专业知识服务、根据实践来理解标准和价值、合作学习、协作实践、被剥夺化实践(为观察和评论他人工作的目的、为促使成员社会化)。”教师的专业团体不同于其他专业团体,因为教师的技术知识和行为标准集中于教师的教和

①杨晓萍,何孔潮.西部农村公办小学附属幼儿园课程实施现状与变革[J].学前教育研究,2014(10):41.

②范兆雄.课程实施与教师专业网络[J].教育发展研究,2003(9):67-69.

学生的学。教师将为提高学生的成绩而竭力共济，进行课程与教学的富有见地的对话，集体管理一个学校的课程，为提高公众对实践的理解而协同努力，以及通过同事辅导、结队教学（几个教师同教一堂课）和课堂观察改进个人的具体实践……

教师网络以专门知识联系教师，通过与教师的反复相互交往养成共同的观念。从根本上说，网络是用线将一系列节点联通。这些链节和其他有价值的东西如劳务、知识、观点、影响、作用、评价等构成了一个网络。以下五个因素支持着教师网络的运行：(1)路径，或网络参与者联络的方式；(2)内容，或传播的材料的种类；(3)参与者之间的关系；(4)频率，或参与者交往的次数；(5)强度，网络参与者拥有的联系方式多样性的程度。

（范兆雄）

思考与练习

1. 幼儿园课程实施的含义是什么？
2. 简述幼儿园课程实施的三种不同取向及要点。
3. 幼儿园课程实施的影响因素有哪些？
4. 简述幼儿园环境的内涵及作用。
5. 简述幼儿园课程的实施途径。
6. 简述教学活动作为幼儿园课程实施途径的优缺点。
7. 简述游戏作为幼儿园课程实施途径的优缺点。
8. 谈谈你对幼儿教师专业发展的理解。
9. 简述幼儿教师专业发展水平与课程实施的关系，并举例说明。
10. 谈谈学习故事在幼儿评价中的运用。

拓展性阅读导航

1. 卡洛琳·爱德华兹等编著，罗雅芬等译《儿童的一百种语言》，南京师范大学出版社2008年版。

本书由美国内布拉斯加大学卡洛琳·爱德华兹教授和美国麻州大学分校莱拉·甘迪尼教授、乔奇·福尔曼教授合著。此书从历史层面、哲学层面、环境设施、课程与教学法、教师、家长、组织机构等方面比较全面地介绍了瑞吉欧·艾米利亚的教育情况，同时也描述了瑞吉欧·艾米利亚教育在美国课堂的延伸和应用。“儿童的一百种语言”意指儿童有权利而且也有能力运用除口头、文字语言外的多种方式，用各种材料去认识他周围的世界，表达自己的思想和情感。它饱含着瑞吉欧教育创办者对儿童无限潜能的尊重、赞赏和期待，同时也体现了瑞吉欧幼儿教育的价值追求——发展儿童的一百种语言，让他们获得完整的生命经验。

2. 亨德里克著，李季湄等译《学习瑞吉欧方法的第一步》，北京师范大学出版社2002年版。

本书是美国出版的有关瑞吉欧·艾米利亚市立学前学校的第三本书，同时也是第一本写给对瑞吉欧方法感兴趣的在职教师和未来教师的书。在本书中，瑞吉欧哲学的倡导者们以通俗易懂的文字，阐述了他们关于早期儿童教育的观点。他们首先从意大利人的视角介绍了瑞吉欧哲学最基本的一些特点，然后结合一些实例，集中讲述了在瑞吉欧哲学的启发下，美国教育工作者在本国具体教育情景中对瑞吉欧方法的应用与探索。在本书最后，编者还对瑞吉欧方法未来的发展趋势和可能性作了一些预测，并发出了积极的倡导。

第五章
幼儿园课程评价

【内容提要】

幼儿园课程评价是对幼儿园课程体系的系统总结与反思，评价的主要目的在于总结幼儿园课程的经验，找出幼儿园课程的问题，以便改进与提升幼儿园课程的质量。幼儿园课程评价应该贯穿于整个幼儿园课程设计与实施的始终，既包括设计之前的诊断性评价，也包括课程实施中的过程性评价，当然更包括课程实施之后的总结性评价。

【学习目标】

1.通过本章的学习，能够理解幼儿园课程评价的意义与内涵。

2.熟知幼儿园课程评价的类型与范围。

3.了解幼儿园课程评价的标准。

【关键词】

幼儿园课程评价　诊断性评价　形成性评价　总结性评价　内在评价　效果评价　内部人员评价　外部人员评价　量化评价　质性评价　目标评价模式

|第一节|

幼儿园课程评价概述

评价是一种常见的含有某种价值取向的、有目的的社会活动。在整个教育领域,存在着多种评价,如教学评价、教师评价、学生评价、课程评价等。其中,课程评价作为课程开发的基本问题与核心环节,在课程开发与课程实施中占有举足轻重的地位,因为它既是课程运作的"终点",也是课程继续发展的起点,而且伴随着课程发展的整个过程。美国著名课程论专家拉尔夫·泰勒(Ralph W. Tyler)在1949年出版的世界教育名著《课程与教学的基本原理》一书中首次将课程评价视为课程开发的一个重要环节,他把课程评价问题作为课程开发的四个基本问题之一,从而使课程评价研究成为课程研究领域的重要内容,[①]开了课程评价的先河。课程评价研究问题一经提出,就引起了教育界的关注和重视。课程评价领域从价值取向到操作模式在每个时期的嬗变与演化过程中都折射出了时代精神的发展轨迹,与此同时,在各个教育阶段的课程评价也都显示出了其不同的关注重点。下面我们将对幼儿园课程评价进行专门论述。

一、幼儿园课程评价的含义

评价的最初含义是指"评定货物价格"。[《辞海》(第7版),2020]"评价"一词最早出现在北宋时期的《宋史·戚同文传》之中,有"市物不评价,市人知而不欺"的记载。当评价行为从商品交换扩展到更广的领域,评价的含义也随之扩展。评价揭示价值。……所谓评价,就是主体对客体于人的意义的一种观念和掌握,是主体关于客体有无价值以及价值大小所做的判断。[②]在西方英语世界里,评价(evaluation)一词,正如其词根"value"(价值)所表明的,是评定价值的意思。[③]综上所述,我们可以得出,评价即"评定价值的高低",是一种价值判断。[④]

"课程评价"是"评价"的属概念,其评价对象是课程。课程是一个使用广泛而又具有多重含义的术语[⑤]。在课程的定义上,由于诸多研究者们所秉持的哲学假设和价值取向的不同,到目前为止,仍没有达成一致共识,关于课程的定义莫衷一是。不同时期的研究者们基于教育的某种信念和课程的理解,他们在理解课程评价时给出了不同的解读。美国著名的课程论专家、"课程评价之父"泰勒在论述课程评价时指出,评价的过程在本质

①Tyler R W. Basic Principles of Curriculum and Instruction[M]. Chicago, IL: University of Chicago Press, 1949.

②袁贵仁.价值学引论[M].北京:北京师范大学出版社,1991:207.

③吉田辰雄.教育评价的理论与实践[M].关益,傅小京,张国芝,译.北京:春秋出版社,1989:2.

④裴娣娜,丛立新,王嘉毅,等.教育实验评价的研究[M].成都:四川教育出版社,1997:34.

⑤施良方.课程理论:课程的基础、原理与问题[M].北京:教育科学出版社,1996:1.

上是一个确定课程与教学计划实际达到教育目标的程度的过程,[①]但这一论述并没有获得后来的课程评价专家们的一致认同,他们大多数认为课程评价不仅仅是对课程目标的实际达成程度的描述,还应该是一种价值判断的过程,如克龙巴赫(Cronbach)指出,用于改进工作的形成性评价的作用远比总结性评价重要得多。“评价能完成的最大贡献是确定教程需要改进的方面。”[②]克龙巴赫的这一观点的提出,受到了西方教育评价界的广泛关注和重视,并对课程评价产生了广泛的影响。斯塔弗尔比姆(Stufflebeam)也强调,“评价最重要的意图不是为了证明(prove),而是为了改进(improve)。”他在1969年对评价给出了一种定义:“为决策提供有用信息的过程。”受斯塔弗尔比姆关于评价定义的影响,美国“教育评价标准联合委员会”曾于1981年在论述评价时就指出:“评价是指对某一对象(方案、设计或者内容)的价值如优缺点所作的系统探查。”[③]美国教育评价委员会所做出的关于评价的定义在一段时间内左右了教育评价学界,这一定义也被我国教育界大多数研究者所接受和引用,产生了重大影响。如李雁冰认为,课程评价就是以一定的方法、途径对课程的计划、活动以及结果等有关问题的价值或特点做出判断的过程。[④]他为了进一步解释课程评价的含义,分别从评价的对象、评价的标准、评价的方法和途径进行了详细讨论。陈玉琨等人指出,课程评价是在系统调查与描述的基础上对学校课程满足社会与个体需要的程度上做出判断的活动,是对学校课程现实的(已经取得的)或潜在的(还未取得,但有可能取得的)价值做出判断,以期不断完善课程,达到教育价值增值的过程。[⑤]

幼儿园课程评价是教育评价和课程评价中的一个有机组成部分,从一定意义上讲,幼儿园课程评价与一般的课程评价并无太大差别。虞永平指出,幼儿园课程评价就是在对幼儿园课程的计划、活动以及结果等有关问题的量或质的记述的基础上做出价值判断的过程。简单地说,幼儿园课程评价就是要探索课程的编订和实施是否符合教育目的和儿童特点的要求;通过课程的学习,是否收到了预期的效果;课程在什么方面需要改进,等等。[⑥]因此,幼儿园课程评价既是启动幼儿园课程开发的关键,也是延续幼儿园课程开发的最佳途径,起着导向和质量监控的重要作用。[⑦]

二、幼儿园课程的评价理念

鉴于幼儿园课程评价与一般的课程评价之间所具有的相似性,所有的较为成熟的模型、方案、设计、途径等评价方式都适用于幼儿园课程。然而,在具体的课程实践中,由于

---

①拉尔夫·泰勒.课程与教学的基本原理[M].施良方,译,瞿葆奎,校.北京:人民教育出版社,1994.

②克龙巴赫.通过评价改进教程[M]//瞿葆奎.教育学文集·教育评价.北京:人民教育出版社,1989:164.

③Joint Committee on Standards for Educational Evaluation. Standards for Evolutions of Educational Programs, Projects and Materials,1981:16.

④李雁冰.课程评价论[M].上海:上海教育出版社,2002:2.

⑤陈玉琨,沈玉顺,代蕊华,等.课程改革与课程评价[M].北京:教育科学出版社,2001:137.

⑥虞永平,彭俊英.对我国幼儿园课程评价现状的分析和建议[J].人民教育,2003(11):23.

⑦李子建,杨晓萍,殷洁.幼儿园园本课程开发的理论与实践[M].北京:人民教育出版社,2009:154.

诸多方面的限制，幼儿园课程评价又有其特殊性。

就目的而言，幼儿园课程重视课程现状与幼儿发展之间的适切性，重视幼儿发展的需要，重视课程的不断调适和发展。2001年9月教育部颁布的《幼儿园教育指导纲要（试行）》（以下简称《纲要》）指出，“教育评价是幼儿园教育工作的重要组成部分，是了解教育的适宜性、有效性，调整和改进工作，促进每一个幼儿发展，提高教育质量的必要手段。”《纲要》提出的幼儿园教育评价要遵循发展性评价理念，因此，课程评价也不再仅仅局限于对既定目标达成程度的描述，而是强调诊断课程问题，厘清课程线索，改进课程不足，为课程的不断发展和完善提供源源不断的有效信息，使幼儿园课程更加符合幼儿发展的需求。

就人员而言，幼儿园课程在整个开发与发展过程中主张全员参与，强调课程开发的多主体性，幼儿园课程的开发需要园长、教师、幼儿、家长、社区人士、课程专家等广泛参与。基于此，在涉及幼儿园教育评价时，《纲要》指出“管理人员、教师、幼儿及其家长均是幼儿园教育评价工作的参与者。评价过程是各方共同参与、相互支持与合作的过程。”因此，幼儿园课程评价的主体也具有全员性、多元性的特点，是多元主体间双向或多向选择、沟通的评价机制，是体现“以人为本”的评价机制。

就内容而言，幼儿园课程重视幼儿园教育目标、课程目标、课程方案、课程实施与评价等整体课程发展的动态历程与结果，透过这一多元化的历程与结果，评价内容往往也是多元化的。幼儿园课程评价一方面指向三个层面：首先指向课程设计，如幼儿园课程目标是否建立在了解本班幼儿现状的基础上、课程的内容是否能调动幼儿学习的积极性；其次指向课程实施，如课程实施方式和策略是否与幼儿的学习特点相符合；最后指向课程效果，如课程实施的最终结果能否为幼儿提供有益的学习经验并符合幼儿发展的需要、是否兼顾群体需要和个体差异、是否有利于幼儿主动有效地学习。另一方面，幼儿园课程评价还倡导以幼儿发展为指标，注重对幼儿的发展进行全方位考察。

就过程而言，幼儿园课程不是一旦形成就永久不变的静态物，它是随着幼儿的发展和幼儿新的需要的不断出现而不断发展变化的，因此，幼儿园课程是处于不断完善、去粗取精、不断调适的动态历程之中的，因而幼儿园课程评价注重形成性评价与总结性评价、质的评价和量的评价相结合。

三、幼儿园课程评价的功能

幼儿园课程内容是幼儿园教学的主要媒介，是幼儿学习的主要参考信息，课程内容之于幼儿发展的适切程度直接影响着幼儿园教育目标的达成程度和幼儿的最终发展。课程评价有助于人们在幼儿园课程开发与课程实施之前了解更多关于幼儿园课程的信息，为幼儿园课程的发展提供参考和依据。幼儿园课程开发和发展的前提是需要了解和掌握社会、幼儿、教师等多方面的需要和诉求信息。首先，通过评价可以了解社会或幼儿发展的需要，这种评价结果可以为幼儿园课程开发提供最直接的依据；其次，通过评价可以获得教师对幼儿园课程的理解程度、掌握程度等信息，了解教师对幼儿园课程发展的具体要求和期望,进而促进幼儿园课程的开发。因此,在幼儿园课程开发之前,必须对社会或幼儿的需要进行全面了解,进而为课程开发提供直接依据。这一任务便可由评价来承担。克龙巴赫指出,课程评价一般具有以下三种功能①。

课程完善:评判教材和教法的适当性,掌握和明确需要改进之处。

对学生的诊断:了解学生的学习和发展需要,为规划适用于学生的教学提供参考和依据;诊断学生的学习水平和成绩以便对学生进行选择和分组,了解学生的进步或不足。

行政法规:判断良好的学校体制是什么,良好教师的特征的具体表现有哪些。

克龙巴赫基本上归纳出了评价的主要功能,为探讨幼儿园课程评价的功能提供了有益参考。幼儿园课程评价,不仅为课程开发提供前期参考和依据,而且为课程的不断完善和修订提供诊断结果。此外,幼儿园课程评价还具有对课程的比较与选择、对目标达成程度的了解、掌握课程实施成效等功能。下面对评价的具体功能进行归纳。

(一)课程诊断与修订

幼儿园课程总是随着幼儿的成长和发展而不断变化和发展的,在不同的发展阶段,由于幼儿园课程与幼儿成长发展速度不一致,幼儿园课程总是不能满足幼儿成长和发展的需要。因此,课程评价可以有效地诊断幼儿园课程中不适合或不能满足幼儿发展需要的那一部分内容,为幼儿园课程的及时修订和补充提供支撑。对正在形成中的幼儿园课程计划,评价可以有效地总结出其优点加以保持和发扬,找出其缺点和不足及其成因,为幼儿园课程的修订和完善提供依据。在反复的评价和修订过程中,幼儿园课程可以逐渐趋于完善。

(二)甄别与选择

当前,学前教育领域存在着多种幼儿园课程计划和方案,每一种课程计划和方案都有着不同的特点。与此同时,在繁多的幼儿园课程计划和方案中,其质量良莠不齐。幼儿园课程评价具有甄别与选择的功能,通过评价可以了解不同类型、不同级别、不同领域的幼儿园课程在课程目标设置、课程内容的选择与组织、课程实施及实施效果等方面的优劣,从整体上掌握相关课程的基本信息,并评估其潜在价值与预期价值。在评价的基础上,幼儿园可以结合本园教育实际情况和需要选择具体的课程计划和制定课程实施方案。

(三)对达成目标程度的了解

每一种幼儿园课程计划总是具有特定的预设目标,即在课程实施后要实现某种教学目的和学习效果。幼儿园课程实施的阶段性效果是否与幼儿园课程的预设目标相一致?如果不一致,是高于预设目标的要求,还是低于预设目标的要求?这一系列问题需要课程评价来回答。课程评价有助于人们了解幼儿园课程实施过程中目标的达成程度,这种评价也被称为形成性评价。幼儿园课程计划实施之后,通过评价可以了解课程实施的具

①Stenhouse L. An Introduction to Curriculum Research and Development[M]. London: Heinemann Educational Books Ltd., 1975: 98.

体效果,并掌握实施效果的大小和范围,在将已获结果与预设目标进行比较对照之后,就可以了解和判断其达成目标的程度。

(四)成效的判断

幼儿园课程计划实施的直接目的是满足幼儿当前学习和发展的需要,最终目的是促进幼儿的身心健康发展和成长。一项幼儿园课程或教学计划在实施后是否有效果,获得多大成效,收到哪些成效,这些问题都可以通过评价全面衡量幼儿园课程实施过程的各个环节,做出价值判断。这种课程评价功能被称为成效的判断,也被称为课程实施的终结性评价,这种判断和评价不同于上述对目标达成程度的了解,而是对效果的全面把握,既包括对预设效果的了解和掌握,也包括那些预定目标之外的效果的把握。

四、幼儿园课程评价的原则

幼儿园课程的评价的主体是人,这就决定了评价在某种程度上会带有一定的主观性、经验性色彩。主观的、经验的评价应当说是一种非正规的评价,它包含对幼儿园课程实施后幼儿发生某种改变的程度做出判断、估计和提出意见,而这种判断、估计和意见往往因人而异。[①]而幼儿园课程评价的客体是课程,是客观存在,课程评价的结果必须具有客观性、科学性。客观的、科学的课程评价是幼儿园课程评价的基本要求,要实现从主观的经验的课程评价走向客观的科学的课程评价,就必须遵循一定的评价原则。

(一)要有正确且明确的价值观

幼儿园课程评价价值观在一定程度上影响着评价者在课程评价中的关注重点,影响着关于课程评价的标准,影响着课程评价的结果。因此,要评价课程,首先评价者的心中必须要有一个正确且明确的价值观。在国际课程评价领域,课程评价大概经历了测验时期(testing era)、评价时期(evaluation era)、评定时期(assessment era)等三个阶段。新时期(即评定时期)的课程评价在理论和实践中主要表现出如下特点:以质性评定统整、取代量化评定;既重视学生在评定中的个性化反应方式,又倡导让学生在评定中学会合作;强调评定问题的真实性、情境性;评定不仅重视学生解决问题的结论,而且重视得出结论的过程[②]。因此,评价者在对幼儿园课程进行评价时,应坚持质性评定与量化评定相结合,以质性评定模式为主且统整课程评价,如回应性评价、解释性评价、教育鉴赏与教育批评等,必要时可以辅以量化评定方式。评价者在评定幼儿园课程时既要关注幼儿的个性化反应方式,又要关注幼儿的具体反馈结果,如参与活动的积极性与主动性及参与程度。

(二)要针对具体的目标

评价目标为评价者在评价幼儿园课程时提供了一种方向指引,也为评价者规定了一定的评价内容和评价范围。如果评价者不预先设定一种评价目标,就难以说明一个人的

①陈侠.课程论[M].北京:人民教育出版社,1989:332.

②李雁冰.走向新的课程评价观[J].全球教育展望,2001(1):45.

进步或成就的性质和范围，评价就会成为一项盲目、无效的活动。幼儿园的课程包括五大领域，每个领域都有具体的课程目标。如“语言”领域，其目标主要有以下几个方面[①]：

(1)乐于与人交谈，讲话有礼貌；

(2)注意倾听对方谈话，能理解日常用语；

(3)能清楚地说出自己想说的事；

(4)喜欢听故事、看图书；

(5)能听懂和会说普通话。

这些既是幼儿园语言教育的教学目标，也是幼儿园语言课程的任务。幼儿园语言课程领域的评价就要以这些已定的教学目标为方向，对课程实施后的效果进行评判，评判过程中需要关注以下几个方面的问题，如语言教育目标在多大程度上获得了实现？哪些目标达到了？哪些目标只实现了一部分？哪些目标完全没有实现？当然，评价者在评价时，可以以幼儿园语言课程领域的全部目标的实现情况作为评价对象，也可以选择部分目标或个别目标进行评价，如评价者可以单独选择“能清楚地说出自己想说的话”为评价目标对幼儿进行评价。

为了更好地评价和衡量课程目标的实现程度，评价者可以观察教学活动中幼儿的反应和行为表现，为评价提供一种直观的参考资料。如观察幼儿在语言教学活动中是否注意倾听对方讲话，观察幼儿在表达自己的想法时语言是否流畅或具有障碍。在幼儿园一日活动中，也可以观察幼儿是否乐意与人交谈，讲话有礼貌，等等。

（三）要有广博的评价内容

课程评价的内容的广博性既受课程目标的广博性的制约，比如，幼儿园课程目标越详细，其评价内容就越丰富，同时，也受评价者的教育观和评价观的影响。如果教师在幼儿教育中注重对幼儿进行知识教学，如数学加减运算、汉语拼音的识记等，而不关注对幼儿进行习惯、兴趣、规则意识、动手能力等方面的培养，那么他在评价时评价内容就会单一、狭隘；如果一个评价者只关注幼儿学习的结果，那么他在评价时就会只注重对幼儿掌握的具体知识、能力进行评价，而忽视了对幼儿学习过程中的表现进行评价。

幼儿的发展是全面的发展，是一个持续不断的过程，因此，评价者在进行幼儿园课程评价时，既要注重评价内容的全面性，如对幼儿的知识、技能、技巧、习惯、行为、智力水平、学习品质等方面进行评价，又要注重评价过程的连续性，如对幼儿参与幼儿园教育活动前的评价、活动中的评价以及活动后的评价。

此外，除了对幼儿园课程实施的效果进行评价之外，还要对课程目标的合理性、课程内容的结构性和适宜性、课程实施方式和策略的有效性等方面进行评价。

（四）要有连续的评价过程

课程评价并不仅局限于在课程计划和课程编订工作全部完成以后，在课程计划设计和编订工作告一段落的时候，也应该进行评价。在课程编制过程中进行多次评价，能够

---

①教育部基础教育司.《幼儿园教育指导纲要(试行)》解读[M].南京：江苏凤凰教育出版社，2017.

确保课程编制工作的有效性和合理性。所以课程评价的程序应该具有连续性。

幼儿园课程编制主要包括以下几个方面的内容或过程:课程目标的预设、课程内容的选择和组织、课程实施方式的确定、课程实施效果的评估。课程编制过程中的每个环节是否具有合理性与适切性都会影响到课程编制工作的顺利完成和课程成型后的实施结果。因此,对课程编制的每个环节进行评价是很必要的。如在课程编制前对幼儿园课程预设目标进行评价时,课程编制者就要明确课程目标是否符合幼儿的“最近发展区”,是否符合幼儿的身心发展规律和学习特点,是否关注到幼儿间的个别差异等等;在对课程预设目标进行评价后,就要对选择的课程内容进行评价,了解课程内容的难易程度,了解课程内容是否满足幼儿的发展需要,同时还要对课程内容的组织方式进行评价;课程编制工作完成之后,具体的课程就要投入到幼儿园教育活动中使用,在投入使用之前要对课程实施的具体方式进行评价,如幼儿自读、教师讲读等;在课程实施后,教师要对课程实施的效果和结果进行了解,通过评价可以了解哪些目标实现了,哪些目标还未实现,同时也可以了解哪些效果是预料之外的收获。在一轮课程评价结束后,将新修改过的幼儿园课程投入使用,然后再进行第二轮的课程评价,在课程实施过程中不断补充新的内容和发现新的问题,由此反复,形成一个良性循环。

通过对课程形成过程中的各个环节进行评价以及课程实施后进行评价,课程编制者和课程执行者能够完全了解和掌握幼儿园课程中的优缺点及其存在问题的原因,发现重大问题可以及时纠正,进而使幼儿园课程不断趋于合理和完善。

(五)要全面整合评价的结果

课程评价的每个环节都会获得不同的信息资料,这些评价结果可能是单个的,也可能是系统的。但是在整理信息的时候不能简单地将这些信息进行堆积和生硬的乱搬乱套,要把评价的结果综合起来,详细分析其中的相互关系,使其成为一个有机的整体,使它的真实意义显现出来。因此,资料的整理和解释就成了课程评价的一项重要工作。

在整理评价信息的时候,评价者要秉持客观、科学的态度和正确的价值理念,不能只采纳符合自己意见的材料而舍弃同自己意见不合的材料。对评价结果的解释也是如此,要有科学的态度,要有公正的不偏不倚的态度。这样,综合的结果才能反映真实的情况,有利于幼儿园课程的改进和完善。

|第二节|

幼儿园课程评价的类型

从本质上讲,评价是根据一系列重要的目标或量规收集并整理数据以做出价值判断的过程[①]。既然是价值判断,就会因不同的人、时、物而产生不同的判断结果,从而产生不同的判断类型。幼儿园课程的评价大致有以下几种类型。

一、诊断性评价、形成性评价和总结性评价

根据评价的作用性质,可以把幼儿园课程评价分为诊断性评价、形成性评价和总结性评价等三种类型。

(一)诊断性评价

诊断性评价是指在幼儿园教育活动开始之前或确定具体的幼儿园课程之前,为使幼儿园教学计划和教学内容更好地满足幼儿发展的需要,使教学计划有效实施而进行的预测性评价。这种评价的目的主要是了解幼儿的知识、经验、技能、习惯等方面的信息,为制订教育计划和选择教育内容提供参考,为实现教学效果最优化和因材施教提供依据。诊断性评价是在课程开发的准备阶段进行的活动,其作用在于诊断课程开发的相关背景,如:幼儿的兴趣与需要、教师的能力与意愿、幼儿园的现实状况、地方需求与期望、课程材料的特点与质量等,在一定程度上,优先预测教育的需要,为课程的设计与发展提供适时的、合理信息。[②]

最近一段时间,全国多个地方出现在园幼儿被拐骗、被绑架的恶性案件,给幼儿家庭造成了极大伤害,也给幼儿园安全工作带来了严峻挑战。幼儿园中班计划开展以“陌生人”为主题的系列活动。在开展该主题活动之前,中班李老师对幼儿关于“陌生人”的认识进行了调查。

★集体讨论

李老师:什么是陌生人?

幼A:陌生人是坏人,会把你带走卖掉。

幼B:陌生人是没有见过面的人,是坏人。

幼C:陌生人就是大灰狼。

…………

李老师首先对幼儿们的积极发言进行了肯定和表扬。然后又问:“陌生人都是坏人吗?”

---

①艾伦·C.奥恩斯坦,费朗西斯·P.汉金斯.课程:基础、原理和问题(第3版)[M].柯森,主译.南京:江苏教育出版社,2002:343.

②李子建,杨晓萍,殷洁.幼儿园园本课程开发的理论与实践[M].北京:人民教育出版社,2009:155-156.

明明:妈妈说,陌生人就是灰太狼,会把你吃掉,不能和陌生人说话。

小花:陌生人会给你糖吃,然后你就晕倒了,(你)就被抓走了。

倩倩:妈妈说,陌生人就是坏人,被坏人抓走后,妈妈会伤心的。

…………

李老师听到幼儿们的发言后,紧接着问:"大街上的警察叔叔是陌生人吗?(幼儿们点点头)昨天来我们幼儿园和大家做游戏的消防员叔叔是陌生人吗?(幼儿点头)他们都是坏人吗?"大部分幼儿开始沉默了,脸上充满了困惑。

通过集体讨论,李老师掌握了中班幼儿对"陌生人"认识的基本情况。李老师发现,中班幼儿对"陌生人"的认识存在着矛盾,这种矛盾认识影响着幼儿社会认知的发展。在这次集体讨论的基础上,李老师开始构思"陌生人"主题活动的课程。

在幼儿刚入园时,教师会通过多种途径对幼儿的相关信息进行了解,如观察和记录幼儿的在园表现、询问幼儿的监护人、查看幼儿的成长记录等,以便了解幼儿的发展情况,掌握幼儿的生活、学习等方面的特点;在幼儿每学期刚开始时,老师通过询问幼儿家长和观察幼儿行为表现了解幼儿的发展水平,为制定新学期的教学活动目标和选择新的活动内容提供参考,这都属于诊断性评价。

(二)形成性评价

形成性评价是在课程开发或课程实施尚处于发展或完善过程中进行的,其主要目的在于搜集课程开发或实施过程中各个局部优缺点的资料,作为进一步修订和完善的依据。[①]形成性评价发生于幼儿园课程的编制阶段,是对于课程设计草案或通过考察课程计划和教学材料收集到的经验数据的评估与判断,其重点在于课程的内在特征,而不是课程的使用效果。换句话说,形成性评价关注更多的是幼儿园课程开发过程中课程目标的合理性、课程目标与课程内容间的一致性、教学材料与幼儿需要的一致性与适切性以及课程内容的科学性等问题。

中班李老师根据上次班级幼儿关于"陌生人"集体讨论的结果,决定开展以"陌生人"为主题的系列活动。李老师首先打算让幼儿对"陌生人"有一个正确、全面的认识,决定开展"谁是陌生人"的集体教学活动,并初步制定了教案,如下:

谁是陌生人(中班)

活动目标:

1.能够判断哪些陌生人是坏人,哪些陌生人是好人。

2.知道不能轻信陌生人的话,不能和陌生人走。

3.了解一些与陌生人相处的方法。

活动准备:《女孩竟在幼儿园内被拐》视频,挂图四幅,糖果、玩具若干。

①李雁冰.课程评价论[M].上海:上海教育出版社,2002:9.

活动过程：

（一）导入

观看新闻视频《女孩竟在幼儿园内被拐》，激发幼儿自我保护情感。

（二）展开

1.展示挂图，挂图内容为：妈妈的同事、大街上的警察叔叔、幼儿园门口的阿姨、和爷爷一起说话的人。讨论：谁是陌生人。

2.结合幼儿们的讨论和发言，提问：如果幼儿园门口的阿姨给你糖吃，你要不要吃？离园时，妈妈的同事要接你回家，你要不要跟着她走？和爷爷一起说话的那个人给你玩具，要不要玩？

3.提问：能不能吃陌生人给的东西？跟陌生人走有什么危害？是不是陌生人都是坏人？

4.给幼儿讲解一些与陌生人相处的方法。

（三）结束

开展情境模拟"幼儿园来了陌生人"，通过情景模拟，让幼儿练习与陌生人相处的技巧。

李老师在修改"谁是陌生人"教案时发现，"活动目标"中的第一个目标对中班幼儿而言，要求过高了，认为中班幼儿在已有的社会经验和认知水平基础上难以准确判断出陌生人的是好人还是坏人。于是，对"活动目标"进行了调整：

活动目标：

1.了解陌生人；知道不能轻信陌生人的话，不能和陌生人走。

2.提高防范意识和自我保护意识。

3.了解一些与陌生人相处的方法。

在此基础上，李老师对"活动过程"的具体环节也进行了相应的调整。

形成性评价是幼儿园课程评价中重要的一种类型，课程实施者在进行形成性评价时要正确处理预设课程与生成课程之间的关系。预设课程为教师的教和幼儿的学提供了一种脚本参考，但预设课程是否能满足幼儿不断发展变化的学习需要，直接影响着幼儿的学习状态和学习结果。因此，教师需要在工作中每隔一段时间对教材的使用情况和幼儿的发展情况进行一次评价，以便总结经验，找出问题，调整修订教学内容，直到完善。

（三）总结性评价

总结性评价是指在课程实施之后，对于编制和设计出的课程的质量所做出的全面评判。总结性评价以预先设定的教育目标和课程目标为依据，对幼儿最终掌握课程内容的程度如何，幼儿各个方面是否都有一定程度的发展等方面进行评价，从而对整个课程开发过程或具体课程方案进行"总体"效果方面的评价，旨在检核课程方案的有效性和成功程度，为推广采用课程计划或不同课程计划之间比较提供信息。

“谁是陌生人”教学反思

在“谁是陌生人”集体教学活动结束后，中班李老师对该次教学活动进行了教学反思：这次教学活动总体上实现了教学目标，幼儿对“陌生人”这一概念有了一个基本了解，知道不能轻信陌生人的话，不能吃陌生人给的东西，不能和陌生人走。但是，在与陌生人相处的方法方面，幼儿还不能很好地掌握，仍然抵挡不住陌生人给的零食和玩具的诱惑。在活动过程中，幼儿积极参与，积极发表自己对“陌生人”的认识和看法，虽然有些观点是片面的，如“妈妈的同事不是坏人，可以跟她走”。在讨论环节，有一个幼儿说：“有的警察叔叔打人，他不是好人，我在电视中见过警察叔叔打人。”幼儿们开始轻声和同伴讨论“警察叔叔是好人还是坏人”这一话题。幼儿的质疑是在教案设计中没有预料到的。这件事也让李老师认识到：教案设计要尽可能预测到幼儿在活动中的多种不同的反应和回答。该名幼儿的质疑也为下次开展关于“陌生人”的主题活动提供了契机。

总结性评价关心的是幼儿园教育活动的结果，即幼儿的学习效果和结果，常常是通过对幼儿的学习结果进行评价进而间接地对幼儿园课程的优劣做出评价。幼儿园课程的实施效果和结果容易受到教师的知识储备、教学技能、教学智慧、教学理念以及幼儿园教学环境等多方面因素的影响。

二、内在评价和效果评价

根据评价关注的问题，可以把幼儿园课程评价分为内在评价和效果评价两种类型。

（一）内在评价

内在评价是指对课程计划本身的评价[①]，它不涉及课程计划可能有的效果。这种评价更多关注的是课程计划本身的内在价值和课程内容组织的合理性，如课程目标设置的优缺点、课程内容的性质、课程内容的组织的结构性和逻辑性等。对课程的各具体要素及其整体编排进行客观、科学的理性分析则是对这些问题的最好回答。而课程计划实施后可能获得的效果，则不属于该类评价的内容。主张这种课程评价类型的评价者认为只要有科学、合理的课程计划，就一定会取得很好的教学效果。

（二）效果评价

效果评价就是对课程实施效果的评价，主要是分析课程计划目标的实现程度。效果评价的目的在于对课程计划的外在价值做出科学的判断，它关注的是课程计划实施的效果与课程预设目标之间的一致度，关注的是课程计划实施后对幼儿所产生的结果，而考察课程对幼儿所产生的影响就是判断其效果的重要依据。但这种评价不关注课程计划本身的合理性、课程计划实施的具体状况以及变化产生的原因等。

三、内部人员评价和外部人员评价

根据参与评价的主体，可以将幼儿园课程评价分为内部人员评价和外部人员评价两种类型。

①李子建，杨晓萍，殷洁．幼儿园园本课程开发的理论与实践[M]．北京：人民教育出版社，2009：156.

（一）内部人员评价

内部人员评价是指课程设计者或课程计划实施者根据一定的评价指标和标准对幼儿园课程的相关内容进行的评价。内部人员是指与幼儿园课程计划的制订和实施有直接关系的人员，具体包括制定幼儿园课程计划的专家、学者等理论研究者和实施幼儿园课程计划的园长、教师。内部人员评价具有很大的自由性，尤其是对于课程计划实施者来说，在课程计划实施前、实施中、实施后都可以进行评价。

资料栏

幼儿园教案书写及检查制度

1.每位教师在开展活动之前要根据幼儿发展水平和需要，结合教学班的实际情况，认真制定课程计划，设计教学活动。

2.认真书写教案，不得照搬教辅材料中的教案。教师将制定好的课程计划和教案定期上传至局域共享网络内，以备检查。检查方法为园长、保教主任随时调出教案进行检查。

3.教案内容应该包括活动名称、活动目标、活动准备、活动过程与活动反思等五个部分。

4.教案中活动名称通俗易懂，具有童趣；活动目标明确具体，与幼儿发展水平相适应；活动准备包括物质准备和经验准备两部分，能够满足活动的需要；活动过程层次分明，环节衔接紧凑，具有可操作性。教案设计内容清晰、语言简练、逻辑性强。

5.活动结束后附有详细的活动反思及相应的改进措施。

6.教案应有超前性，任课教师应在授课前两周写出教案。

7.保教主任平时随机抽查教案，每月定期将教案存档，每学期末进行教案评比。

幼儿园教案检查总结①

为促进幼儿园教学工作的规范，同时为进一步深化幼儿园的课堂教学改革，本学期在9月份和1月份两次将任课老师的教案进行了较为细致、全面的检查。现将具体情况总结如下。

一、具体情况

1.总体检查情况良好，绝大多数老师能根据所任学科及所在班级实际，认真制定教学计划、安排活动主题，渗透新课程理念，以幼儿为本，面向全体，积极倡导自主、合作、探究的教学模式，有一定的教学和教具准备，过程清晰。

2.大部分老师的教案内容规范、项目填写齐全、突出重难点。

3.多数教师根据幼儿年龄特点和个别差异，采取不同的教学方法。

4.教学反思有一定的量，在为数不多的优秀反思中，也确实有老师做到了课中反思和课后反思，并有针对性地进行了再设计，真正达到了反思的效果。

---

①http://www.bzzwgk.gov.cn/zfxxgk/content.php? bcode=SC706&partid=5804&id=131797。

二、存在的问题

1.个别教师的文字书写不规范。

2.教学流程设计时应结合教学内容渗透安全教育等。

3.教师应积极开发多种课程资源,灵活运用多种教学策略,引导幼儿在游戏中学习。

4.个别老师的教案内容没有趣味性,不能激发幼儿的学习兴趣。部分教师的教案教学过程过于简单,没有体现情景的创设。

5.个别教师的教学反思写得粗浅,较为形式化,针对性、实用性不强,没有写出优点和存在的不足,没有改进措施及从中受到的启发或启迪,不能很好地起到反思—调整—改进的作用。

三、改进措施

1.各年级组长组织教师学习优秀的教学设计。

2.教研组要加大教学研讨的力度,必要时,对个别教师进行个别指导。

(二)外部人员评价

外部人员评价是指与课程计划制定和实施无直接关系的人员对幼儿园课程进行的评价。外部人员主要包括与幼儿园课程制定和实施无直接关系的教育行政人员、教育督导、专家学者、幼教同行、幼儿家长以及社会其他人员。外部人员评价具体主要包括教育行政人员对幼儿园课程的评价、督学系统的督导评价、专家评价、系统内同行评价、幼儿家长评价以及社会评价。

幼儿家长对课程评价的参与[①]

1.幼儿发展评价

每年4月到6月间邀请家委会成员对我园各年龄段在园幼儿的发展情况进行观察与评价。

具体办法:家委会各成员可以随机选择某一个年龄段的某一个班级,随班观察该班幼儿的一日活动,并通过使用园方设计的便于家长使用的评价表进行观察记录与评价。评价活动结束后,家长应向园方反馈评价表,并交流其他的评价感受与建议。园领导将家长的反馈信息告知教师,对于有价值的问题,可以进一步与家长、教师共同交流讨论,使家长成为促进幼儿健康全面发展、完善我园课程的重要力量。

2.主题活动评价

各主题结束后,各班级教师请每位家长配合完成“主题活动家长评价表”,一方面促进家长对幼儿园课程的了解,另一方面了解家长对幼儿园课程的感受、评价与建议。对于家长提出的有价值的意见,各班教师应向教研组或园领导反馈,根据需要进一步交流讨论。鼓励家长参与到我园的课程建设与完善中来。

3.各类开放日活动或志愿者活动后的评价

家长在参加各类开放日活动或志愿者活动后,教师通过问卷、访谈等形式向家长了解对课程活动的感受、评价与建议,并将有价值的信息及时反馈教研组或园领导。

---

①节选自长宁实验幼儿园课程管理方案,http://cnsyyey.age06.com。

内部人员评价与外部人员评价并不是完美的评价，这两种评价都具有优点和缺点。内部人员评价的优点主要包括：评价者对课程计划的相关信息都有相当程度的了解，评价具有一定的深度且具有针对性，评价的结果有利于课程计划的进一步修订和完善；其缺点是，评价者作为一个局内人，受先前课程设计和课程实施的思想、理念和思路的影响，难以跳出思维惯性和定式的怪圈，评价结果不能保证其应有的客观性。外部人员评价与内部人员评价正好相反，评价者作为一个局外人，虽然对幼儿园课程计划或课程方案的内部思想不是十分了解，但是拥有更为开阔的评价视野，在不受课程设计思想影响的前提下能够对课程计划或课程方案做出相对全面、客观的令人信服的评价结果。鉴于此，在对幼儿园课程计划或课程方案进行评价时，既需要课程设计和课程实施的内部人员的参与，也需要课程外部人员的参与，将内部人员评价与外部人员评价有机结合起来。

四、量化评价和质性评价

根据评价的方法，可以将幼儿园课程评价分为量化评价和质性评价两种类型。不同的评价方法背后隐含的是不同的评价观和不同的课程价值观。

（一）量化评价

量化评价，是指用简化的数字、数量对复杂的教育现象和课程现象进行分析和解读，进而得出评价结论。量化评价方法以科学实证主义为认识论基础，它认为只有通过定量化研究、量化的数据才能得出科学、客观的评价结论。教学活动设计评价标准见表5-1。

表5-1　教学活动设计评价标准

评价标准		等级				得分
		A	B	C	D	
活动目标	符合年龄特点；陈述明了、具体、可操作，体现学科特点	4.0	3.0	2.0	1.0	
活动准备	准备与目标要求相匹配；物质材料准备适宜；相关经验准备适当	3.0	2.5	2.0	1.5	
活动过程	教学基本程序完整；教学方法的选择与设计具有可操作性；活动过程有逻辑，有层次；活动组织形式选择适当	5.0	4.0	3.0	2.0	
文字表述与格式	清晰、流畅，无错别字，格式规范	3.0	2.5	2.0	1.5	

虽然量化评价在一定程度上确实能凸现教育现象和课程现象及其中存在的问题，提供具有直观性、可比性的强有力的证据，但是量化评价对于某些教育现象和课程现象的评价仍不能给出令人信服的结论，如量化评价不能更好地显现出特定的教育观、儿童观、课程观、课程价值观等方面的问题，也不能更好地揭示诱发问题存在的深层次原因，等等。

众所周知，教育和课程受多种因素的制约和影响，而量化课程指标体系仅仅考虑了若干个外显的、可以测量的变量因子，而将课程规划中那些不可测量的关键变量排斥在外，从而影响了课程评价结果的信度。与此同时，量化评价排斥了对既定教育计划的持续性再开发，这就不可避免地造成课程评价与课程开发之间的鸿沟。最后，它只重视行政管理人员和课程评价者的利益，忽视教师在工作中遇到的实际问题，从而使价值失去了多元性。①

（二）质性评价

质性评价，也称为“自然主义评价”方法，即通过自然的方法，全面充分地揭示和描述评价对象的各种特质，以彰显其中的意义，促进对课程的理解。在具体的课程评价中，主要是通过观察法、调查法、比较研究法、归纳演绎法、系统分析法、哲学分析法、逻辑分析法等方法搜集、处理关于幼儿园课程的资料和信息，对课程计划或课程方案做出定性描述分析。它主张对真实的课程计划、课程方案以及教学现象进行全面、深刻的描述，反映出其真实情况，反对用数字的形式去评价复杂的教育现象和课程现象，它认为简化的数字只能歪曲地、片面地解读受多种因素影响的课程现象，不能完全揭示出课程计划或课程方案中存在问题的原因和人的主观思想。质性评价是20世纪六七十年代以来课程评价专家针对量化评价方法在进行课程评价中暴露出来的诸多问题而进行反思、批判的结果。

当然，幼儿园课程的质性评价方法也存在一定的缺陷。由于质性评价的评价者和评价对象都是主体的人，因而会不可避免地受到各种主观因素的干扰，从而影响评价的信度和效度。评价者个人背景以及和被评价者之间的关系，会对课程评价过程和结果产生较大影响。而且，质性评价对评价者的要求很高，并不是所有的评价者都能胜任，而且质性评价必须经历一个相当长的时间，还要有相当大的资金投入。

总之，上述各种分类使用的是不同的标准，一种分类方式并不一定能涵盖所有的评价形式，而且各个类型之间并非相互排斥，而是可以彼此相容的。即使是某种分类内部，也并非十分严格，而只是一种典型的概括。因此，评价分类研究并不是为了对号入座，而是为了便于了解、把握各类评价的特点。分类本身不是目的，它只是为人们更好地把握和选择评价方式提供了一条便捷的途径。

---

①张杨.论课程评价中的量化评价与质性评价[J].宁波大学学报(教育科学版)，2004，26(3)：39.

|第三节|

幼儿园课程评价的内容

一、幼儿园课程的目标评价

课程的目标决定课程内容的选择和组织,影响着课程实施的方式方法和实施过程的状态,它是整体课程的轴心,是选择教育教学行为的依据;课程目标引导着教育教学的方向,是课程设计的起点,也是课程设计的终点;课程目标也是评价教育教学效果的标准。由此可见,对幼儿园课程目标进行评价就显得非常重要。

(一)目标评价模式

目标评价,顾名思义,是指对幼儿园课程目标制定过程中的各个环节和课程目标的最终状态进行评价。对课程目标进行评价,有助于人们了解和掌握已有课程目标的科学性、合理性、全面性和系统性,有助于课程目标更好地发挥指导课程内容的选择和组织、课程实施和课程评价等环节的作用。当前,在教育领域影响最大的目标评价理论是目标评价模式。

目标评价模式主要是在泰勒的"评价原理"和"课程原理"的基础上形成的。

泰勒的"评价原理"是以目标为中心而展开的,大致可以分为七个步骤:(1)确定目标;(2)根据行为和内容界定目标;(3)确定使用目标的情境;(4)设计呈现情境的方式;(5)设计获得记录的方式;(6)确定评价时使用的计量单位;(7)设计获得代表性样本的手段。

泰勒的目标评价模式因为便于操作而又直接见效,曾在课程评价中占领主导地位。但是,目标评价模式强调预期的课程目标,而相对忽视了课程实施的前提和过程,以及其他一些与课程预期的目标无直接关联的因素。我们可以反观身边大多数人的做法,几乎都是先确定一个目标,然后围绕这个目标开展各种教学和活动,尽可能地达到这个目标,并以对目标的达成度来检验自己的教学效果。

后来,经过惠勒的发展,目标评价模式逐渐趋于完善,他提出课程目标应纳入课程评价的内容。在传统的课程评价中,课程目标是制定评价标准的重要依据,是不容再被评价的。而惠勒则提出"必须对课程目标本身进行评价"这一著名的观点。他认为课程目标应成为评价主体对课程进行评价的一个重要视角。自然,课程是一个过程,如果用一个静止不变的目标来判定一个处于发展中的过程,无异于刻舟求剑。所以,必须对课程目标进行评价、改进,才有利于整个课程的运转和发展。

(二)如何进行目标评价

《幼儿园工作规程》和《幼儿园教育指导纲要(试行)》是我们进行学前教育工作和学前教育评价的重要依据,《幼儿园工作规程》和《幼儿园教育指导纲要(试行)》中提出的幼儿园保育、教育的目标就是我们的学前教育的评价目标。幼儿园课程目标就如课程的指南针、方向盘，代表着学前教育所追求的总体结果。在目标评价模式中，教育目标的定义占有非常重要的位置，因为它既决定着如何选择和实施教育活动，又决定着评价什么和如何评价。因此，在对目标进行评价时，必须要考虑以下几个方面的因素：

1.幼儿园课程目标的适宜性

对幼儿园课程目标的评价首先需要考虑其适宜性。所谓适宜性意味着要考虑三个方面的问题：一是课程目标是否适宜于儿童的身心发展特点和年龄特征；二是课程目标是否符合人们对儿童发展的价值期待；三是课程目标是否能够获得足够的资源支持。例如，有些目标经过长期的努力，自然能够达成，但这些目标随着幼儿年龄的增长，可能在一定的年龄阶段只需要很少的精力就可以达成。还有一些目标，虽然经过幼儿的努力也可以达成，但它脱离了幼儿个体的兴趣和爱好，对幼儿的身心发展没有什么好处，与儿童的现实生活相差太远。

真正适合幼儿的幼儿园课程目标应该是幼儿发展所需要的，与自然、生活及自身紧密相关的，能够让幼儿在成人的帮助下不断地、渐渐地向最近发展区前进、靠拢，跳一跳去摘那个苹果，从而获得新的发展。

2.幼儿园课程目标与幼儿园教育理念的相依性

幼儿园课程目标评价还应当考虑课程目标与幼儿园整体教育理念的相依性。幼儿园课程目标要与整体教育理念相互依存，不能分割。课程目标是整体教育理念与幼儿发展之间的结合点，整体教育理念的实现必须通过课程目标的实现来予以达成。违背了这一点，就违背了办园的初衷，导致幼儿园课程没有目标或目标混乱。

例如，现实中有的幼儿园课程目标就是与整体教育理念分离甚至背离的。有的幼儿园宣传建立儿童的乐园，提倡游戏为主的幼儿园活动，可在幼儿园里，在其课程目标和活动都是以知识和技能为主导，幼儿园教育内容极度小学化，轻视幼儿情感态度、社交能力的培养。有的幼儿园强调自己的蒙氏教育，重视多元智能的培养，可在具体课程目标当中却打着科学教育的旗号干技能教育的事。

3.幼儿园课程目标的结构合理性

结构合理性有两个维度：一是纵向的层级结构的合理性；二是横向内容结构的合理性。前者是指完整的课程目标应当是一个层级化的体系，包含着课程的总目标、各年龄目标以及具体的课程活动目标等，层层细化、逐步落实；后者是指课程目标应当涵盖儿童身心发展的各个方面，全方位实现儿童德、智、体、美、劳和谐发展。

目前绝大多数幼儿园课程目标是比较清晰的，至少在结构上是可见的，有些还有月、周、日等目标结构。但有的结构是不完整的，部分层次的目标存在缺陷。如，有的课程目标缺少具体的目标，或者只有时间维度的目标。

4.幼儿园课程目标之间的连续性

幼儿园课程目标。不是分离的，应该是连续的、不可分割的。各级目标之间应该构成一个综合贯通的目标体系，从而构成一个“整体大于部分之和”的体系。

幼儿园课程目标不仅应该是总目标的细化和分解，各层级幼儿园课程目标之间也应该是融会贯通的，呈现螺旋式上升的路径，而非直线型。目标之间相互关联、影响，共同构成一个促进儿童发展的有机体系。

5.幼儿园课程目标的开放程度

由于办园理念和课程目标的不同，有的活动计划目标是具体的、详尽的，而有的是粗略、简约的。一般来说，幼儿园的课程目标越详尽、具体，其确定的程度就越高，留给教师的自主发挥的空间也就越小。非常具体和非常粗略的目标表述形式都是不合适的。

◇案例：

艺术活动目标评价

活动名称：好朋友，手拉手①

活动目标：

(1)让幼儿尝试运用对称剪纸的方法剪出连续纹样表现的人物、动物。

(2)引导幼儿尝试巩固已剪过的动物、人物，并探索新的镂空方法。

(3)让幼儿感受剪纸的美，感受我国的民间工艺以及协作带来的乐趣。

评价：这个目标中包括了动作技能、认知策略和情感三部分的内容。第一条目标是明显的行为目标，明确指出了幼儿在本次艺术活动中应掌握的技能(能运用对称剪纸的方法剪出连续纹样表现的人物、动物)有利于教师对活动效果进行分析和评价。第二、三条目标体现了表现性目标的特征，陈述比较笼统，具有开放性的特征，有利于幼儿及教师进行创造性的发挥，空间余留很大。巩固前面剪过的动物、人物来探索新的镂空方法，这也是学习连续性的表现。总体来说这个活动的目标较好地将几种目标取向融合在了一起，弥补了单一目标取向的不足。

二、幼儿园课程的内容评价

课程内容是实现课程目标的载体，对于教师和幼儿而言，课程内容主要解决的分别是“教什么”和“学什么”的问题。幼儿园课程内容与幼儿园课程目标相符合的程度与幼儿园课程设计者所持有的价值取向和理念能否得以实现有着直接的联系。

(一)幼儿园课程内容与目标的一致性

幼儿园课程内容应该与幼儿园课程目标呈现一致性，这样才能够体现课程的目标和课程的理念价值。这种一致性尤其体现在课程内容的选择方面。不同的课程目标需要不同的课程内容来予以实现。因此，从整体上讲，幼儿园课程内容的选择必须紧扣课程的目标定位。但是需要注意，同样的目标也许可以通过不同的内容予以实现，因此要注意内容选择的精当，不能有所偏失，但也不宜过于繁杂。

---

①教育部教育管理信息中心.全国优秀幼儿艺术教育活动课例评析[M].重庆：西南师范大学出版社，2011：165-169.

（二）幼儿园课程内容的适宜性

幼儿园课程内容应该适合幼儿的需要，与幼儿生活世界紧密相连，因此幼儿园课程内容的生活化、经验化就成为衡量幼儿园课程内容的适宜性的重要标准。

《幼儿园教育指导纲要（试行）》和《幼儿园工作规程》指出，幼儿园教育活动的内容应该“既贴近幼儿的生活来选择幼儿感兴趣的事物和问题，又有助于拓展幼儿的经验和视野”。

生活化是幼儿园课程的主要特点。这样的课程内容引导幼儿关注生活，从生活中学习。课程的经验化则强调了年龄特点对内容选择的影响。幼儿需要在与世界的互动中体验生活，感知事物的多样性。将幼儿园课程内容经验化是使这些幼儿园课程内容能够为幼儿所接受的基本条件。

（三）幼儿园课程内容的平衡性

虽然强调内容和目标之间的一致性，然而达到目标有很多途径，课程内容本身也有难易之分，所以需要在课程内容的全面性、广泛性以及课程内容的宽度和深度之间保持平衡。

《纲要》中指出，教育内容的组织应该充分考虑幼儿的学习特点和认识规律，各领域的内容要有机联系，相互渗透。处理不当则容易造成课程内容失衡，而幼儿园课程内容的失衡又会造成课程目标的缺失和偏离。例如，有些幼儿园在课程内容的选择上会明显侧重于某一领域，如艺术或健康等，这就是一种失衡。

（四）幼儿园课程内容的启蒙性

3—6岁儿童的身心发展水平决定了其知识、经验、技能都是浅薄的。学前教育作为人生教育的起点，起着发展儿童体力、智力、社会交往等能力的作用。幼儿园课程的内容不仅应该是浅显的、能被儿童接受的，还应该是有启发性的，能够吸引儿童并使其开展探索行为的。因此，幼儿园课程的内容应该更多地侧重于儿童智力的早期开发，帮助儿童寻找兴趣、满足求知欲、培养独立性、建立自信心、获得成就感等，以对儿童未来的发展产生影响。若是幼儿园课程内容的难度超越了3—6岁儿童的思维与能力的发展水平，不但不能帮助儿童形成正确的经验，不能起到幼儿园课程应具有的教育效果，反而使儿童心理显现出困惑、畏惧、逃避等不愉快的状态，那么学前教育的启蒙性与奠基性便无从谈起了。

三、幼儿园课程实施评价

幼儿园课程的实施是实现幼儿园课程目标的一个途径，是幼儿园课程内容得以执行的方式，需要课程的设计者和实施者在目标和理念清晰的条件下，将课程的内容转化为儿童的学习活动和教师的指导活动，让幼儿尽可能地达到课程目标。主要解决的是“怎么教”和“怎么学”的问题。幼儿园课程的实施会受家庭、幼儿园、社区、教师、幼儿等很多因素的影响。由于幼儿园课程实施总体而言是通过儿童的活动来实现的，并且幼儿园当中的活动主要有生活活动、游戏活动、教学活动三类，因此幼儿园课程的实施评价也主要就是对这三类活动的评价。

（一）生活活动评价

幼儿的日常生活活动也是学习的一个重要方面，所以生活活动的实施也是评价的一个重要组成部分，是幼儿园课程区别于其他阶段课程的主要特征，体现了幼儿园课程把幼儿的身体发展，良好的生活、卫生习惯的培养放在首位。

第一，在入园与晨间活动中，关注教师能否有序地带领幼儿走入一天的活动，有效地发挥教师的隐性指导作用，保证幼儿以积极愉快的情绪参与到集体生活中来。第二，如厕与盥洗环节中其空间与时间是否合理。在保与教方面对盥洗和如厕的要求是否一致。第三，在进餐与点心环节中时间安排上是否适当。教师在餐前餐后是否有不同的教育形式，有没有抓住时机进行用餐的相关教育。幼儿进餐、点心环节情绪是否稳定，能否遵守常规的要求。第四，户外活动中是否保证足够的时间，有没有计划根据季节地域特点分配户外活动。内容与形式上大小型器械和自由游戏是否分散相结合，大肌肉和小肌肉游戏相结合。教师是否引导幼儿正确使用游戏器械，积极参与，避免不安全因素，有没有在关注全体的同时照顾幼儿的个体差异。第五，午睡与自我整理环节中幼儿衣物的穿脱与摆放是否有规律，有没有按需要增减衣物。空间上是否符合国家颁布的有关条例要求，保证午睡与自我整理的时间。教师是否以积极的态度对待引导幼儿，幼儿是否尝试自己穿脱衣物，大部分午睡习惯良好。第六，离园环节中幼儿是否有自主的游戏时间，不至于无所事事，教师有没有检查幼儿相应的物品和组织引导幼儿游戏，幼儿是否开心等待家长来接，离园情绪是否稳定。

（二）教学活动评价

传统的课程实施评价中主要就是教师的教学活动评价。《纲要》中指出："幼儿园的教育活动，是教师以多种形式有目的、有计划地引导幼儿生动、活泼、主动活动的教育过程。"同时，幼儿园的教育活动是为促进幼儿身心和谐健康发展，将教学计划从文本变为实践的具体过程，是幼儿园课程实施的主要途径。

教学活动评价应该遵循以下几个原则：教学活动应该以幼儿学习为中心，注重活动的体验性；应该体现活动主体的主动性，充分发挥教师的积极作用；应该具有灵活性和开放性；应该有效开发和利用各种有效的课程资源与环境。教学活动评价表见表5-2。

表5-2　教学活动评价表[①]

评价项目	评价要点	评价等级		
		A	B	C
目标	目标的年龄适宜性			
	目标的可落实性			

①虞永平.幼儿园教学活动的评价[J].早期教育，2005(3)：8.

续表

评价项目	评价要点	评价等级		
		A	B	C
	目标的和谐性			
	目标实际的达成度			
内容	内容的年龄适宜性			
	内容与目标的一致性			
	内容的科学性			
	内容的生活性			
	相关环境材料的适宜性			
	内容的实际完成情况			
教师	教师讲解的适宜性			
	教师教学策略的适宜性			
	教师对幼儿的关注			
	教师评价的适宜性			
幼儿	幼儿的投入程度			
	幼儿的互动机会			
	幼儿面临的挑战			
	幼儿的学习习惯			

（三）游戏活动评价

幼儿园游戏活动是教育活动的重要组成部分，也是幼儿园教育活动的组织形式。《幼儿园工作规程》中指出："游戏是幼儿的基本活动。"游戏活动是幼儿园课程实施的重要途径，幼儿是游戏的主体，游戏发展幼儿的自主性、愉悦性、创造性等。

幼儿园游戏评价主要包括对活动中幼儿水平的评价，对环境创设的评价，对教师指导的评价。幼儿园游戏环境创设的评价，重点关注户外游戏场地的设置、室内游戏区的设置和空间结构、幼儿游戏材料的提供、游戏时间的安排。不同类型游戏活动的评价中主要有角色游戏（表5-3）、结构游戏和表演游戏等评价。

表5-3　幼儿角色游戏水平评价表

评价项目	评价标准	评价方法	备注
游戏主题的设定	1.教师指定或听从教师建议 2.模仿别人 3.独立或与同伴商定，并能较快进入游戏情境中	观察幼儿游戏	记录幼儿的表现，通过典型事例进行描述性说明

续表

评价项目	评价标准	评价方法	备注
情节内容的反映与发展	1.反映情节内容简单、零星、片段化 2.情节内容一般，基本能反映家庭或日常的生活现象 3.内容丰富，能较广泛地反映社会生活现象或重大事件，并能使情节不断发展和延伸	同上	同上
材料的运用	1.运用实物和模拟玩具游戏 2.运用替代游戏 3.运用材料组合或自制替代物，并能用语言、动作替代游戏	同上	同上
角色意识	1.无角色意识，只能重复角色的个别简单动作和语言 2.有角色意识和角色系列动作模仿，但不稳定 3.角色意识稳定，行为、态度、语言符合角色的要求	同上	同上
社会性水平	独自游戏、平行游戏、联合游戏、合作游戏	同上	同上
兴趣与参与程度	1.缺乏兴趣，游戏呈间断性，经常离开主体或情境 2.兴趣一般，游戏呈分节型，有时离开，但持续时间较长	同上	同上

四、幼儿园课程的效果评价

幼儿园课程实施是一个动态过程，此过程结束后，我们会关注课程实施的结果，因此需要开展幼儿园课程的效果评价。由于幼儿园课程的主要参与者是幼儿、教师、家长等，因此课程效果评价就是要关注这几个方面的主体在课程实施过程中和实施后的发展变化。

（一）幼儿发展的评价

《纲要》中明确提出评价是为了促进每一个幼儿发展，能否促进每一个幼儿发展应该是考察幼儿园课程实施效果的重要依据。在对幼儿评价时大致采用观察法、测试法、问卷法、幼儿成长记录袋、访谈、拍照、录像等方法。但在幼儿的发展评价中，最主要的评价方法是教师的日常观察。幼儿教师应该学会观察、解读幼儿在发展指标各个方面的具体行为表现，配合采用其他方法和工具来搜集评价资料，最终做出对儿童发展的全面准确把握，并以此为基础改进自身的保教工作。表5–4作为参考。

表5–4 中班上学期幼儿发展评价表

班级： 姓名： 日期： 测评人：

评价项目	测评标准	评价			备注
		较差	一般	好	
运动技能	1.运动中有力地跟着节奏做操，并能听口令变换队形				
	2.单脚连续跳过间距较小的圆圈				
	3.掌握平衡、肩上投掷等运动技能				

续表

评价项目	测评标准	评价			备注
		较差	一般	好	
学习能力	1.能记住简单故事的基本内容,用完整的单句复述简短的故事				
	2.主动思考问题,能运用平时积累的数的知识主动思考日常生活中遇到的问题				
	3.有良好的阅读习惯,会独立翻阅图书,能理解和讲述图书的主要内容				
	4.用自然的好听的声音,不同的速度、力度有表情地唱歌,会听辨前奏和间奏。				
	5.愿意尝试和使用多种工具和材料,喜欢用折、剪、捏、图形组合等方法进行简单的造型				
自理能力	1.会用肥皂洗手,擦手,会自己穿鞋子,系扣子				
	2.养成良好的独立生活的能力,知道自己会做的事不依赖成人				
	3.学做值日生,具有一定的责任意识				
卫生习惯	1.会用肥皂洗手,擦手,大小便如厕				
	2.在家里和幼儿园将杂物丢入指定的地方				
规则行为	1.遵守游戏中大部分规则和玩法				
	2.尝试与同伴协商,指定简单的规则并共同遵守				
情绪情感	1.发现问题,喜欢思考,愿意动手尝试				
	2.关心帮助比自己年龄小的同伴				
	3.将自己的成果和方法与他人分享,发现他人的方法的不同				
合作能力	1.有主动与同伴一起玩一个游戏的愿望,尝试简单的分工				
	2.有与同伴竞赛的愿望,感受游戏的快乐				
文明礼仪	1.爱惜集体的和他人的物品,了解正确的使用方法				
	2.养成文明的作息习惯,学习控制自己的情绪和不恰当的行为				
	3.会使用常见的礼貌用语,如谢谢、对不起、再见				

(二)教师发展评价

教师是幼儿园课程的重要参与者,教师的素质水平是影响幼儿园课程效果和幼儿发展的重要方面。近年来,大都提倡以幼儿为中心,以幼儿的发展为课程实施的全部目标,这样的倾向导致了教师这一参与者受到了忽视。要想课程的目标、内容、实施都顺利进行，离不开高水平、负责任的教师的积极参与。只有当教师在教育过程中感到自己在不断变化、充实、发展，他们才可能把教育当作生命价值体现的过程，才会有职业优越感和职业幸福感。教师发展评价大致采用自我反思、教学活动后记总结、专项测验、工作方式评估、作品分析、访谈、其他参与者反馈等方法。各幼儿园、各地区通常会有自己的幼儿教师发展评价量表，表5-5作为参考。

表5-5　幼儿教师评价表①

被评教师姓名：	所在班级：	评定日期：	
结构项目(权重)	**要素**	**评分**	**小计**
思想品德、工作态度(15%)	1. 事业心、责任感、积极性		
	2. 对幼儿的态度、教育思想		
	3. 品德修养		
知识能力(30%)	1. 一般文化知识		
	2. 幼儿教育理论		
	3. 专业知识技能		
	4. 语言表达能力		
	5. 组织教育能力		
	6. 观察了解幼儿的能力		
	7. 玩教具的制作和使用能力		
	8. 自学创新能力		
负荷(10%)	1. 出勤情况		
	2. 工作量		
工作质量成绩与效果(45%)	1. 计划的制定和执行		
	2. 执行作息制度与常规		
	3. 环境的创设与利用		
	4. 组织开展教育活动		
	5. 班组人员间的配合协商		
	6. 教育效果		
	7. 经验总结及研究成果		
突出特点			
备注：根据实际情况，每项可评3—5分，评出分数后，再进行加权计算。满分为100分。有突出表现可加分。 等级评定：优秀(90—100)，良好(80—89)，及格(60—79)，不及格(60分以下)。			

①谢秀丽．幼儿园工作管理[M]．广州：广东高等教育出版社，2000：265.

|第四节|
幼儿园课程评价的标准

评价任何事物都要有一个衡量尺度。在评价课程时,需要有衡量课程设计、实施状况及其效果的标尺,课程评价的标准就是这种衡量的标尺。这种标尺首先是一种价值标尺,即衡量课程价值取向的尺度。

从一般意义上说,课程评价理当客观、公正和标准化,课程评价的标准也应该规范化。但是,课程评价是极其复杂的事,它对课程的价值做出判断,而价值观是相对的,不同的价值观会对同样的课程做出不同的判断。于是,从不同的价值观出发,就有可能运用不同的评价标准作为课程评价标尺,以不同的目的、用不同的方式进行课程评价,也会运用不同的课程评价标准作为标尺。因此,制定课程评价标准是一项十分严肃而重要的工作。下面所提出的四个评价标准都遵循了国家的教育方针、幼儿教育的目的和任务,与《规程》的精神保持一致,具有科学的课程评价标准的基本特征。

一、实用性标准

实用性,即课程评价结果具有实用价值,能向各类对象提供丰富的信息,并对课程的发展、应用和推广有一定的影响。幼儿园课程评价讲求实用性,为改善和提高教育质量提供有用的信息,防止形式化。课程计划是教研人员、教师编制的,教育活动是教师组织、幼儿参与的,幼儿的发展也是课程效果的主要体现,教师和幼儿是整个评价过程中的被评价者。确保课程评价的结果能为幼儿园、教师、家长和幼儿提供有用的信息,帮助他们更进一步认识和了解课程。然而,一些幼儿园评价资料几十箱,只为了应付上级检查,却不注意利用,这就是一种形式化的做法,不仅会造成很大的浪费,而且会腐蚀教师的思想,形成弄虚作假的不良作风。当然,幼儿园课程评价的目的在于调整和改进课程,不断提高教育质量,课程评价的根本任务是为了发现课程中的问题、找出原因、提出改进的建议和措施,解决问题,完善课程,让幼儿园课程能得到更好的应用和进一步推广。

目前,我国不同省、市,甚至区县都有不同的幼儿园评估标准。同时,城市有城市的标准,农村有农村的标准。由于我国地域广阔,各地的自然状况和经济社会发展水平有很大差异。各地市和区县出于管理的需要,制定地区性的标准,作为引导幼儿园发展的手段是可以的,但不应成为长久之计。因为各地市和区县的主要职责是对幼儿园进行指导和管理,没有必要非要单独制定一个标准不可,除非该地区幼儿教育水平与省内其他地区确实存在明显差距,才有必要考虑制定地区性标准,且这一标准的制定也应以省级标准为基础。这也就是说,从促进幼儿园的长远发展来看,逐步实现省域范围内标准的统一是比较适宜的。我们必须充分认识到幼儿园教育评价是一种专业性、技术性很强的实践活动,其制定和实施必须有专门的机构和专业的人员来保障,否则就无法保证其科学性、有效性和可靠性。如果各地市和各区县都制定标准，受制定者本身专业素养的局限，必定会导致标准的不合理和不完善，甚至会出现导向性问题，从而直接影响省级教育部门对地市和区县的管理和指导，影响不同级别的教育部门进行督导时的一致性。

当前，有些省的评估标准不止一个，且是依等级划分的，即申报等级不同，评估标准也不同，如示范园标准、一类园标准、二类园标准等。由于各个等级的评估标准之间难以区分，制定标准者不得已玩起了文字游戏，用非常模糊的“比较”“基本”等定冠词来进行区别，评价者据此通常只能做出主观性的判断。由此，设立一个标准，通过获得的分值来区分各个幼儿园的等级状况，就有可能是一种相对比较客观的方法。事实上，城市和农村的幼儿园也可以按照一个标准衡量，结果以分值进行区分，只需把农村幼儿园定级的分数线划低即可，在级类的称呼上可以区分为城市一类、二类、三类和农村一类、二类、三类等。由于是根据同一个指标体系进行评定，就很容易看到其间的差异和差距。这样既可以根据实际情况进行分级管理，又有利于横向比较，促进不同水平幼儿园的长远发展。

从国外的经验来看，评价标准也日益呈现出综合化和统一化的趋势。在英美等发达国家，一般由专门的民间评价机构或早期教育的学术团体，经过系统的研究，编制出一整套评价标准系统，用来评价各种不同类型的托幼机构的教育质量，具有很强的权威性、有效性和可信性。以美国为例，虽然各州有各自的评估标准，但出现了一些全国性的网络型合作评价研究项目，目的在于建构综合性早期教育评价系统。如美国学前教育机构标准与质量认定委员会在2003年7月向学前教育协会提交了评价0—6岁儿童教育机构的一般性标准，并根据每一条标准制定了质量认定的执行标准，体现了在当前学前教育领域中被普遍接受的教育价值观。从2006年开始，所有希望得到美国学前教育协会学前机构质量认定的学前机构都要达到美国学前教育协会制定的学前教育机构标准。

从国内来看，湖北省的经验也值得我们学习。2009年，湖北省出台了《湖北省幼儿园办园水平综合评估标准》(试行)，决定在全省统一等级评定，原标准主要用于全省示范性幼儿园的评估，而新标准则是针对全省所有幼儿园，其中民办幼儿园首次被纳入评估范围。这样就在某种程度上实现了省域内幼儿园评估标准的统一，对促进教育管理的规范化具有重要意义，而且这种“一纲多等”的评价标准方向明确，目标清晰，根据得分情况确定等级，容易被评价者和被评价者把握。

二、可行性标准

可行性，即切实可行，投入的人力、物力适宜有效。有的幼儿园把学期末对幼儿的测查结果作为评定教师工作的主要依据。于是，一些教师就把一学期所学的内容印成材料发给家长，让家长帮助幼儿复习，老师自己也经常利用幼儿的游戏时间突击练习。很明显，这样的做法对教师的提高、课程的改进、幼儿的发展丝毫没有好处。因此，只有让教师切切实实感觉到评价过程是一个研究如何改进教育教学工作的过程，他们在这个过程中能够得到帮助和提高，课程评价才具有可行性。

科学的评价体系是提高课程评价可行性的重要保障，而评价体系的建构需要根植于科学的评价理念中。现实中,评价理念落后已成为制约我国幼儿园课程改革与发展的一个严重问题。幼儿园课程的评价应根据课程标准的目标和要求,进行对课程实施全过程和结果的有效监控。因此,幼儿园课程评价不仅应该包括以标准化考试为代表的终结性评价,也应该包括以学习为目的、注重学习过程的形成性评价。

具有可行性的评价应当衡量学习者在学习过程中所表现的状态及学习效果,对学习者日常学习过程中的表现和所取得的成绩以及所反映出的情感、态度、策略等方面的发展做出判断,是基于对学习者学习全过程做出的发展性评价。因此,评价的重点不是简单地看重笔头考试和结果,目的不是检测学习者学了多少知识,而是旨在帮助学习者增强自信,获得成就感,使他们能够有效地调控自己的学习过程,培养合作精神,为教育者教学和学习者学习提供反馈,通过改进学习过程来改善学习结果,将教学、学习和评价有机地融合在一起。

课程目标只是一种愿望、理念,预期目标的实现程度(课程的结果)与一系列的中介环节如课程知识的选择、组织,课程策略的使用,课程管理、教学条件密切相关。观念层面的目标运作,只有与课程实施高度相关,才可能成为"美好的新事物"。"在总体上的实用性"是目标可行性的基本内涵,也是评价课程目标的实践准绳。新的各学科课程标准中,大多将"情感态度与价值观""过程与方法"维度具体落实在"知识与能力"的学习过程中,就较好地体现了可行性的标准。

评价需要一个可行的评价指标,只有当这些指标反映了评价的目的,符合幼儿及教师等教育主体的经验,才是可行的。

三、适宜性标准

适宜性,即评价应在日常活动与教育教学过程中,采用自然的方法进行,使幼儿和教师都感到舒适自然,没有压力。在课程评价中,幼儿发展状况既是课程设计的重要依据之一,又是课程效果的主要体现,因此,幼儿园课程评价无论如何都会涉及对幼儿的评价。但课程评价中,我们讲求的是适宜性原则,评价儿童不是为了鉴别儿童,而是为了检核课程,为了了解课程是否适合儿童,是否能有效地促进儿童发展。同时,对教师教育行为的评价也不是为了给教师评定等级、划分优劣,而是为了探讨教育教学的规律,改进教学。此外评价者要全面了解幼儿的发展状况,防止片面性,尤其要避免只重知识技能的掌握,忽略情感、社会性和实际能力的倾向。应承认和尊重幼儿的个体差异,最好以幼儿自己的早期表现与现在的情况做比较,让幼儿看到自己的进步,增强自信心,不要轻率地对幼儿进行相互比较。同时,评价者要慎用评价结果,与家长沟通情况时,要考虑怎样才能有利于家园合作,共同促进幼儿的发展。当然,幼儿园课程评价涉及课程方方面面的工作,儿童发展评价固然重要,但不能代表一切,更不能代替对课程本身的评价,不要把二者等同起来。因此,在幼儿园课程评价中还应把握好适宜性标准。

幼儿园课程要结合国家的教育目的及社会要求和幼儿的发展特点,寻找适宜幼儿发展的教育路径。因此课程评价标准的基本前提是幼儿发展适宜性。全美学前教育协会(NAEYC)提出,儿童发展适宜性包括年龄发展的适宜性、个体发展的适宜性和文化适宜性。评价幼儿园课程的一个标准就是要看课程目标和内容是否促进幼儿适宜性发展。

事实上,人生的早期存在着一个生长和变化的、普遍的、可以预知的顺序,幼儿教育必须依据每个年龄阶段儿童的普遍发展规律,为儿童准备适宜的学习环境,安排适合其发展的经验。每个儿童都是独立的个体,具有独特的人格、学习方式和家庭背景,有独特的发展状况和成长进程。因此课程和教育方案都要适合儿童的年龄和个体差异,使儿童在活动中获得的经验既能适合其发展水平,也能成为一个发展的"支架"。

这种适宜性,除了幼儿本身外,还要有适宜的文化背景,即我们说的本土化。一个好的课程除了具有先进的课程思想的引领,多元文化的融合外,还要符合当地当时的教育发展状况。本土化就是要让其融入到当地文化背景中,只有这样才能为大多数人理解和支持,这样也才能一定意义上保留当地文化。文化适宜性要求课程目标中体现出自己的特有风格。

因此,评价课程的适宜性,要看课程目标是否符合儿童发展规律,符合儿童发展的背景。课程目标的适宜还要以人的发展为教育的根本目的,不只是传授知识,知识不是学习的终极目标,要把知识作为培养能力、发展智力的基础。因此,课程评价标准要重视幼儿能力发展,要始终把课程促进幼儿适宜发展作为要点。

幼儿园课程评价内容之间是相互联系的体系,因此对课程评价时需要考虑课程内容之间的衔接,内容依据目标选定之后也要遵循适宜性的标准。幼儿园课程内容不仅要以幼儿的年龄特点和个体差异为依据,还要多样化。课程内容多样,就是不仅要有"知识与技能""过程与方法",还有"身体、情感以及社会"各个方面内容。幼儿时期是身体、学习发展的敏感期,正是向社会和集体学习的蓬勃发展时期,需要课程提供适宜幼儿身心发展的内容。

因此,在评价幼儿园课程内容时,要看其是否适宜幼儿的年龄特点,兼顾个体发展的需要,并反映幼儿在重要学习和发展方面的适宜目标。幼儿园课程内容应该是密切联系幼儿经验的,能在自然和生活中进行的活动。幼儿园课程内容只有在遵照幼儿生活经验下才能被幼儿纳入其认知结构中加以改造、学习。

全美学前教育协会颁布的纲要认为,衡量课程价值的标准之一就是发展的适宜性(Bersen,1997)。幼儿园课程内容应该更加侧重于儿童自身的需求,课程内容的选择应该以幼儿为中心,与幼儿的生活紧密相连。①

为幼儿搭建"最近发展区"的支架不能让幼儿够不着,这样会挫败幼儿的学习兴趣和信心。因此,课程内容要适宜幼儿发展的年龄特点,也要兼顾个体发展的不同。幼儿学习特点是好奇心重,但是注意力集中时间短,这些是由幼儿身心发展规律决定的。所以,课程内容的量要适宜,课程内容的难度也要适宜幼儿发展特点。

---

①虞永平,张辉娟,钱雨,等.幼儿园课程评价(第2版)[M].南京:江苏凤凰教育出版社,2010:53.

四、准确性标准

评价标准应能保证所获得的信息是必要的、可靠的。评价者应注意多渠道、多方面收集资料，包括对幼儿连续的定期观察和记录、家长提供的资料、幼儿的学习作品等，客观地加以整理和分析，确保评价的准确性。评价方式从各种不同的评价角度，在价值取向上保持一致，保证评价的科学性和合理性。在对幼儿园课程进行评价时，一定要遵循国家的教育方针、幼儿教育的目的任务来精心研制。《幼儿园工作规程》规定的保育教育目标和教育工作的要求是评价幼儿园课程的基本标准，有助于保证幼儿园课程评价的准确性。例如在幼儿园课程评价的类型中有定性评价和定量评价，所谓定性评价就是评价者用语言文字收集和分析评价材料，强调对现象的描述、解释和归纳，具有人文主义价值判断倾向。而定量评价是评价者收集被评价对象的数量性实证信息，是用数量化指标来显示评价结果的评价方式，强调实证的求知方法，具有科学主义的价值判断倾向。利用二者的有机结合，使质量互补，交叉验证，才有可能大大增强评价的有效性和准确性。

制定一个准确的评价方案是极其重要的。这个方案要有准确的评价目标和内容，还要有科学准确的评价方法。就前者而言，评价方案需要直接明了地呈现开展课程评价的目的，以及具体的评价指标和每一项指标所对应的需要被评价对象提供的相关信息；就后者而言，着重考虑采用什么样的方法去搜集所需要的各种评价信息，其中量化和质化的方式应当结合使用，并且应当在评价方案中明确所使用的评价方法及其每种方法所对应的需要获取的评价资料。

幼儿园课程评价的目的在于了解幼儿园课程的状况，并通过反思和改进更好地促进幼儿的发展，提高幼儿园教育质量。因此，在课程评价中不能只是对幼儿教师的“批判”，应该保持评价的客观性和准确性。课程评价不能只是针对课程的某个单一方面进行单一的评价，而必须是一个有机整体。准确把握评价的理念，明确课程的目标、内容，才能准确制定评价方案，确立评价目标、内容和方法。

评价的准确性是课程评价效果的保证。任何一个评价方案都要求具有准确性，包括评价之前对评价目标的准确分析、评价中对课程的准确理解分析、评价方法的准确实施。只有保证每个环节的准确性，才能准确了解、反思、改进课程。

思考与练习

1. 简述幼儿园课程评价的含义与评价理念。
2. 简述幼儿园课程评价的功能。
3. 幼儿园课程评价的原则有哪些？
4. 简述幼儿园课程评价的类型。
5. 幼儿园课程评价包括哪些内容？
6. 在进行幼儿园课程目标评价时，应注意哪些问题？

7.结合幼儿园实际情况,试述幼儿园课程评价的内容。

8.请选择一个幼儿园课程教案,运用所学知识对其进行评价。

拓展性阅读导航

1.鄢超云著《学前教育评价》,高等教育出版社2010年版。

本书从一个学前教育工作者的角度,试图既反映教育评价的基本理论,也反映教育评价的实践操作;既反应教育评价领域的共性问题,也反映学前教育评价的特殊问题;既反映国内学前教育评价的探索成果,也反映国际学前教育评价的经验教训;既注重学前教育评价基本问题的探讨,也注重对学前教育前沿问题、争论问题的探讨;既有大量的理论介绍,也有丰富的实践训练。

2.虞永平、张辉娟、钱雨等著《幼儿园课程评价》(第2版),江苏凤凰教育出版社2010年版。

本书吸收了当代学前教育原理研究的成果和评价理论发展的最新成果,借鉴了西方幼儿发展评价领域的新经验,经过幼儿园课程评价的系统实践,构建了具有中国特色的、能反映中国当前幼儿园课程评价实践水平的幼儿园课程评价系统。

3.霍力岩著《学前教育评价》,北京师范大学出版社2000年版。

本书系统研究了如何编制学前教育评价方案,探讨了如何实施学前教育评价,研究了西方学前教育评价的主要模式和策略等评价思潮。

4.王坚红主编《学前教育评价》,人民教育出版社2010年版。

随着我国社会经济、科学研究和信息技术的高速发展,学前教育事业经历了前所未有的快速成长与变化。对学前教育机构的社会需求的日益增长,不断地激励各种社会力量办园的积极性。随着社会竞争的加剧和家长对早期教育作用的日益重视和期待,对高质量学前教育机构的需求也相应地急剧增长。社会和家庭需要了解和鉴别学前教育机构质量的优劣,以便为孩子选择适宜的机构。学前教育机构和保教人员需要了解课程和教育活动的有效性,以便进一步改进教育和服务,更好地促进幼儿的发展。各级教育部门需要评估学前教育机构的质量,以便适当地予以定级定类。教育研究机构和幼教专业人员需要深入探讨学前教育的规律和科学有效的教育教学的内容、方法、手段。学前教育评价的必要性在学前教育蓬勃发展的今天尤显突出。作为现代教育中的一个重要课题,在学前教育改革的进程中,评价问题已历史性地提到了重要议程。人们逐渐意识到,无论是从事学前教育实践,还是进行学前教育课程研究,实施行政督导,开展幼儿园科学管理与师资队伍建设,以及做出某些学前教育机构的增设或取消的决策,等等,都离不开评价,都应当包含评价的内容。没有评价的参与、调节和指导,就不可能推动学前教育改革的深入进展。

第六章
幼儿园课程的设计

【内容提要】

幼儿园的课程设计是指按照保育和教育幼儿的目的要求和幼儿园课程内部各要素、各成分之间的必然联系而制定的课程计划、课程标准和编制具体的课程方案以及教学材料的过程。本章揭示了幼儿园课程设计的内涵,辨析了相关概念的关系,介绍了课程设计的目标模式和过程模式,以及分科课程和综合课程两种课程设计类型。在明确了课程设计的含义和基本理论问题的基础上,结合大量的实例介绍了幼儿园领域课程和综合课程的设计流程和具体操作方法,提出了设计不同类型的课程需要注意的问题。

【学习目标】

1. 理解幼儿园课程设计的含义,知道它和课程开发、课程编制等相关概念的关系。

2. 熟悉课程设计的目标模式和过程模式各自的特点,比较二者之间的差异。

3. 了解分科课程与综合课程各自的特点。

4. 理解幼儿园领域课程和综合课程的含义,熟悉这两种课程设计的流程和操作方法,并能尝试设计。

5. 知道设计幼儿园领域课程和综合课程时需要注意的问题。

【关键词】

课程设计 课程模式 目标模式 过程模式 分科课程 综合课程 幼儿园领域课程 幼儿园综合课程 幼儿园领域课程设计 幼儿园综合课程设计

|第一节|

幼儿园课程设计概述

近年来,随着幼儿园课程改革的深入,有关课程理论和实践的探讨非常热烈,大家广为熟悉的名词也很多,如目标模式、过程模式、领域课程、主题网络课程、生成课程、园本课程,等等。这些名词的含义各是什么?是基于什么立场提出的?其作用是什么?对于这些问题,也许大家并不是十分清楚。鉴于此,我们先对一些关键概念进行探讨,以便厘清认识。

一、课程设计的含义及相关概念辨析

(一)课程设计的含义

对于课程设计的含义,已有的研究和认识并未达成一致。一种观点认为,课程设计是一种具体层面的技术设计,是关于课程各要素的组织和安排。如:课程设计是指课程的实质性结构、课程基本要素的性质,以及这些要素的组织形式或安排。在设计的具体内容和环节上,认为主要是课程目标的确定和课程内容的选择和组织。[①]另一种观点认为,课程设计的含义和范围更广泛,是在研究的基础上拟定课程计划和标准,确定内容范围和教学科目,编制教材等的系统工程。

对于幼儿园的课程设计,因为我国无国家统一的课程计划和标准,无固定的内容和教材,要设计课程必然牵涉课程计划和目标的制定,课程内容和方法的组织,是一项涉及范围很广的系统工作。因此,采用第二种观点较为恰当。

(二)与课程设计有关的概念辨析

1.课程设计与课程编制

在讨论课程设计时,我们不能回避另一个常用术语,即课程编制。编制的本意是制作、构筑、建造等。在课程研究领域,虽然课程编制是一个常用术语,但人们对它的理解却各有相同。

第一种观点认为,课程编制是包含课程目标的确定、课程内容的选择、课程活动的组织以及课程评价的全过程,而课程设计仅包括课程目标和内容的组织设计,因此,课程编制是课程设计的上位概念。如图6-1所示[②]。

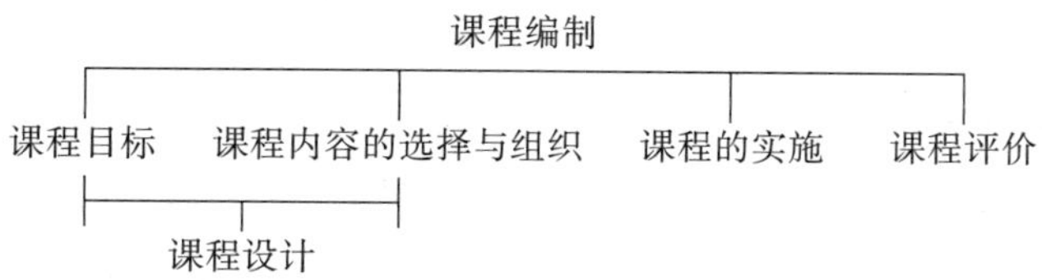

图6-1 课程编制与课程设计比较

①汪霞.课程设计的几个基本问题[J].教育理论与实践,2001(11):54.

②汪霞.课程设计的几个基本问题[J].教育理论与实践,2001(11):54.

第二种观点认为，课程设计和课程编制是两个各有侧重的概念，体现着不同的课程观。课程设计指课程的组织形式或结构，包括课程各要素的安排，强调精确性。而课程编制则强调教学计划的设计、人员组织和互动等，含有较为机械的成分。

第三种观点认为，课程设计是课程编制的上位概念。编制是在设计的基础上进行的具体工作，如教学计划的编制、课时的安排、各种介质教材的编写等。

本书倾向于第三种观点，即课程设计是更上位的概念，即把与课程有关的各要素都设计好后，才能进行具体的编制阶段。

2.课程设计与课程开发

近些年来，课程开发一词频繁地出现在人们的视野中。“开发”一词具有创建、发展、形成之意。课程开发则是指对课程的创建、发展、形成等，它意味着课程设计是一个不断改进的动态过程。考虑到学生的兴趣和需要在变，学校和社会的各种影响因素不同，课程也是需要不断调整和发展的。这也是近些年来人们把目光从课程编制转向课程开发的原因，尤其重视教师作为课程开发者的作用。在过去的很长时间里，教师一般被看成课程方案使用者的角色，课程开发一词出现后，对学校课程的理论和实践都产生了重大的影响，各地的校本课程开发进行得如火如荼。在幼儿园课程领域，尤其重视教师作为课程开发者的作用。因为我国的幼儿园课程没有国家统一规定的标准和内容，没有指定的教材，有专家认为，幼儿园的所有课程都是园本课程。因此，教师的作用显得极为重要。预设的目标和内容如果幼儿不感兴趣或难以接受，教师必须对预设的内容进行调整或更换。新的目标定为什么？内容选哪些？如何进行教学设计？所有这些都将考验教师的课程开发能力。如果是系统设计幼儿园三年或一年、一学期的课程，那对教师课程开发能力的要求就更高了，这也是目前我国的幼儿园并无真正系统规划的园本课程的原因。现有的一些以“园本课程”名义出现的课程方案，大多可称为幼儿园的“特色课程”。

对于课程设计和课程开发的关系，我们认为这是同在课程领域使用的两个不同的概念，并不存在必然的冲突或包含关系。课程开发是一个笼统的称谓，会涉及很多因素和环节，课程设计则可以进入其中任何一个要素或环节。课程设计也具有不同层次之分，它既可以对课程开发进行整体设计，也可以对教学计划进行设计，甚至对某个教育活动进行设计。而课程设计的结果也可以看作是一种课程开发。

二、课程设计的模式

课程设计是遵循一定的模式进行的。对于“模式”一词，《现代汉语词典》的解释是“某种事物的标准形式或使人可以照着做的标准样式”[①]。当“模式”被用到学校课程中，则是指课程的概念框架或组织结构，它可以说明教育中需要优先考虑的问题、管理政策、

①中国社会科学院语言研究所词典编辑室.现代汉语词典(第7版)[M].北京:商务印书馆,2016:919.

教学方法或评价标准。课程模式整合了哲学、儿童发展和学习理论，从而界定了课程方案的目标和实践。①

资料栏

课程模式是对某个宏大的教育方案之基本哲学要素、管理要素与教学要素的理想表述，它具有内部一致性，描绘了被假设为有效实现预期教育结果的理论前提、管理政策和教学程序。

——埃利斯·埃文斯(Ellis Evans)

从课程设计的历史和发展来看，比较有影响的课程设计模式有四种，分别是目标模式、过程模式、实践与折中模式、批判模式。从当前我国幼儿园课程的实际情况看，对我国幼儿园课程影响较大的课程设计模式主要有两种，即目标模式和过程模式。因此我们对这两种模式作详细介绍。

（一）目标模式

目标模式(the objective model)亦称“工艺学模式”，它是以目标作为课程设计的基础和核心，围绕课程目标的确立、实现及评价而进行的课程设计模式。目标模式产生于20世纪初美国学校课程的重建运动，在课程重建中，首要的问题就是课程目标与价值的定位问题。目标模式是以现实社会生活的需要为立足点，选择、确定对社会有实用价值的目标，并在此基础上选择、组织和评价作为课程内容的学习经验。同时，行为主义心理学取代当时的官能心理学，成为目标模式的方法论基础。

目标模式的首创者为美国课程论专家博比特(Bobbitt)，但对目标模式的确立和发展做出突出贡献的是著名课程论专家泰勒。泰勒在八年研究的基础上，总结了课程设计的基本程序、步骤和方法，其基本原理全部囊括在《课程与教学的基本原理》一书中。他在书中提出课程设计需要解决四个基本问题，即：(1)学校应该追求什么样的教育目标；(2)提供什么样的教育经验才能实现这些目标；(3)如何有效地组织这些教育经验；(4)怎样确定这些目标正在得以实现。后来的研究者们将泰勒的课程设计原理简化为十六个字，即确定目标、选择经验、组织经验、评价结果。泰勒认为，在以上四个步骤中，确定目标是最为关键的环节，评价也是检查课程的实际效果与预期教育目标之间的差距。因此，人们将泰勒的课程设计模式称为目标模式。具体如图6-2。

---

①斯泰西·戈芬，凯瑟琳·威尔逊．课程模式与早期教育(第2版)[M]．李敏谊，译．北京：教育科学出版社，2008：18.

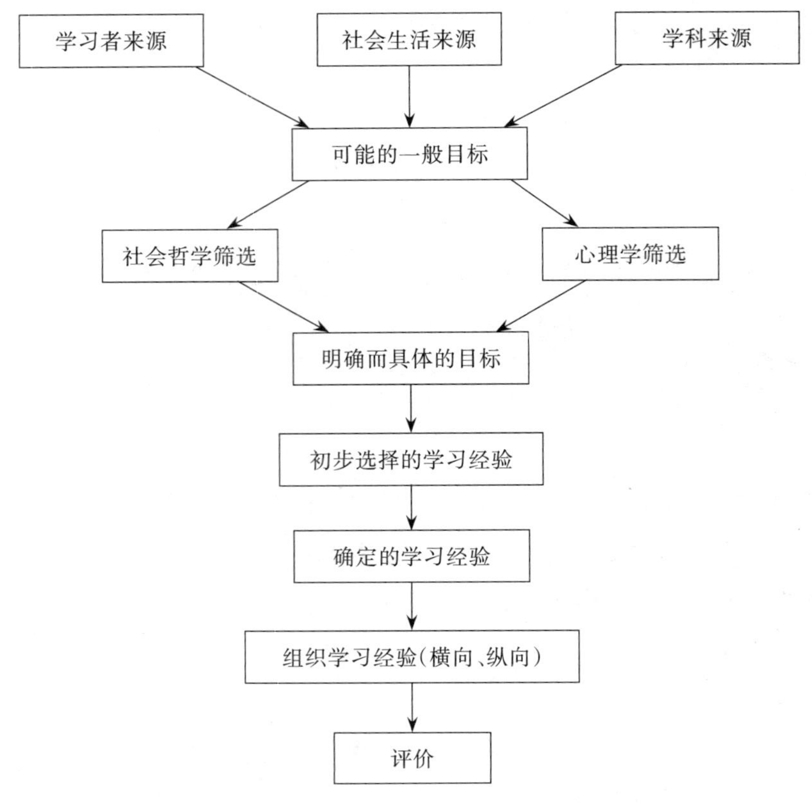

图6-2 泰勒的课程设计目标模式

以泰勒为代表所创立的目标模式的优点不仅表现在可以应用于任何学科、任何水平的教材与教学方案的设计和处理上,还提出了一系列比较容易掌握的、具体化的、层次化的程序和方法。同时,由于有明确可见的行为目标,也为随后的课程实施和评价提供了明确的方向和指南,相比以往模糊、随意的教学,它更能推进课程和教学的科学化进程。因此,目标模式从出现至今,一直是权威性最强、影响最广泛、运用最普遍的课程设计模式。我国的幼儿园课程,长期以来也基本是按目标模式运作的:先制定各科或各领域课程的目标,再根据目标来选择相应的教育内容,并用一定的方法组织内容,开展教育活动,最后以是否达成目标来实施教育评价。后面我们要介绍的幼儿园领域课程和综合课程设计也主要基于此框架进行。

(二)过程模式

过程模式(the process model)是在对目标模式批判的基础上提出的,代表人物是英国课程论专家劳伦斯·斯滕豪斯。20世纪70年代,斯滕豪斯经过多方面的研究,总结了目标模式的诸多缺陷。首先,目标模式试图通过澄清目的的意图来改进课程与教学实践的尝试,不是一种有效的方式。他认为不应该把预先具体规定的目标作为起点,而应该从知识和理解的角度宽泛地陈述目的。因为课程与教学的改进,取决于对实际问题的分析和研究,而不是参照某种标准的目标框架。其次,目标模式容易造成一种倾向,即不顾教师和学生各自的知识和能力，都要朝向同样的、用行为方式明确规定的目标，而整个教学过程没有确定不变的、必须实施的东西。高质量的教育和教学必须建立在教师对自己课堂环境和学生特点的理解基础之上，教师是整个过程中的核心人物。最后，用既定的目标来评价学生的学习结果，用考试或测验的方式来测量学生的成绩，很容易忽视一些无法测量和量化但却很有价值的东西，如个性特征、情绪情感、兴趣态度等。

斯滕豪斯认为，设计课程不是为了提出一套计划或处方，然后予以实施和评价，看效果是否与预设的目标一致，而应该是一种研究的过程，其中贯穿着对整个过程涉及的变量、要素及其相互关系的不断评价和修正，是一个动态变化的过程。过程模式与其说是一种课程编制的模式，还不如说是一种思路，在这种思路中，课程应该如何展开，是需要在实践中研究和探索的。

斯滕豪斯为我们展现了一种很好的课程编制思想，使课程设计具有了较大的开放性和灵活性，更有利于发挥教师和学生的主体精神与创造精神。但是，“斯滕豪斯对过程模式的构建比他对目标模式的批判要逊色得多。”[①]他对过程模式的论述还停留在个人经验的基础上。尽管他提出了很好的课程编制思想，但由于没有具体说明行动方式，也没能在理论上予以具体概括，因而使人感到难以把握，在课程实践中也没有产生什么影响。坦率地说，教师作为研究者和课程开发者，是个很好的命题。但是，在目前的条件下，过程模式的很多想法仍然停留在理想的状态，无法真正实施。因为很多教师不能把握课程所要实现的价值的核心，不能在教育活动中灵活自如地运用各种情境和教育资源生成新的课程。在国外的幼儿园开始施行的方案教学（含瑞吉欧方案教学）、自然发生课程等，就是过程模式的一种实验或实践。目前国内一些有条件的幼儿园也在局部尝试，后面将要介绍的课程设计实例会有所涉及。

三、课程设计的类型

（一）课程类型概述

课程类型是指课程的组织方式或设计课程的种类。由于课程设计者的课程观不同，所设计出的课程类型也各有差异。目前，课程类型的名目看似繁多，主要是分类标准不同导致的，有的名称相同而实质有异，有的名称各异但实质相同。比如，根据课程内容的组织方式不同，可分为分科课程和综合课程；根据课程的哲学观不同，可分为学生中心课程、社会中心课程和学科中心课程；根据课程的表现形式不同，可分为显性课程和隐性课程。下面主要从内容组织方式的角度介绍一些有代表性的课程类型。

课程论专家泰勒根据学校课程的组织结构，将学校课程分为四大类，分别为：

（1）学科课程（如语文、数学、历史、地理、物理、化学等）；

（2）广域课程（社会科学基础、自然科学基础、艺术等）；

（3）核心课程（与学科课程或广域课程结合起来使用，供普通教育需要）；

---

①路书红．教学理论建设的方法论比较[M]．济南：山东人民出版社，2010：137.

(4)完全未分化的课程(即把整个教学计划作为一个单元来处理)。

分析以上的四种课程类型,可以发现主要是以课程内容的综合程度不同来划分的,一端是分科课程,另一端是综合课程,其他则是综合程度各不相同的中间状态。如下图所示(图6-3)。

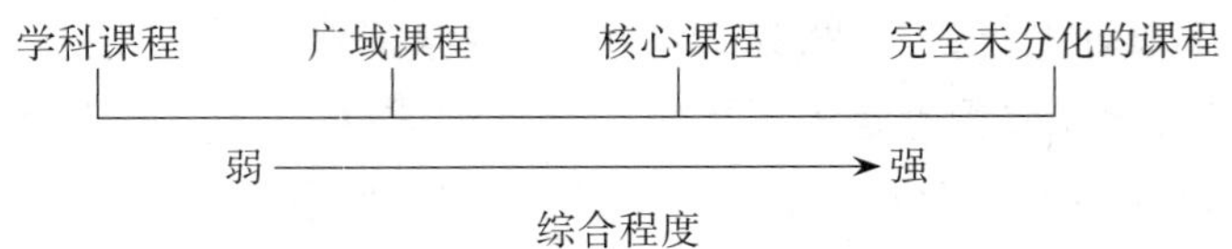

图6-3　四种类型课程的综合程度示意

有台湾学者进一步将学校课程分为六类。(1)科目本位课程:各教学科目分化孤立。(2)相关课程:各科目之间有一定的联系。(3)融合课程(或合科课程):各科目之间的联系性更强,并把部分科目综合成范围较广的新科目。(4)广域课程:减少教学科目,设立少数的广域内容,增强内容之间的联系。(5)核心课程:把某一具有重要价值的课程作为中心,其他广域为周边,与中心相联系。(6)经验本位课程:主要以学习者的经验和生活来组织课程内容。如果用直观的图示,可分别表示如下(图6-4)[①]。

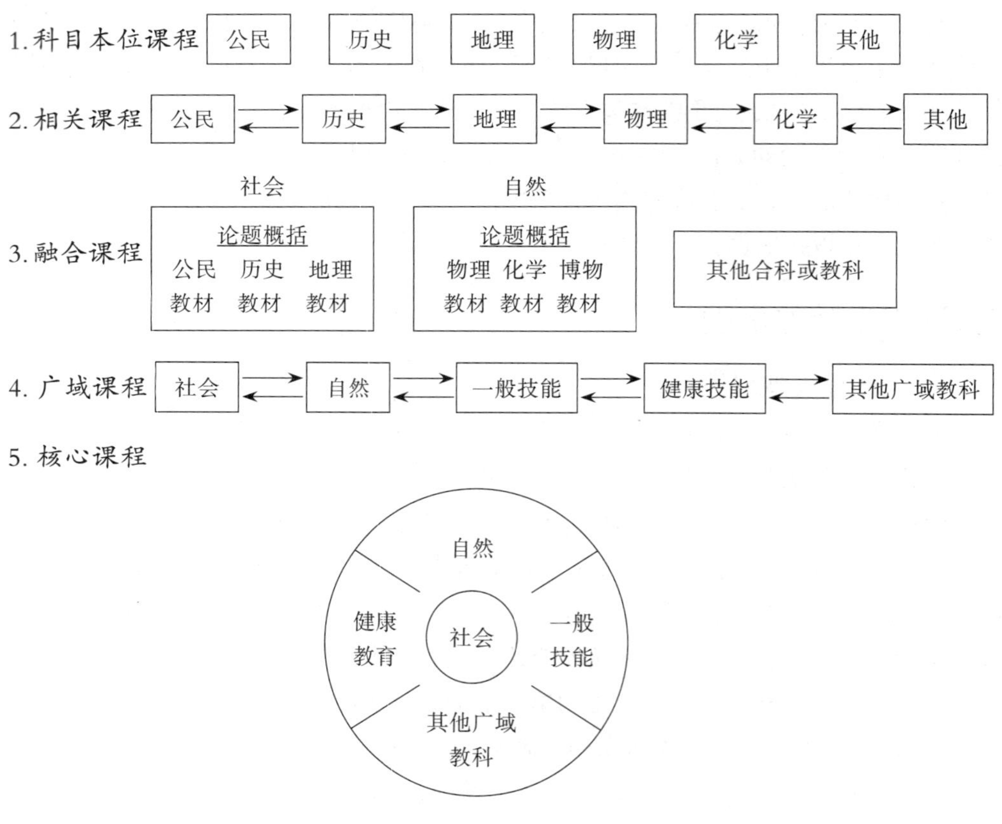

图6-4　现代学校课程类型简图1

①云五.社会科学大辞典·教育学[M].台北:商务印书馆,1970:134-135.转引自施良方.课程理论——课程的基础、原理与问题[M].北京:教育科学出版社,1996:120.

6. 经验本位课程

图6-4 现代学校课程类型简图2

根据我国教育课程实践中的应用情况，下面分别对分科课程和综合课程做一介绍。

（二）分科课程

分科课程通常又被称为科目课程（subject curriculum），是根据各级各类学校的培养目标和科学发展水平，从各门学科中选择出适合一定年龄阶段学生发展水平的知识，组织各种不同的学习科目，分门别类地传授课程。它在所有课程类型中的历史是最长久的，在学校教育产生时就出现了。孔子"删诗书，定礼乐"，从而定"礼、乐、射、御、书、数"六门功课以教学生，这可以看作是分科课程的雏形。希腊的教育先驱们创立了文法、修辞、辩证法三门学科，柏拉图再加入算术、几何、天文、音乐，形成"七艺"；亚里士多德在吕克昂学园又加入了政治学、生物、历史等课程，这可以算是西方分科课程的初步形态。到了文艺复兴以后，随着科学和技术的发展，分科课程的科目越来越精细。17世纪的捷克教育家夸美纽斯（J. A. Comenius）创立"百科全书式"的课程，主张传授给学生一切知识领域的精华，因此，科学的各个门类，如语言、哲学、历史等，都应该反映到教学科目中。他在《母育学校》中详细列举了"幼儿百科全书式"的启蒙学习科目，要求幼儿在物理学、天文学、地理学、光学、年代学、修辞学、数学以及经济学等方面逐步了解和掌握一些初步概念，学习各科目中最普遍、最通俗和最粗浅的内容。例如，学习物理学，只是要求了解一些有关水、火、雨、雪、花草树木和常见动物的粗浅知识；学习光学，只是要求知道什么是光明和黑暗，并能区别几种常见的颜色等；学习地理学，只是要求认识摇篮、住房、庭院、自己居住的城市或乡村，知道什么是山河、树林、田野、道路等；学习年代学，只是要求初步弄懂春夏秋冬、年月日、星期、明天、昨天等季节或时间概念；学习经济学，只是要求知道有关家庭成员的称呼、家具和餐具的名称，以及日常家务管理等。

夸美纽斯的"百科全书式"分科课程是以培根（F. Bacon）对科学的分类为基础的，后来，赫尔巴特（J. F. Herbart）和斯宾塞（H. Spencer）又给分科课程提供了心理学和社会学的依据。由此可见，分科课程既是学校教育的产物，也是科技发展的产物，是以传授知识为己任的学校和知识类别间相互作用的结果。将教育分成各个科目的分科课程思想因为操作上的便宜而受到教育界长时间的青睐，也是目前学校课程设置的主要形态。

（三）综合课程

综合课程是一种有意识地运用两种或两种以上学科的知识观和方法论去考察和探究一个中心主题或问题的课程。这个中心主题或问题可以源于学科知识，也可源于社会生活，还可来源于学生的兴趣、需要或经验。

如果以学科或文化知识作为课程综合的基点，那么就会打破或超越各分科课程自身的固有逻辑。根据知识的不同综合程度，可以把之划分为“相关课程”“广域课程”“融合（整合）课程”三种形态。

相关课程是一种最低层次的综合课程，指两种或两种以上学科既在某些内容上相互联系，又保持自己的独立性。例如，物理和化学、历史和地理在某些主题上的联系。寻求各学科相关内容之间的联系，不仅可以避免不必要的内容重复，还可以训练学生的思维结构。

广域课程是综合程度稍高的课程，即把包含不同学科的主要元素组合起来形成综合学科，提取各学科的内容、方法、原理中的一致性去设计课程。如：目前我国小学的品德与生活（含原来思想品德、科学、健康等科目的内容）、品德与社会课程（含原来思想品德、社会、历史、地理等科目的内容）。

融合（整合）课程最高程度的综合课程，即利用一些主题或问题将不同学科的内容综合或整合起来，完全打破或超越各学科的固有逻辑，形成一个新的有机体，即融合（整合）课程的逻辑。

分科课程与综合课程是两种不同的课程组织形式。分科课程是一种单学科的组织，它强调不同学科之间的独立性、自身逻辑和知识体系的完整性。综合课程是一种多学科内容组织，它强调各学科内容之间的关联性。这两种课程组织形式各有利弊，都有存在的价值。从目前的形势看，并不能彼此取代。同时，分科课程和综合课程也并非截然对立，它们之间是相互依赖、相互作用的。分科课程并不排斥联系和渗透，各科目之间完全隔绝和孤立的分科课程并非设计者的本意，综合课程也不能全然不顾学科的逻辑，并非要以牺牲学科体系为代价。缺乏科学体系支撑的综合课程必定是琐碎的、肤浅的。

目前我国幼儿园课程的类型看似名目繁多，但分析其实质，却主要表现为两种类型或形态。即以学科或领域的脉络编排内容的领域课程和采用主题或话题式编排内容的综合课程。这两种课程的特点和设计，我们将在后面进一步讨论。

|第二节|

幼儿园领域课程及其设计

一、幼儿园领域课程概述

（一）幼儿园领域课程的含义

领域课程指根据幼儿园的保育和教育目标以及科学发展水平，从各门学科中选择出适合不同年龄阶段幼儿发展水平的知识和经验，组成不同的教育领域，分领域进行教育。

幼儿园领域课程是分科课程的发展，从范围上看，是范围更广的学科课程（广域课程）。即将不同科目中相关的内容合为一个学科领域，如将生活卫生习惯和体育合为健康领域，将同为发展审美情感和审美表现的音乐和美术合为艺术领域，将同为发展思维和认知的科学探究和数学内容合为科学领域。

从课程内容的层次或性质看，幼儿园领域课程是一种“前学科”课程。与中小学真正的学科课程相比，幼儿园各领域的教学虽然也要考虑知识的相对系统性，但基于幼儿的认知特点，各领域知识的逻辑体系相对松散，不是抽象的、概念化的学科知识，而是按日常概念或初级概念组织内容的“前学科”知识，是一种经验层次的知识。在科学领域，幼儿学习的科学就不同于成人理解的科学，而是一种经验层次的科学，它是直接的、具体的，而不是间接的、抽象的；是描述性的，而不是解释性的。比如，幼儿在摆弄指南针后，发现指南针总是指向某个方向，但他们并不能概括得出“指南针指向南方”这一抽象结论。教师也不能直接教给他们这一知识，因为他们还没有形成“指南针”这一概念，更不能理解“南方”这一抽象的方位概念。设置课程内容的目的是让他们积累这一方面的经验和表象，为将来真正的学科知识学习打下基础。

与中小学的学科课程重视间接经验和文化传递不同，幼儿园的领域课程重视直接经验。幼儿园的领域知识教学主要是幼儿亲力亲为的观察、操作、实验等，调动各种感官感知现象，积累将来概念或规律学习的初步经验。正如皮亚杰所说，告诉不是教学，至少不是幼儿园的教学。

（二）幼儿园领域课程的发展

因为领域课程即是一种来源于分科课程的广域课程，我们在介绍幼儿园领域课程的发展时，需要从幼儿园的分科课程说起。自1903年中国第一所幼稚园在湖北武汉开办起，到20世纪20年代初，我国幼儿园的课程主要是课目型的，分类很细，如行仪、训话、幼稚园语、手技、唱歌、日语、游戏等，这可以说是我国幼儿园最早的分科课程。20世纪20年代至40年代的20多年中，以陈鹤琴、张雪门为代表的幼教先驱们进行了综合课程的研究和实践。自20世纪50年代起，由于新中国成立后全面学习苏联，分科课程成为我国幼儿园课程和教学的唯一形态。1952年颁发的《幼儿园暂行教学纲要（草案）》将幼儿园的教学分为体育、语言、认识环境、图画、手工、音乐、计算几个部分,后来被归为体育、语言、常识、计算、音乐、美术六科(参见 顾明远《教育大辞典》1990年版第229页)。1981年颁布的《幼儿园教育纲要(试行草案)》在原来六科的基础上,又增加了生活卫生习惯和思想品德两方面的教育内容。这种课程的优点是,知识体系清楚,逻辑性强,知识的逻辑和幼儿心理发展的逻辑能较好地配合。其缺点是,由于各科目的教育内容表述比较具体,导致各科目的结构容量小,内容负载能力差,不利于大量新知识的引入。并且这些科目的内容多从知识技能的角度去表述。再加上这一时期的很多教师未受过良好的专业训练,对各教学科目的理解也存在偏差,导致各科目内容之间出现了彼此割裂或内容重复的现象。20世纪80年代中后期开始,一些幼儿教育专家开始了对幼儿园课程的改革研究,出现了两种对课程形态的摸索或实验。第一种是20世纪80年代中期赵寄石教授在南京主持开展的"幼儿园综合教育",彻底改变了原来分科教育的课程结构。关于这种课程形态,我们将在下面一章详细阐述。第二种我们暂且称为分科课程的改良形态,即扬长避短,将原来过于细分的六或八科改为五个领域,以改变各科目内容之间彼此重复的局面,如将生活卫生习惯和体育合为健康领域,将同为发展审美情感和审美表现的音乐和美术合为艺术领域,将同为发展思维和认知的科学探究和数学内容合为自然领域或科学领域。我国最早的幼儿园领域课程是由人民教育出版社于80年代后期开始组织专家研制的《幼儿园教育活动》(冯晓霞主编),于1994年正式出版,分为自然(含数学和科技)、社会、语言、艺术、健康五个领域。这一分法是基于幼儿在与周围环境的相互作用中发现起来的观点,认为环境中构成幼儿活动内容的事物大致可分为五类。1995年,南京师范大学的幼儿教育专家们在整合之前诸多观点的基础上,将幼儿园课程内容划分为健康、社会、科学、艺术、语言五大领域。上述两种分法虽然名称上稍有差别,但对内容的划分是一致的,都是为了改变原来过细的学科分隔局面。希望教师按分科或活动或综合课程的要求有目的地选择各领域的课程内容,因地、因园、因班制宜,进行重新组合。

对沿袭多年的幼儿园分科教学进行变革,对课程内容按知识领域进行小综合,相对划分为五个领域,这在20世纪90年代中期是一个了不起的创造。符合当时我国幼教课程理论的发展状况和教师的驾驭能力,因此,推出后受到理论界的好评和实践界的欢迎。2001年颁布的《幼儿园教育指导纲要(试行)》吸收了这一思想,正式提出了将幼儿园教育内容相对划分为健康、语言、社会、科学、艺术等五个领域。

二、幼儿园领域课程的设计

正如本章第一节所讨论的,这里的课程设计是一个广义的概念,既包含课程目标的制定、课程内容的选择以及教育活动的设计等,也重视设计的技术层面介绍,以帮助大家了解课程设计的具体流程和操作方法。在目标模式和技术层面课程设计的思路下,目标一般是课程设计的起点,即先确定各领域的课程总目标,然后是学年目标和教育计划,学期目标和教育计划,具体的教育活动设计(包括组织方式、基本步骤、教学方法、环境和材料准备等),最后根据目标对计划进行分析和评估,以确定或修改计划。我们先用一个图示来说明此流程(图6-5)。

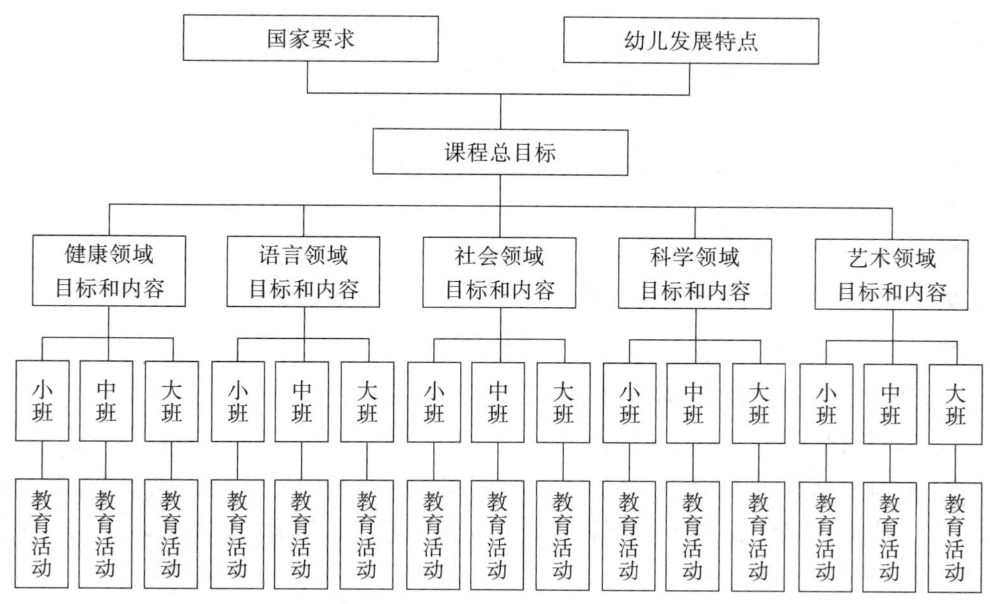

图6-5　幼儿园领域课程设计

(一)目标是课程设计的出发点和归宿

在设计领域课程时,首先必须明确各领域的课程目标(或幼儿在此领域的发展目标或关键经验)有哪些。为了保证幼儿发展的全面性,各领域的目标也必须包含认知、情感、技能几个方面的内容。领域课程目标是在了解幼儿的学习特点和心理发展水平,分析社会生活和领域(学科)知识的基础上确定的,它需要对幼儿发展的特点、社会生活和各领域知识进行准确把握,对于缺乏足够研究的普通教师具有一定的难度。在现有的资料中,2001年颁布的《幼儿园教育指导纲要(试行)》里,有对各领域教育目标的描述,但由于《纲要》里的目标内容上位和宽泛,无年龄阶段划分,比较难以把握。2012年,教育部又颁发了《3—6岁儿童学习与发展指南》,里面列出了各教育领域在不同方面的若干重要目标,列举了每条目标下各年龄阶段幼儿的典型表现(即各年龄段末期所应达到的发展要求)。这两个国家文件对于幼儿园各领域教育目标的制定具有重要指导作用。根据不同地区和幼儿的情况,或所设计的课程方案的价值取向,还可以对目标进行具体分析和建构。下面以科学教育(不含数学,下同)课程的总目标为例,供大家参考。①

◆ 科学知识

● 获得对周围事物和现象的初步知识和经验。

● 摆弄物体,探索各种现象,获得对事物特征和关系的粗浅知识和经验。

◆ 科学方法和技能

● 学习用多种感官观察事物的特征。

①以下对科学领域(不包含数学)总目标的文字描述虽然与《幼儿园教育指导纲要(试行)》不同,但基本精神是一致的。此处根据布卢姆目标分类学的观点,对目标进行了分类和整理。

●学习按一定的标准给物体分类。

●学习用简单工具进行测量。

●能进行初步的比较、概括、推论、预测等思维活动。

●能在科学探究过程中学会动手动脑进行操作活动。

●能用多种方式表达和交流科学探究的过程和结果。

◆ 科学态度

●对周围事物和现象有好奇心、兴趣和未知欲。

●培养对自然的积极情感和态度。

●关注科学技术及其对社会生活的作用。

(二)确定各年龄阶段的课程目标和教育计划

幼儿园各领域的年龄阶段目标一般分解为小班、中班、大班三个年龄段。由于在不同地区、不同情况下,即使是处于同一年龄段的幼儿,也可能存在较大的差异,因此,2001年颁布的《幼儿园教育指导纲要(试行)》没有列出五领域各年龄阶段的教育目标。在《纲要》发布后,有些省(市)根据其精神制定了的实施细则,在其中分领域列出了小、中、大三个年龄阶段的目标。2012年10月,教育部发布的《3—6岁儿童学习与发展指南》也分领域列出了三个年龄阶段目标(正式称谓为"典型表现"),这些目标或典型表现经过了大量的样本测试,较有指导意义,可作为确定各年段班目标的重要参考。下面仍以科学领域(不含数学)的三个年龄班示例。

(一)小班

1.知识方面

(1)观察周围常见的自然物(动物、植物和无生命物质)的特征,获取粗浅的科学经验,初步了解它们与生活、与周围环境的关系。

(2)观察周围常见自然现象的明显特征,获取粗浅的科学经验,感受它们和生活的关系。

(3)观察日常生活中直接接触的个别人造产品的特征及用途,获取粗浅的科学经验,感受它们给生活带来的方便。

2.方法和技能方面

(1)了解各种感官在感知中的作用,学习正确使用各种感官感知的方法,发展感知能力。

(2)掌握根据一个或两个特征从一组物体中挑选出物体并归为一类的分类方法。

(3)学会通过目测等简单方法比较物体的形体、大小和数量的差别。

(4)用词语或简单的句子描述事物的特征或自己的发现,与同伴、教师交流。

(5)学习使用日常生活中常用科技产品的简单方法,参与简单的制作活动。

3.情感方面

(1)对周围事物有好奇心,乐意感知和摆弄能够直接接触到的自然物和人造物。

(2)萌发探索自然现象和参与制作活动的兴趣。

(3)喜爱动物植物和周围环境,并能在成人的感染下表现出关心、爱护周围事物的情感。

(二)中班

1.知识方面

(1)获取有关自然环境中动物、植物及沙、石、水等无生命物质及其与人类关系的具体经验,了解不同环境中个别动物、植物的形态特征和生活习性。

(2)了解四季的特征及其与人们生活的关系,观察常见的自然现象,获取感性经验。

(3)获取周围生活中常见科技产品的具体知识和经验,初步了解它们在生活中的运用。

2.方法和技能方面

(1)学习综合运用多种感官感知事物特征,发展观察力。

(2)学习按照指定的标准,对物体进行简单分类。

(3)学习运用简单的工具进行测量。

(4)能用自己的语言描述自己的发现,并与同伴、教师交流。

(5)学习使用常见科技产品的方法,运用简单工具进行制作活动。

3.情感方面

(1)发展好奇心,探究周围生活中常见的自然现象、自然物和人造物,愿意参加制作活动。

(2)有关心、爱护动植物和周围环境的情感和行为。

(三)大班

1.知识方面

(1)初步了解不同环境中的动物、植物及其与环境的相互关系。

(2)初步了解周围生活中的环境污染现象和人们保护生态环境的活动。

(3)获取有关季节、人类、动物、植物与环境等关系的感性经验,形成四季的初步概念。

(4)探索周围生活中常见的自然现象,获取有关的科学经验。

(5)初步接触周围生活中的现代科学技术,了解它们在生活中的运用。

2.方法和技能方面

(1)能主动运用多种感官观察事物,学会观察的方法,发展观察力。

(2)能按照自己规定的不同标准对物体进行分类。

(3)学习使用各种工具进行自然测量,掌握正确的测量方法。

(4)学习用完整、连贯的语言与同伴、教师交流自己的探索过程和结果,表达愿望,提出问题和参与讨论,以及能够表达发现的愉快,能够和他人交流和分享。

(5)学习使用常见科技产品的方法,运用简单工具和多种材料进行制作活动,能够发现物品和材料的多种特性和功能,并能表现出一定的创造性。

3.情感方面

(1)培养好奇、好问、好探索的态度。

(2)对自然环境和现代社会生活中的科技产品有兴趣,能自己发现问题、提出问题、寻求答案。

(3)喜欢并能主动参与、集中于自己的科学探索活动和制作活动。

(4)培养主动关心、爱护周围环境的情感和行为。

在学年的目标确定后,选择哪些内容来实现这些目标呢?这时就可以进行初步的内容规划了。我们仍以科学教育为例,幼儿园科学教育的内容一般包括物质科学、生命科学、地球和空间科学等范畴。这些内容是三个年龄段都有的,小、中、大班各安排哪些层次的内容呢?可以依据总目标进行统筹安排,平衡各方面的内容,由近及远、由易到难,拟定各年龄班的教育计划。下面提供小班上、下学期科学教育活动计划,供参考(表6-1、表6-2)

表6-1 小班上学期科学教育活动

内容范畴	单元名称	教育目标	教育活动	相关经验
物质科学——物质和材料的性质:初步感知身边物品的突出特征	玩具	观察摆弄幼儿园的玩具,获取玩具的感性经验,培养亲近幼儿园的情感	我爱玩玩具	社会、语言、数学
	好玩的沙	1.初步感知沙子的特性 2.进一步感受干沙松散、易流动的特点,初步感知湿沙可以造型	1.好玩的沙子:玩干沙,感受其松散、易流动的特性 2.鸭妈妈的院子:湿沙造型	社会、语言
生命科学——植物:观察周围植物的突出特征	香甜的水果	1.观察认识苹果 2.尝试运用多种感官感知秋天水果的突出特征	1.大苹果:利用各种感官认识大苹果 2.好吃的水果:了解秋天水果的多样性和突出特征	健康、数学、艺术
	种子宝宝	观察一些植物的种子,发现种子在形状、颜色等方面的不同	1.种子宝宝:观察几种不同的种子 2.剥花生	数学、语言
生命科学——动物:认识常见小动物的典型特征,了解主要生活习性	顽皮的鱼儿(或适合自然养殖的小乌龟等小动物)	1.观察、喂养小鱼,并能向同伴讲述自己的观察和发现 2.培养认真做事的习惯,萌发关心、爱护小动物的情感	1.顽皮的鱼儿:观察小鱼,交流讨论自己的观察发现以及其他有关小鱼的一些问题 2.饲养小鱼:学习饲养小鱼并在老师或家长的指导下学习做记录	语言、社会
生命科学——植物:观察认识秋季植物的典型和突出变化	玩落叶	1.观察秋天大树的变化,欣赏秋天树叶的色彩 2.观察树叶的不同形状和颜色,并用树叶玩分类配对等游戏	1.秋叶飘飘:观察幼儿园内或周围树木的变化,捡拾并观察落叶 2.玩落叶:用落叶玩各种游戏,如分类、配对、数树叶、拼摆等	数学、艺术、语言

续表

内容范畴	单元名称	教育目标	教育活动	相关经验
物质科学——物质和材料的性质:尝试运用感官探索身边常见物质的性质	感官游戏	1.尝试用鼻子辨别不同的气味,并用语言表达 2.用耳朵听辨不同物体发出的不同声音,学习用语言表达自己的发现和感觉 3.了解不同材料的冬天帽子,知道可以用来保暖;了解周围的生活用品 4.初步了解冰是由水变成的,在探索游戏中对冰产生兴趣	1.感官游戏:百宝箱(触摸、感受各种物体和材料的性质) 2.听听什么声?(用铁罐装上石子、沙、黄豆、纸团、碎布等,听辨不同的声音) 3.冷冷的冰:看冰玩冰,感知特点,了解冰的产生 4.暖暖的帽子:观察几种材质的帽子	语言、艺术、健康
地球和空间科学:不同季节里自然界的明显变化	冬爷爷来了	1.知道天气是会变化的,认识阴晴雨雪等明显的天气特征 2.能够用多种感官感知天气的变化,初步了解天气的冷热及其与衣着的关系	1.观察冬天植物的突出特征 2.观察人们的穿着,初步了解冬天的天气特征	健康、语言

表6-2 小班下学期科学教育活动

教育内容	单元名称	教育目标	主要活动	相关经验
技术设计:了解常见科技产品的典型特征	玩具和车	1.愿意与同伴分享自己的玩具车,并用语言表达和交流 2.初步感知、了解汽车的主要种类和基本结构	1.玩具动起来:操作和摆弄会动的玩具,感知其特征 2.我喜欢的玩具车:玩玩具车,观察感知其外形特征、运动方式等 3.多种多样的车:观察汽车的外形特征,了解交通安全的重要性	社会、语言、健康
生命科学:观察春季植物的典型特征	春天花儿开	1.观察春天开放的花,进一步感受春天的特点 2.通过观察,发现春天其他植物的特征,感受植物的生长变化	1.花开了:发现春天开放的花,观察其明显特征 2.迎春花:观察迎春花的明显外部特征 3.收集春天(系列活动):在收集中感受春天的典型特征,根据特征练习分类和计数	数学、语言、美术
生命科学——植物:观察认识常见植物,关注其生长变化	萝卜快快长	1.愿意运用多种感官认识各种萝卜,尝试自己种植萝卜 2.知道萝卜有营养,喜欢吃萝卜	1.我们的小种子:观察认识一些种子,知道种在土里后会发芽 2.小种子发芽了 3.有趣的萝卜 4.盆栽萝卜	健康、语言

续表

教育内容	单元名称	教育目标	主要活动	相关经验
生命科学——动物：比较观察两种常见动物的突出特征	观察身边的小动物	1.观察小鸡、小鸭、小兔子等身边的小动物，比较小鸡小鸭在外形特征、生活习性等方面的不同，探索多种比较小鸡小鸭的方法 2.观察了解小兔子突出特征和食性	1.小鸡、小鸭不一样：观察比较明显的不同特征 2.小鸡小鸭在长大：关注其生长变化 3.小鸡小鸭喜欢在哪里玩：初步了解其习性 4.小兔子喜欢吃什么：观察了解其食性 5.喂喂小兔子：通过试喂，进一步了解其食性	语言、社会、数学
物质的特性：通过简单的探索和实验，感知水的物理性质	好玩的水	1.玩水，观察感知水的特性 2.探索用适宜的工具运水，进一步感知水的特性	1.好玩的水 2.哪些工具能运水	语言、社会

（三）制定短期目标和教育计划

这里的短期目标和教育计划指小于一年、多于一周的一系列教育活动，如一学期、半学期、一月、一周等。目前较多采用的方式是，结合社会生活和自然环境的变化，先将一学年的目标分解成两个学期，每学期有重点目标，如小班上学期科学领域的重点目标可以是发展对周围事物和现象的探索兴趣，初步感知其特征（如周围的物品、秋天和冬天的明显特征）；下学期则可以练习一些简单的科学探究方法，了解春天和夏天的明显特征，在游戏的过程中感知沙、水的明显特征。一个学期的目标可以再次分解成月度目标。比如，小班上学期第一个月里，重点是入园准备，科学教育目标可以是通过游戏或操作，初步感知幼儿园的玩具或其他物品（如沙）的特性，观察幼儿园和活动室的环境；下学期春天的月份里，科学教育的目标可以是观察常见植物的明显特点，如春天的花、春天的树；夏天的月份则可以充分感知水的特性。

（四）设计教育活动

拟定好各阶段的目标并初步确定教育活动计划后，现在就可以设计具体的教育活动了。下面我们以集体教学活动为例。

1.活动课题的选择

活动课题的选择，就是从幼儿园某领域的教育内容范围中，选择出适合幼儿学习的课题，将课程内容转化为幼儿活动的内容。选择活动课题时应考虑这样两点。

（1）要选择各领域中基本的经验内容。

集体教学活动是全班幼儿都必须参加的活动，其内容应该是各领域最基本、最具有代表性的知识内容，数量要适当，如果集体教育活动太多，必定加重幼儿的负担。筛选出最基本、最重要的内容后，那些拓展的、激发兴趣的内容，则可以放到区域活动或日常生活中进行。

(2)要选择适宜开展集体学习的内容。

有的内容虽然很重要或很有趣，但不便于在一定的时间内组织集体教学，也不宜作为集体教学的课题。比如，自然角长期照料动植物的活动，就适合在日常生活中分组进行，或者在区域活动中进行。再如，观察月亮变化的活动，适合晚上在家长的带领下进行。集体教学的课题宜选择那些需要集中探索、共同学习、互相启发的内容，以及需要教师提示和引导，帮助幼儿总结和提升经验，得出具体结论的内容。比如，科学教育中认识常见动植物或四季的特征，沉浮、磁力等科学小实验等。

2.活动目标的设计

选定了集体教学活动的课题之后，教师就要考虑设计活动目标了。活动目标必须依据各领域教育的总目标和年龄阶段目标，是目标体系中最具体、最下位的层次。因此，设计时应该注意以下几点。

(1)要尽量体现行为化和可操作性。

所谓活动目标，指幼儿在某个具体教育活动中需要达到的要求或结果。它需要用可以观察的行为表述出来，以便设计活动过程和进行效果评价。例如，科学教育活动“小鸡小鸭在长大”的目标，如果设计并表述成“观察身边的小动物，初步建立成长的概念”，就不如这样的表述清楚、可操作：①记录小鸡、小鸭的体重和脚印，感受到小鸡、小鸭在长大，初步建立小鸡、小鸭成长变化的概念。②学习简单的称量、印脚印等观察记录方法。③愿意主动观察，有记录的兴趣。教师看到第二种目标表述后，不仅能很快明白教育任务，而且能根据这些要求判断所需的教育时间。对于小班的幼儿来说，这样三条目标如果在一次活动里完成，不仅任务重，而且也缺乏比较变化的资料。因此，可以分两次进行，第一次学习用简单的方法量体重，印脚印，做记录并保留资料。间隔10天以上后，再次测量和记录，讨论和比较两次所得数据的差异，教师帮助提升经验，初步建立成长变化的概念。

当然，活动目标的行为化和可操作性只是尽力而为，也并非绝对，一些需要长期养成、累积变化的目标，是无法在一次活动中用具体的行为来陈述和评量的。比如，上述的第③条目标“愿意主动观察，有记录的兴趣”，再比如“发展关爱和照顾小动物的情感”“乐于探索，会与同伴合作”等。

(2)要结合内容，提出有针对性的目标。

不同的活动内容具有不同的发展价值，教师或课程设计者在设计某一领域的教育活动时，要仔细分析每个活动所能发挥的主要教育价值，比如，科技制作活动的重点是培养幼儿的操作技能，观察动植物的活动主要是发展幼儿观察事物、把握事物特征的能力，以及对动植物的积极情感和态度。我们在设计目标时，要找准每个活动的独特价值，突出其特色，切忌泛泛而提或不知所云。

(3)要结合幼儿的发展水平，提出有层次的目标。

不同年龄的幼儿，他们的认知发展特点和能力不同，即使是同一年龄段的幼儿，因为地域、家庭环境、个性特点等的不同，其发展也呈现出较大的差异，这就要求我们在设计目标时，要体现不同的层次要求。比如，“观察动植物的特征，发展观察能力”是每个年龄段都适用的目标，但对各个年龄段的要求是不同的。具体如：

小班（3—4岁）：辨别各种动植物的基本特征或突出特征（如颜色、大小和形状）。

中班（4—5岁）：辨别动植物的细节特征（除了颜色、大小和形状之外的特征）和行为（如动物如何运动、如何吃东西）。

大班（5—6岁）：能理解生物的结构和功能（如植物的根的作用），知道动物、植物和它们的亲代是非常相像的。

（4）要有一定的灵活性，以适应活动过程中可能出现的变化。

我们要求活动目标尽可能设计得明确、具体，但教育对象和教育情境又是各不相同的，在明确、具体的同时，需要有一定的灵活性，便于教师在教育过程中进行调整和应对。比如，某个数学活动目标“能够按一定的标准给物体分类”，就比限定按某个或几个标准分类灵活，不同能力的孩子都适用。总之，活动目标是教师开展教育活动的行动指南，而非绝对的标准或束缚。

3.活动材料的设计

活动材料是幼儿学习的重要物质保障，在科学、数学、美术等活动中，材料更是必不可少的。活动材料的获得，既可以选择成品，也可以由教师和幼儿共同收集或制作。在准备活动材料时，也需要注意一些问题。

（1）要考虑材料和目标的关系。

准备材料首先要根据目标的要求进行，为达成目标服务。比如，在观察蚂蚁的活动中，放大镜就是必需的材料。数学活动中也需要大量的学具和教具。

（2）要考虑材料的结构和数量。

设计材料时，除了要符合目标的要求外，材料本身的结构也要加以考虑。所谓材料的结构，就是指一个或一组材料本身具有的特征，不同材料之间的联系和关系，材料的可探索性、可利用性。比如，在探索沉浮的活动中，教师不仅需要准备具有不同沉浮性质的材料，还可以准备一些容易改变形状的材料，便于幼儿观察不同形状条件下的沉浮变化。

准备材料的数量也要精心考虑，材料太多，容易分散幼儿的注意力，材料太少，又不能保证每个幼儿的充分操作。不同领域的活动，对材料数量的要求不一样。数学活动所需的桌面操作材料，每个幼儿都要准备一份。在科学探索或其他活动中需要合作进行的实验或解决问题的活动，可以每组准备一份。音乐活动中所用的示意性材料，如头饰、面具等，则根据需要决定数量。材料准备太多，不仅准备起来费时费力，还会分散幼儿的注意力。

4.活动过程的设计

集体教学活动的过程，根据内容性质的不同，其过程也不尽相同，但一般包含三个部分：开始部分、展开部分、结束部分。

在活动开始部分，一般是通过提示语或设置情境，激发幼儿参与活动的兴趣，引出学习内容。在活动的展开部分，教师主要通过有质量的问题（如科学、数学活动、语言）、示范、演示（如语言、音乐、美术）、指令等，一步一步地引导幼儿的探索或练习过程。活动的结束一般是教师小结、教师和幼儿共同小结、评价或提出进一步探究的问题等。

这里介绍的教育活动“三段式”设计，是仅就一般情况而言的。教师在设计活动过程中，可以根据学习内容的情况灵活处理，防止教条化和程式化。不管采用什么形式，教师都需要正确处理教师主导和幼儿主体作用的关系。

下面以一个完整的科学教育活动示例。

有趣的萝卜

目标

1.认识各种萝卜，会按萝卜的特征进行分类。

2.能大胆地用语言讲述与萝卜相关的经验。

准备

1.教师和幼儿共同搜集各种萝卜。

2.用于分类的盘子若干。

过程

1.设置情境，引发参与活动的兴趣

教师和幼儿一起在班级自然角创设“萝卜大聚会”的展示台。

2.观察萝卜

（1）教师用问题引导幼儿观察收集的各种萝卜，运用多种感官了解萝卜的主要特征。

●请小朋友们看一看、摸一摸萝卜。

●这些萝卜都是什么样的？

●萝卜的颜色一样吗？都有哪些颜色？

（2）教师把萝卜切开，进一步引导幼儿发现萝卜的不同：萝卜切开以后，里面的肉是什么颜色？一样吗？

（3）教师将萝卜切成薄片，请幼儿尝一尝。教师提问：萝卜是什么味道的？这些萝卜的味道一样吗？

3.交流与萝卜有关的经验

（1）教师引导幼儿相互交流：你带来的萝卜是什么样的？它叫什么名字？

（2）教师和幼儿共同小结：萝卜有不同的种类，有长长的白萝卜，有橘黄色的胡萝卜，有圆圆的、红红的洋花萝卜，有大红萝卜，还有淡绿色的青萝卜等。

4.给萝卜分类

（1）教师引导幼儿讨论：小兔要把萝卜分开放在筐里，可以怎么分呢？

（2）教师指导幼儿给萝卜分类（可按萝卜的颜色、形状等来分）。

（3）请幼儿说一说：喜欢吃萝卜吗？萝卜有什么用？

建议

1.教学提示

(1)此活动最好分组进行,以保证幼儿有充分的活动空间。

(2)幼儿继续了解萝卜的用处,搜集萝卜食品。

2.活动延伸

可以和幼儿园的食堂联系,为幼儿做各种萝卜食品,让幼儿品尝。

3.领域渗透

在健康领域中开展不挑食、爱吃各种蔬菜的活动。

4.区角活动

(1)在游戏“菜场”或“超市”中增添各种萝卜,丰富游戏内容。

(2)在自然角里放置收集的萝卜,开展制作萝卜娃娃、种植萝卜等有趣的活动,满足幼儿对萝卜的兴趣。

三、幼儿园领域课程设计和实施中应注意的问题

(一)注意各领域课程内容之间的联系和渗透

虽然领域课程是分领域来组织课程内容的,较为重视各领域知识的系统性和逻辑性,但是,幼儿园阶段的教育并非以严格的学科知识教育和相应的技能训练为目的,而是以学科知识为载体,促进幼儿的整体发展或一般发展。因此,在处理各领域的课程内容时,要注意不同领域内容之间的渗透和横向联系,任何割裂的、孤立的学科知识教育都是不符合当今的课程观和幼儿教育要求的。对于领域课程中各领域内容的相互关系,陈鹤琴先生有一个形象的比喻,他把幼儿园课程中的健康、语言、社会、科学、艺术五大领域比喻为人的五根手指,同生于手掌,血脉相连,形成一个不可分割的、有机联系的整体。

1.目标的全面性、综合性

在领域课程中,要重点关注本领域的教育目标,这是没有疑问的,不同的学科,其课程目标、课程内容及实施方法等都会有差别,这正是它们的“独特点”或“学科性”所在。如果比较《纲要》或《指南》里各领域的目标,也会发现它们有明显的不同。科学教育的主要目标是让幼儿获得科学知识、发展科学过程技能、培养科学态度,数学教育主要关注幼儿数学概念及数学思维能力的发展,语言教育以发展语言能力为首要目标,美术教育则强调发展幼儿感受美、创造美的能力等。

虽然各领域或学科有自己的主要目标,但是,如果只盯着自己的一亩三分地,那就太狭窄了。很多教育内容或探索主题往往对幼儿具有多方面的发展价值,教师或课程设计者要注意挖掘和利用。

比如,中班下学期以探索工具和材料的性质、发展制作能力为主的教育单元“百宝箱”的目标为:

①初步建立规划设计能力,有目的地选择材料进行制作。

②初步尝试分类与统计,并能描述自己分类的方法。

③在教师的帮助下,尝试与他人协调合作。

④在演奏活动中,尝试与音乐、节奏协同运动。

⑤在活动中,积极应对遇到的困难,主动寻求同伴或老师的帮助。

分析以上五条目标可以发现,第①条为科学教育目标,第②条包含科学、数学、语言三方面的目标,第③条主要是社会领域的,第④条为音乐目标,第⑤条主要为社会教育目标。

不仅在一个单元的教育中要注意目标的全面性和综合性,在单个的教育活动中,也要注意目标的全面性。如科学观察和实验为主的活动"蜗牛喜欢吃什么",其目标是这样确定的:

①在持续的喂养和观察中不断发现、记录,了解蜗牛的食性。

②能大胆地提出自己的见解,会与同伴合作实验。

③能认真倾听同伴的发言,积极参与讨论。

这三条目标中,第①条主要是科学教育目标,第②条是语言和社会教育目标兼有,第③条则涉及语言和科学两个方面的目标。

2.教育活动的设计要注意与其他领域知识的联系和渗透

《幼儿园教育指导纲要(试行)》指出:"幼儿园的教育内容是全面性的、启蒙性的,可以相对划分为五个领域,也可作其他不同的划分。各领域的内容相互渗透,从不同角度促进幼儿情感、态度、能力、知识、技能等方面的发展。"这意味着领域课程不能只关注领域,也要注意各领域知识的联系和渗透。

各学科教育的内容看上去千差万别,但实际上也是相互联系的。不同的学科,只是从不同的角度、用不同的眼光看相同的世界。科学用理性的、逻辑的眼光,探究物质世界的规律。现实生活中普遍存在的,物体所具有的数、量、形等属性,则是数学研究的内容。语言、美术、音乐等作为一种表达的工具或方式,所表达的内容也离不开我们所生活的世界。因此,幼儿园课程的内容归根结底是一个整体。幼儿园教育的全部内容,就是认识和表现我们周围的世界。而不同学科的划分,只能是相对意义上的划分。例如对于"雨"这个自然现象,我们可以从科学的角度来探究它是哪里来的,也可以用数字(降雨量的多少)来描述它,还可以用诗意的语言来描绘它带给人们的感受,用美术或音乐等艺术手段表现它的形象和节奏。我们可以从不同的学科来观察雨、感受雨、表现雨,但雨本身并不属于任何学科,它是一个整体。

在课程设计中如何实现各领域内容的相互联系和渗透呢?从目前我国的幼儿园课程设计实际看,很多领域课程方案,虽然领域的线索是明线,但同时也把主题或话题作为课程设计和实施的虚线,其目的是使不同的课程领域在保持领域自身系统性的同时,与其他领域、与幼儿的日常生活产生横向联系。如表6-3所示。[①]

---

①资料来源自人民教育出版社课程教材研究所、学前教育课程教材研究开发中心组编的《幼儿园领域活动课程教师用书》小班下册,人民教育出版社2012年版。

表6–3　小班下学期单元活动安排参考表(节选)

单元名称	单元教育重点	活动安排							
		科学		语言	社会	艺术		健康	
		科学	数学			音乐	美术	健康	体育
寻找春娃娃(3—4周)	春天到来，万物生长，自然界的生机勃勃，会给人带来希望和喜悦。在此季节可以引导幼儿感知春天的明显特征，欣赏大自然的美丽和神奇	·迎春花 ·收集春天(系列活动1—2) ·我们的小种子	·果宝宝找家 ·玩具在哪里 ·小熊回家 ·捉迷藏	·迎春花(文学活动) ·花草树木笑了(讲述活动) ·春娃娃(文学活动) ·大山的朋友(早期阅读)	·我和小花做朋友 ·花儿好看我不摘 ·这是谁的东西	·春天(歌唱活动) ·请坐我的车(歌唱活动) ·小蝌蚪找妈妈(歌唱活动) ·蝴蝶找花(欣赏活动)	·花儿朵朵开 ·春天的小花园 ·小鸟飞呀飞 ·美丽的花环	·难怪个子长不高	·小猫戏垫 ·小兔拔萝卜 ·小发射员
快乐的六一(1—2周)	六一节是儿童的节日。在节日前后，可组织幼儿进行各种有趣的游戏和活动，如准备表演节目和小礼物来感受节日的欢乐，体会和大家一起过节的快乐	·哪些工具能运水 ·谁能浮起来 ·颜色变变变	·好看的动物朋友 ·做围巾	·糖果雨(文学活动) ·捉迷藏(讲述活动)	·庆六一(系列活动1—3)	·萤火虫(歌唱活动) ·蚂蚁搬豆(韵律活动) ·小小蛋儿把门开(歌唱活动) ·找小猫(韵律活动) ·一二三四五六七(韵律活动)	·甜甜的糖果 ·杂技明星	·小脚丫	·走小路 ·洗手绢

除了从整体框架上利用生活化的话题或主题来组织各领域课程的内容外，在具体的教育活动中，不要把各领域的知识内容孤立看待，对幼儿的学习来说，活动中那些具体、感性的经验经常无法、也无必要做严格的领域区分。因此，在教育活动的展开阶段，教师或活动设计者在熟知各领域知识的基础上，要善于发现不同领域内容之间的关联性，以帮助幼儿建构整体的经验。下面是一个活动示例。

影子跑了

目标

1. 了解影子变化和光照角度的关系，初步感受事物的变化。
2. 学习记录太阳的变化，初步建立时间概念。

准备

1. 选择一个有太阳的天气。

2. 选择幼儿熟悉的玩具、物品，如小树、玩具、器械等。

3. 粉笔、记录纸、绘画笔。

过程

1. 游戏和谈论

(1)玩游戏“踩影子”：幼儿自由结伴，互相追捉玩“踩影子”的游戏，引导幼儿发现自己的身体动，身体的影子也会跟着动。

(2)教师请幼儿观察不会动的树、楼房以及其他玩具、器械在太阳光下的影子，说说这些东西的影子会不会动。

(3)教师提出问题，引导幼儿思考和讨论：大树(或楼房、玩具)的影子真的不会动吗？

2. 观察和记录影子

(1)教师引导幼儿用自己的方法记录大树(或是玩具)的影子。比如用画笔画，用插片的造型表示等。幼儿如果不能想出方法，教师可以适当提示。

(2)几个小时后，教师带领幼儿再次观察大树(或玩具)的影子。发现大树(或玩具)的影子“跑了”。

(3)教师和幼儿共同确定几个观察时间，比如10:30、12:00、15:00等。观察并用图画的形式记录太阳与影子的位置。

3. 交流和总结

(1)结合观察和图画记录，幼儿交流自己的发现。

(2)教师与幼儿小结，共同制作主题墙饰，形成班级记录。

建议

1. 活动延伸

(1)画影子：请幼儿仔细观察对早上、中午、下午的影子图画记录，比一比，观察影子的形状、位置有什么变化。

(2)教师或家长给幼儿提供绳子、布、透明胶、椅子、纸等物品，引导幼儿试一试能不能把自己和自己的影子分开。

2. 领域渗透

如果幼儿对上午、下午、中午以及整点的时间概念不清楚，教师可以在本活动中借助生活事件、时钟等帮助幼儿认识。

3. 环境创设

在主题墙饰“光和影的游戏”中增加“有趣的影子”“影子跑了”等内容，展示幼儿对实验的猜想和观察记录。

以上这个关于影子的活动不仅是较为深入的科学探索活动，在探索过程中，还自然地渗透着多方面的学习内容，如体育(踩影子游戏)、语言(贯穿整个过程的科学谈话)、美术(用画笔和建构材料造型，表现不同物体的影子、制作墙饰)、数学(确定早上、中午、下午三次观察,认识钟点,学习记录时对时间的表示方式等)。

3. 评价的全面性

评价是调节教学的杠杆,既要重视幼儿的整体经验,对幼儿园各领域教学的评价不能太学科化,也需要考察教师在课程实施过程中是否既不背离目标,又考虑到了各领域内容的自然关联,还要考察幼儿是否获得了有意义的整体经验。

(二)注意领域知识与幼儿生活的联系

领域课程脱胎于学科课程,学科课程的特点是重视间接经验和教师传授,其优点是经济高效、系统性强,其缺点是因为重视自身学科体系的完整性,从而与学习者的生活实际结合得较差,正可谓“成也萧何,败也萧何”。对需要依靠操作和情境来学习的幼儿来说,克服学科课程缺点的主要手段就是注意领域知识与幼儿生活的联系,尽量让幼儿在生活情境中进行活动学习。

1. 精选集体教学内容

幼儿园教育要重视游戏和生活的独特价值,这是《幼儿园工作规程》《幼儿园教育指导纲要(试行)》和《3—6岁儿童学习与发展指南》这几个重要的幼教国家文件共同强调的思想。在设计领域课程的集体教学内容时,教师需要分析其特点,如果这个内容适合在日常生活或游戏中学习,就没有必要用于集体教学。比如科学领域中的一些长期观察活动,如种植和照料;社会领域中的人际交往技能培养,健康领域的生活自理能力训练,等等。有些内容虽然也可以在日常生活或游戏中学习,但有些独特的价值不能体现出来,那么也可以通过集体教学进行,但教学设计中一定要将这个独特的价值发掘出来。还比如,一些在日常生活中进行的长期观察活动,也可以在一定的阶段组织集体活动,帮助幼儿学习必需的知识和技能,总结和提升经验。比如,观察之前可在集体教学中让全体幼儿明确观察的目的和方法,中期可以组织幼儿集体交流成果,找出问题,观察结束后,可以组织幼儿集体汇报,帮助幼儿总结和提升经验。

2. 集体教学要以生活和直接经验为基础

精选出的各领域集体教学内容,同样要以幼儿的生活和直接经验为基础。

首先,语言、数学、科学等领域知识的学习,要来源于幼儿的现实生活,结合生活情境进行。《指南》对各年龄阶段幼儿的学习与发展分领域提出了目标和建议,分析这些目标和建议,可以发现它们与幼儿的生活是密切相关的。如科学领域“感知和理解数、量及数量关系”这一目标(具体如:通过实际操作理解数与数之间的关系;借助实际情境和操作理解“加”和“减”的实际意义;能用数词描述事物或动作,如4本图书),紧接着的教育建议中,大都指出了要结合日常生活进行学习。如“结合日常生活,指导幼儿学习通过对应或数数的方式比较物体的多少”,“利用生活和游戏中的实际情境,引导幼儿理解数概念”,“通过实物操作引导幼儿理解数与数之间的关系”。

其次,让幼儿了解学习知识对于自己的生活是有意义的,即通过生活赋予知识以意义。如《指南》科学领域“初步感知生活中数学的有用和有趣”这一目标,提出的教育建议是“引导幼儿感知和体会生活中很多地方都用到数,关注周围与自己生活密切相关的数的信息，体会数可以代表不同的意义”（具体如：天气预报中表示气温的数代表冷热状况；钟表上的数表明时间的早晚等）；“鼓励和支持幼儿发现、尝试解决日常生活中需要用到数学的问题，体会数学的用处”（具体如：拍球、跳绳、跳远或投沙包时，可通过数数、测量的方法确定名次；讨论春游去哪里玩时，让幼儿商量：想去哪里玩？每个地方想去的有多少人？根据统计结果做出决定）。

3. 集体教学活动和日常生活的联系与转化

教师进行了某一内容的集体教学活动后，如果部分幼儿对其中的某些内容还有学习兴趣，教师可以指导他们在日常生活中继续探究。同样，在日常生活和游戏中发现了很多幼儿都感兴趣、又适合他们学习的问题时，教师也可将这一问题设计成集体教学活动。

（三）领域教学活动并非一定由教师预设

在目标模式的思路下，主要的课程内容都是由课程开发团队或教师预先设计好的。这也是目前我国幼儿园课程设计和实施的主要方式，与领域或综合的课程组织形式无关。但如果学科课程脱离幼儿生活的弊端被放大，教师过于关注各领域知识的系统性和逻辑性，就可能脱离幼儿的生活，无视幼儿的兴趣和需要，强行向幼儿灌输一些不符合其认知特点的学科知识。在过程模式的思想指导下，领域课程的内容同样可以根据幼儿的兴趣生成彼此关联的新内容。生成课程的质量取决于教师对幼儿和各领域知识的了解程度。

（四）领域教学并非一定是单个的教育活动，也可以是围绕某个关键经验或概念进行深入探究的系列活动

由于过去的分科教学和早期的领域教学课程设计，多是以单个的教育活动呈现的，与综合课程的单元和网络截然不同。活动是个别的，还是以一系列或一个单元成组，并不是区别领域课程和综合课程的本质特征，按领域编排内容的课程也可设计成围绕某个关键经验或概念进行深入探究的一系列活动，以保证幼儿所获经验的整体性。根据内容性质的不同，系列活动可以是在短时间内连续完成的，也可以是在较长的时间里完成的。如在科学领域大班幼儿认识动物的内容，就可分解出多个次级概念：

·动物的种类繁多，其外形特征不同。

·各种动物的移动方式不同。

·各种动物所需食物不同。

·各种动物所居环境不同。

·各种动物繁殖哺育后代的方式不同。

·各种动物的成长变化不同。

·动物对人类的功用和害处。

为了直观起见，以上内容同样可以设计成主题网络图（图6–6）。

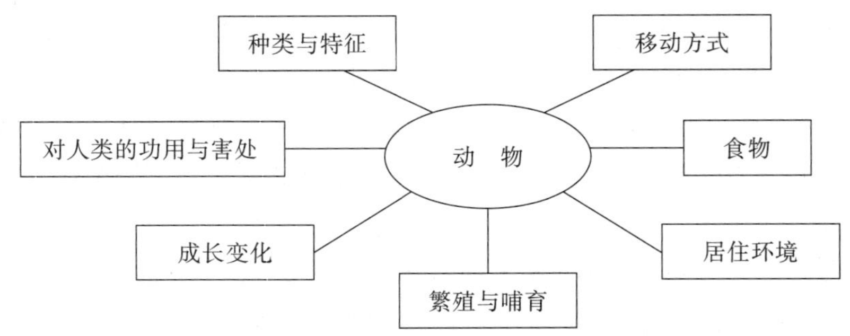

图6-6　动物主题概念网络图

除了从横向的层面分解概念而生成探究系列活动外，还有一种纵向的系列探究活动，比如，一些科学观察和实验活动需要长时间、分次数进行，从而比较其发展和变化。如下面两则案例。

例1：蜗牛喜欢吃什么（中班，短期）[①]

目标

1.在持续的喂养观察中不断发现、记录，了解蜗牛的食性。

2.能大胆地提出自己的见解，会与同伴合作实验。

3.能认真倾听同伴的发言，积极参与讨论。

准备

1.“蜗牛喜欢吃什么”“蜗牛先吃什么”观察记录表人手各一份；集体记录表“蜗牛爱吃的食物”。

2.蜗牛，分别放入可观察的器皿中，每组一份；各种食物。

3.步骤（三）进行前一小时，不要给蜗牛进食。

过程

（一）我的猜测（集体或小组，集中教学）

1.提出问题：蜗牛喜欢吃什么？

·幼儿针对问题在表中画出自己的猜测。

·交流各自的猜测。

2.教师提出观察要求：每位小朋友在以后的两天中，注意观察蜗牛的进食，可以根据自己的猜测给蜗牛食物，观察蜗牛对不同食物的反应，并且记录下来。蜗牛吃的食物用一种符号来记录，蜗牛不吃的食物用另一种符号来记录。

（二）我的观察（个别，日常活动）

幼儿在了解观察目的后，在日常活动中，有目的地针对自己的猜测，轮流给蜗牛喂一样食物进行观察，记录蜗牛进食情况。

①资料来源自人民教育出版社课程教材研究所、学前教育课程教材研究开发中心组编的《幼儿园领域活动课程教师用书》中班下册，人民教育出版社2012年版。

（三）交流讨论（集体或小组，集中教学）

1. 交流：我的观察

· 教师提问：你喂蜗牛吃了什么东西？哪些东西蜗牛吃了，哪些东西蜗牛没有吃？

· 幼儿一一介绍自己的观察记录，并将观察记录展示出来。

2. 总结：蜗牛爱吃的食物

教师和幼儿共同将观察记录归类到集体记录表“蜗牛爱吃的食物”中，如水果类、蔬菜类等。选出蜗牛喜欢吃的食物和蜗牛不喜欢吃的食物。

· 讨论：蜗牛爱吃的食物和不爱吃的食物有什么不同的地方？

3. 实验：蜗牛到底爱吃什么食物

· 设计实验方法：怎样来分辨蜗牛最喜欢吃什么食物呢？怎样做实验才公平呢？

· 了解实验方法：幼儿三四人一组，分别选一样蜗牛爱吃的和蜗牛不爱吃的食物，同时放在蜗牛的身边（前方等距离），观察蜗牛先吃什么食物，并将自己的观察记录下来。

· 幼儿实验。

· 集体交流与分享。教师提问，引导交流：大家是怎样实验的？你们看到了什么？蜗牛先吃了什么食物？有没有不同的发现？

· 针对幼儿的实验进行小结。肯定幼儿做实验的科学精神，鼓励孩子们继续大胆地进行科学实验。

建议

这组活动是持续观察实验的活动，步骤（一）和步骤（二）可以在周二或周三进行，步骤三可以放在周四或周五进行，中间要给幼儿留有观察的时间。

例2：树林里的游戏（中、大班，集体）①

目标

观察树木在四季中的变化，感受树林的美，培养爱护树木的情感。

准备

在幼儿园附近选择一片树林（最好有不同的树种，如：落叶树、常绿树，结果的树、不结果的树等），每个幼儿制作一张标记卡并写上姓名。

过程

活动（一）植树节前后　第一次到树林里去

1. 观察欣赏大树。

教师用问题启发幼儿：

看一看，大树是什么样子的？它们像什么？

找一找，哪棵树有叶子？哪棵树的枝条变绿了？

认一认，这些树叫什么名字？

比一比，哪棵树高，哪棵树矮？哪棵树粗，哪棵树细？

①资料来源自人民教育出版社课程教材研究所、学前教育课程教材研究开发中心组编的《幼儿园领域活动课程教师用书》中班下册、大班下册，人民教育出版社2012年版。

2. 找“树朋友”。每个幼儿选一棵树做自己的“朋友”，将事先准备好的标记卡挂在树上。

3. 给自己的“树朋友”画张像。

4. 和幼儿一起在树林中做“捉迷藏”“找树”等游戏。

活动(二) 春暖花开时 第二次到树林里

1. 观察树木。教师启发幼儿：找一找，哪些树长出了叶子？哪些树的枝条发芽了？哪些树开花了？看一看，自己的“树朋友”变成什么样了？

2. 再给“树朋友”画张像。

3. 教师和幼儿一起捡落下的花瓣，采野花、野草，制作花环。

活动(三) 夏季 第三次到树林里去

1. 观察欣赏。教师启发幼儿：

找一找，树林里发生了什么变化？树上的花哪儿去了？树上又长出了什么？听一听，是谁在树上唱歌？

仔细看，自己的“树朋友”又变成什么样了？

2. 幼儿给“树朋友”画第三张像，带回去和前两张比一比。有什么不同？

3. 讨论：在树林中玩，你感觉怎样？

4. 制作“大树林”壁画。回到幼儿园，让幼儿把自己的“树朋友”画像剪下来，贴到墙上。全班幼儿共同制作一幅“大树林”壁画。

活动(四) 秋季 第四次到树林里去

1. 观察。教师引导提问：树林里发生了什么变化？你的“树朋友”有什么变化？再给它画张像。

2. 幼儿自由地捡落叶、拾果子、做游戏。教师提问：你捡的落叶、果子是从哪棵树上掉下来的？树上的叶子为什么变黄(红)了？

3. 用捡来的叶子做游戏。数落叶，给落叶分类，玩“树叶找妈妈”的游戏，将落叶带回去做标本，做粘贴画等。

4. 回到幼儿园后，布置“秋天的树林”壁画，并用捡来的树叶、果实、树枝、树皮等装饰画面。

活动(五) 冬季 第五次到树林里去

1. 观察：让幼儿认真地看一看，找一找，想一想树林里有什么变化。哪些树的叶子掉光了？哪些树的叶子还是绿的？树上留下的是什么？地上留下的是什么？自己的“树朋友”怎么样了？

2. 回到教室后再给自己的“树朋友”画张像。把它和前几次的画像装订在一起，制作成一本“树朋友”的画册，请小朋友互相欣赏。

3. 讨论：树木在一年四季里有什么变化？树木对我们有什么意义？

|第三节|

幼儿园综合课程及其设计

一、幼儿园综合课程概述

（一）幼儿园综合课程的内涵

我国幼儿园的综合课程是由赵寄石教授正式提出的。1986年，赵寄石教授首先提出了"幼儿园综合教育结构"的概念，明确阐述综合是指"顺应各教育因素之间相互联系、相互作用的客观规律，把它们组成一个有机整体，使各因素在交互作用中积极发挥各自的功能，从而提高教育效益"。并进一步指出，"综合"包含了教育内容、教育手段和教育过程三个方面，以及主题活动、一日活动、个别活动三个层次的综合。这一概念的表述虽然尚未使用"课程"一词，但其内涵已经涉及课程层面。1990年，赵寄石教授又进一步提出了"幼儿园综合教育课程"的概念，指出其实质是"幼儿园整体教育，反映幼儿园的整体结构和内在联系，体现各部分之间的相互作用以及整体功能"。

随后，又有许多学者对幼儿园综合课程的概念进行了探讨[①]。如"幼儿园综合课程是指在幼儿园中，各种教育因素有机结合、整体作用，使儿童在与周围环境相互作用中获得系列有益性经验的计划"（李晓军，1999）；综合课程"是一种以儿童的直接经验和实际生活为基础，以儿童身心的均衡发展为最高目的，围绕着某一主题或话题，配合儿童的实际能力、兴趣和发展需要而展开的多层次、多角度、多学科甚至是超学科的教学活动"。（李辉，2003）

美国学前教育协会（NAEYC）把幼儿园综合课程表述为："在儿童的经验范围内提供有组织的主题或概念，允许儿童在从一个或多个科目中抽取出教育目标的学习活动中去探索、去理解和去参与。"

通过以上的概念辨析，我们可以总结出幼儿园综合课程的基本特点：(1)综合课程以主题或话题的方式组织课程内容。(2)综合课程的一个主题里含有两个或两个以上学科或领域的学习内容。(3)综合课程重视各学科或领域内容之间的有机联系以及对幼儿发展的整体价值。(4)综合课程强调关注幼儿的现实生活，多以自然、社会中的事件和现象为核心组织课程内容。

（二）综合课程对幼儿发展的价值

21世纪以来，特别是《幼儿园教育指导纲要（试行）》颁布以后，以主题的形式组织多个领域内容的综合课程越来越受幼儿教育理论和实践界的欢迎。大家熟知的幼儿园整合性课程、幼儿园主题建构（探究）式课程、幼儿园综合主题教育、幼儿园综合活动课程、项目活动、方案教学、瑞吉欧课程、光谱课程等，都是由多个学科领域交织而成的综合课

①转引自张金梅．幼儿园综合课程的内涵及其存在问题审思[J]．早期教育，2006(12)：4-5.

程。综合课程之所以受到欢迎,在于它与过去的分科课程相比,对幼儿的发展具有多方面的价值。

(1)综合课程有利于幼儿的经验内化和意义建构。

综合课程重视幼儿对某一问题或概念的深入探究,有利于发展幼儿的逻辑思维能力,促进幼儿对学习经验的意义建构和内化,有利于概念的形成和学习的迁移。

(2)综合课程更符合幼儿的思维和认知特点。

综合课程是以主题为核心,然后向外确立与主题相关的“大概念”,设计用来探索主题与概念的“活动”,其主要目的是充分探讨主题本身,并以概念来统整各领域的知识。这是一种完全打破了学科界限,按儿童的心理顺序或经验特点来组织学习内容的方式,有些内容是教师预先计划的,有些内容则是儿童在学习过程中生成的,并由教师结合预设计划或儿童的实际调整而成。

(3)综合课程是以儿童感兴趣的问题作为课程的开始和结束,更能激发幼儿的参与兴趣和解决问题的热情。

综合课程的主题一般来源于幼儿的个人生活、周围的社会生活以及自然界中幼儿感兴趣的问题。较为抽象的原理、概念类主题,也是以幼儿的问题引发的,能够激起幼儿的探索热情。如:从一些实验现象或孩子的日常所见产生的疑问入手,可以生发出探索风、探索水、探索动植物的生活等诸多的主题。

综合课程对幼儿发展的上述价值仅是一种可能性,运用得好,价值才能得以充分发挥。另外,综合课程也并不是解决所有问题的灵丹妙药,它也存在一些缺陷或不足,同时,它对教师的要求也比较高。

(1)受主题内容的限制,对某些内容可能探索不深,某些重要的学科知识可能无法纳入特定的主题,可能导致连贯的知识支离破碎,这同样影响幼儿的意义建构和知识迁移。

对于普通的幼儿园教师来说,既要照顾儿童心理发展的逻辑,又要考虑学科知识的体系,这是相当困难的。在两种体系都不太明了的情况下,一些教师们设计的主题大多围绕季节、节日、动物、植物等方面的内容进行,并且在小、中、大三个班还可能有重复的现象,结果很有可能导致幼儿的学习内容狭窄和肤浅。有些教师为了既要结合儿童的生活,又不削弱各学科知识,便在一个主题确定后,试图让每个领域都有活动,让幼儿忙碌地辗转于各领域,进行一些浅表的、形式化的学习。

(2)综合课程对教师的要求很高,包括要有较好的课程开发知识和足够用的学科知识。

综合课程是在深入理解各领域的内容之后进行的,教师只有充分了解各学科的内容,才能发现各科内容之间的内在联系,才能利用自己的课程开发知识,将其整合到新的主题活动里去。目前实践中出现的活动形式化是浅表化的原因,很多也是因为教师的学科知识不足造成的。

(三)我国幼儿园综合课程的产生和发展

我国幼儿园综合课程的实践,最早开始于20世纪20年代。陈鹤琴和张雪门等幼教前辈从改革中国传统幼儿教育出发，认为当时的分科课程割裂知识的联系，无视儿童的兴趣，极力主张综合课程。陈先生在南京开展的“单元教学法”，主张把儿童应该学的东西整个地、有系统地教给儿童，把各科功课打成一片，所学功课是无规定时间学的，所用的教材是以故事或社会或自然为中心的，或是作为出发点的。但是所用的故事或关于社会自然的材料，总以儿童的生活、儿童的心理为依据[①]。几乎与此同时，北方的张雪门先生受杜威教育思想的影响，也提出学科式的幼稚园课程不适合儿童生活的需要，编制课程“须根据儿童直接的经验”，“各科的界限以混合为主”[②]。

新中国成立后，由于全面学习苏联，幼儿园课程走向发生根本转变，分科课程几乎一统天下，单元课程被彻底否定。进入20世纪80年代后，幼儿园教育的观念日益多元，南京、北京、上海等地的幼教专家们认为幼小儿童的心智发展还处于混沌的、整体的、未分化的状态，分科课程各自为政、相互脱节的教学方式不适合幼儿的学习特点，于是提出了“幼儿园综合教育”的思想。赵寄石、唐淑等人与南京市实验幼儿园，率先从非常具体的角度提出了综合课程问题，逐步建立起幼儿园综合教育课程模式，引起巨大反响。这种综合性体现在三个方面和三个层次[③]。

三个方面的综合指教育内容、教育手段、教育过程三方面。教育内容的综合以幼儿认识自然和社会生活的内容为基础，确定每一阶段的教育内容，以“主题”的形式出现，尽可能将语言、数学、音乐、美术、体育等方面的有关内容结合进去，但不强求综合，各个方面各自的系统性仍然保持；教育手段的综合是指各种类别的游戏、上课、劳动、娱乐以及日常生活的活动各有其特殊作用，在运用时尽可能互相配合，发挥各自的独特性；教育过程的综合是指把认知、情感、行为、能力的培养结合在统一的过程中。这三方面的综合是就幼儿园教育过程的整体而言，至于各项具体活动的过程，各有一定的侧重点，为构成继往开来的整体而发挥各自的作用。

三个层次的综合指主题的综合、一日活动的综合、个别活动的综合。主题的综合是指各阶段以某个主题综合各方面的教育，使有关的内容得到有机的组合，由此改变分科教学各成系统分别进行的方式，当然这是就各个主题的整体而言，至于各项具体活动，仍有各自的重点；一日活动的综合是指把一日的各项活动组成连续的教育过程，不停留在各个片段上；个别活动的综合是指每项活动尽可能在各个部分自然的有机联系中进行，既要防止割裂，也要防止强求拼合。

南京、北京、上海的幼教专家们进行的课程多元化探索，打破了几十年来分科课程大一统的局面。1989年颁布的《幼儿园工作规程（试行）》也解除了对幼儿园课程的统一硬性规定，为综合课程的发展打开了政策之门。2001年颁布的《幼儿园教育指导纲要（试行）》指出，幼儿园教育的内容“可以相对划分为健康、语言、社会、科学、艺术等五个领域，也可作其他不同的划分”。这以后，综合课程改革试验的广度、深度和高度不断得到加

①转引自郑三元，张建国．学前教育学[M]．长沙：湖南大学出版社，2015:26.

②戴自俺．张雪门幼儿教育文集（上卷）[M]．北京：北京少年儿童出版社，1994:181.

③赵寄石．赵寄石学前教育论稿[M]．南京：南京师范大学出版社，2001:367-368.

强，改革的重点也从早期的探索内容选择和教学计划设置的结构层面，推广至课程的目标、内容、活动、评价等全方位，更加注重完整把握整体课程结构或课程体系。目前在我国幼儿园实践的整合课程、主题课程（或主题教学）、主题网络课程、方案课程（或方案教学）等都属于综合课程家族的成员。

二、幼儿园综合课程的设计

对于幼儿园综合课程的设计，本书也主要在目标模式的框架下进行探讨，当然，精心设计的课程也必须以儿童的发展为本，因此也不排斥在可能的情况下渗透过程模式的思想。下面从操作的层面逐一介绍其设计流程。

（一）根据国家要求和幼儿特点确定幼儿的发展目标

和领域课程的设计一样，设计综合课程时也需要首先分析国家的文件、法规等对幼儿园保育和教育的要求，如《幼儿园工作规程》对幼儿园保教目标的规定，《幼儿园教育指导纲要（试行）》和《3—6岁儿童学习与发展指南》对幼儿园教育的具体规定等。国家对幼教的要求是统一的、必须要达到的基本要求，在不同的地域、针对不同特点的幼儿，还需要制定相应的发展目标。因此，设计课程方案之前，必须明确适用对象，不同发展水平的幼儿、不同物质条件的幼儿园，对课程内容的要求不同。下面是某综合课程方案的幼儿发展目标结构示意图（图6-7）[①]。

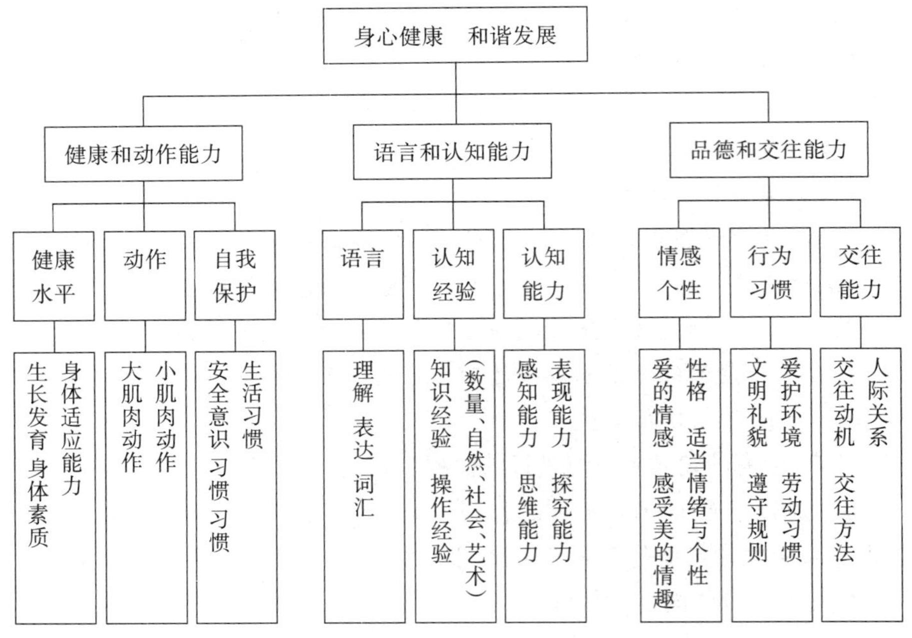

图6-7　幼儿发展目标结构示意图

①南京市实验幼儿园．幼儿园综合教育课程的建构和发展[J].学前课程，2007(5/6):50.

（二）制定针对各年龄班幼儿的教育目标和教育内容

确定好综合课程的发展目标后，接下来需要将发展目标中的三大方面分解成小、中、大班三个层次，便于教师根据实际水平不断调整目标，选择内容，以促进幼儿在不同水平上发展。同样，形成目标层次，使目标细化、具体化，也可以保证幼儿身心健康、和谐发展这一总目标的落实。比如，小班上学期的主要任务是入园适应，其主要目标可定为“接纳新生活”，以培养积极情感和初步的生活常规。小班下学期可定为“愉快生活”，逐步发展幼儿的行动能力和自信心。中班上学期刚升班，可着重发展幼儿的自我意识，下学期则可着重培养幼儿的自我保护意识和初步能力。大班上学期可主要帮助幼儿认识和调节自己的情感，以发展自我接纳、自我控制能力，到下学期则可让幼儿学习管理自己的生活和学习，如培养任务意识、责任心、坚持性、独立性等，为入小学做好准备。

为了保证幼儿学习内容的全面性和完整性，在学年或学期开始前同样需要列出各领域的发展目标。例如，中班幼儿各领域的发展目标为：在语言领域的发展是勇于表达，清楚地表达，具有阅读的兴趣等；在社会领域是初步认识自我，发展同情心，学习与人交往的技巧，关心周围社会发生的大事等；在健康领域，希望进一步提高幼儿的生活自理能力，发展小肌肉控制能力，多练习大肌肉能力等。

下面将幼儿的发展目标层次用一个图来示意（图 6–8）①。

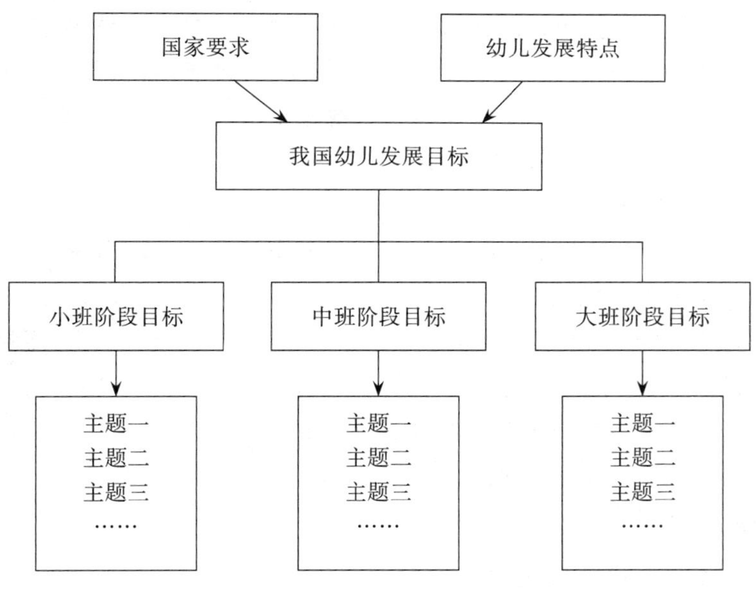

图 6–8　幼儿发展目标层次示意图

（三）根据各年龄班的目标选择相应内容，设计主题

综合课程一般是以主题的形式来组织课程内容，在清楚了年龄目标并规划了各领域的重点发展内容后，在设计主题时，就可以把学年初或学期初所定的各领域目标一一纳入，并随时记录目标达到情况，以便决定是否继续强化或加深、加广。虽然在设计综合课

①南京市实验幼儿园．幼儿园综合教育课程的建构和发展[J]．学前课程，2007(5/6)：50.

程的各教学主题时需要考虑各领域的目标，但主题的确定和展开却不依据学科知识的线索，而主要以幼儿的现实生活为基础建构。对于主题的来源，我国台湾和大陆的学者如黄炳煌（2000）、虞永平（2002）、陈圣谟（2003）、陈锦慧（2006）等都做过论述，如从重大事件、重要议题、人物传记、节庆、概念、学科或领域、文学作品等方面确定主题。本书从儿童生活的角度，大致将主题的来源归纳成以下三个方面。

1. 儿童生活事件（儿童与自我）

教育是培养人的，课程内容只有从儿童的角度出发，寻找与儿童生活相关的主题，才能引发他们的学习兴趣。幼儿园课程的主要任务是引导儿童学会生活，为他们一生的发展奠定基础。因此在确定活动的主题时，必须首先关注儿童自身的发展、关注儿童的生活世界。如“我上幼儿园了”“什么都吃身体好”“我真棒”“小心，别伤着”等主题就是从儿童自身的生活事件出发的。这种主题一般是发生在儿童自身生活中的真实事件，比较微观和感性，与儿童的生活近。

2. 社会生活事件（儿童与社会）

幼儿园教育的任务除了引导儿童自身的发展外，还要一个重要的任务是引导儿童了解社会、适应社会，更好地做一个社会人。作为主题来源的社会生活事件，必须是一些重大事件并且与儿童的生活有关或是儿童可能感兴趣的，其中还可综合多个领域的知识，可以通过完成这一主题的活动，扩展儿童的视野，培养多种能力和情感，是比较宏观和理性的，有很大的活动生成空间。如大型运动会、博览会、地震、台风等。一些节日和纪念日也可包含在这里面，如春节、端午、中秋等传统民俗节日，三八妇女节、五一劳动节、六一儿童节、十一国庆节等国定假日。

3. 概念、原理或规律（儿童与自然）

以抽象的概念或原理作为主题，因为它本身并不包含特定的内容，所以能打破学科的界限，让幼儿探究各个领域的诸多内容，如人与自我，人与人，人与自然，人与社会等，内容的广度和深度也可以依学习者的情况而定。如水、空气、声、光、电、能量、地球等。

不管是何种类别的主题，都不应该脱离幼儿的实际生活，尽量提供幼儿体验和参与的情境，某些无法直接观察或体验的原理、规律、概念等方面的主题，也需要考虑是否能通过情境设置等，这样可以有效地促进幼儿的学习迁移，使幼儿经历有意义的学习。

（四）主题的结构及表述

1. 写出主题的名称及设置理由

设计综合主题课程时，首先要写出主题的名称，这是大家比较认同的，但不一定认同写出设置理由。设计的背景或理由对于指导使用课程的教师非常重要，能够帮助他们了解开展此主题活动的必要性，大致了解本主题的重点内容是什么。

2. 列出主题的教育目标（或关键经验）

由于设计某个主题，是充分考虑幼儿的发展特点、兴趣和需要，以及各领域教育目标以后做出的决定，对于此主题的教育价值和关键经验应该是颇为了解了。由于一个主题包含的活动多，在确定和撰写目标时要注意全面地挖掘多方面的教育价值，即目标的全面性。

3.拟定主题活动纲要或绘制结构图

在确定主题和目标以后，接下来需要考虑的是通过哪些活动实现目标，即设计教育纲要或绘制内容结构图。包含活动名称、主要目标、组织形式（个别、小组、集体）、所涉及的领域、大致的时间等。此活动纲要可以用纯文字逐一描述，也可绘制结构图或网络图。

如下面大班的“中秋节”主题网络（图6-9）[1]。

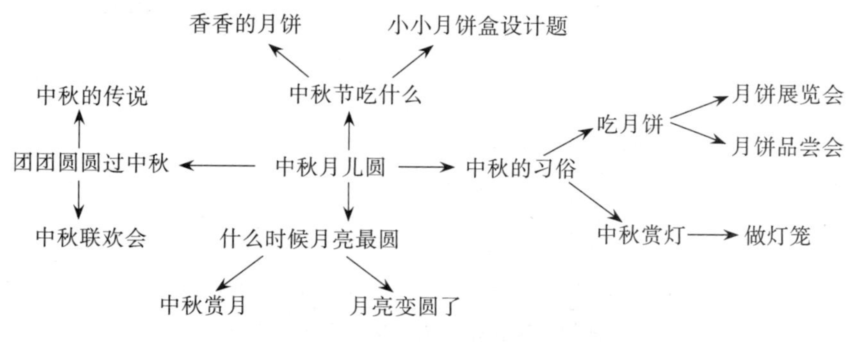

图6-9 “中秋节”主题网络图

4.设计帮助实现主题目标的非集体教育活动建议

帮助实现主题目标的非集体教育活动建议包括区域活动建议、环境创设建议、日常生活安排、家园共育要求等。这些内容虽然不像集体教育活动那样内容量大、占用时间多，但它们对实现主题的综合教育价值意义重大。综合课程的优点是可以实现经验的综合、知识的综合和活动的综合等，与区域活动和日常生活活动有较好的配合，还能进行教育方式的综合，对幼儿实施结合生活经验的潜移默化的教育。如果一个主题仅仅只有若干个集体教育活动，对幼儿经验的发展是不充分的。

5.设计和撰写各个教育活动

主题中各教育活动的设计和撰写与前面的“幼儿园领域课程设计”中的教育活动同样，都包括活动名称、目标、准备、过程、建议（没有要特别说明的，也不可以不写）等。需要注意的是，综合课程中的一个主题虽然涉及两个或两个以上的领域，但主题中的各个教育活动仍需要围绕某个概念或经验进行深入探究和意义建构，而非蜻蜓点水，进行形式的关联或综合，在20—30分钟的一个活动时段里强行辗转于多个领域。

6.评价教育方案

一个主题的教育方案设计完成后，可运用幼儿的发展水平和各领域教育的目标两把标尺对设计的内容和教学方式等进行检核评估，以发现是否遗漏重要的教育目标，教育内容和方式是否难易倒置，活动内容与目标的要求是否匹配，等等。对教育方案的评估项目可参考表6-4[2]。

设计的教育方案是否符合幼儿的发展需要，教学方式是否受幼儿喜欢，最重要的检

①李子健，杨晓萍，殷洁．幼儿园园本课程开发的理论与实践[M]．北京：人民教育出版社，2009：226.

②转引自冯晓霞．幼儿园课程（第2版）[M]．北京：北京师范大学出版社，2001：213.

验方式是看实际的实施效果。因此,教师在实施活动方案的过程中,要善于观察和记录幼儿的参与情况和反应,为修改已实施的主题,为新的主题文字设计提供信息和依据。一些和幼儿的生活联系紧密、能反复使用的主题,经过反复检验和打磨后,可作为经典案例保存下来,反复使用。

表 6-4　单元主题活动的整体检核评估表

单元名称:		班别:	
项目	内容	是	否
主题的选择	1.是否符合幼儿的兴趣和需要		
	2.是否包含多方面的教育价值		
	3.是否涉及多个学习领域		
	4.是否具有可行性		
目标	1.主题目标是否符合幼儿教育的目的和课程总目标		
	2.所有目标是否符合幼儿的发展水平		
	3.所有目标是否包含认知、情感、动作技能等领域		
	4.是否具有可行性		
内容	1.内容与目标之间是否对应		
	2.内容是否符合幼儿的发展程度(难易度)		
	3.内容是否符合幼儿的兴趣与需求		
	4.内容是否包含主要课程领域		
	5.内容是否动静态的活动均顾及		
	6.内容是否注意到季节性与地方性		
	7.内容是否注意到文化的传承与介绍		
	8.内容是否潜在地含有歧视性倾向(性别、文化、阶层、种族等)		
方法	1.采用的教学方法是否反映内容的特质		
	2.教学方法是否符合幼儿的学习方式和特点		
	3.活动流程的转换是否适宜		
	4.教具或资源的使用是否适宜		
	5.对活动过程中可能出现的问题是否有所准备		

(五)主题教学活动设计实例

前面介绍了主题活动的设计方法,为了让大家有一个直观的印象,下面展示一个结构完整的综合主题活动实例。

主题名称:长、长、长

设计背景

初春时节,万物复苏,小草偷偷地从泥土里钻出来,嫩嫩的、星星点点的绿,树枝上长出了小小的叶芽,一场春雨过后,草地上的绿又多了,枝头上的芽苞又悄然大了一些。一觉醒来，花草树木又变样了。“老师，小芽苞变大了”，“小树长出了绿叶”，“小草长高了”。孩子们惊奇地发现：花儿在长，草儿在长，树木也在生长。冬眠的小动物们从寒冷的冬天苏醒过来，枝头小鸟喳喳叫，河里小鱼游呀游，小动物们也在长。孩子们脱去厚厚的冬衣，在初春阳光的沐浴下快乐地游戏，快乐地成长。春天是一个生长的季节，充满了生机，充满了变化。

目标（关键经验）

1. 会用各种感官感知、观察春天的自然景象，在观察、照料动植物的过程中感受生命的存在。

2. 喜欢听故事，学习理解不同种类的文学、艺术作品，欣赏生活中的美好事物，提高审美理解力。

3. 能用语言清楚地与别人交流，乐于尝试用不同的文学、艺术的手段表现自己对春天的认识与感受。

4. 乐于参加集体、小组的活动，学习控制自己的情绪和行为，进一步学习遵守和维护集体活动的规则。

5. 关注事物的变化，学习根据问题收集记录并整理信息。

区域活动建议

区域名称	指导要点
美工区	·提供水粉颜料，让幼儿用吹画的方法表现春天的小草，用吹画与手指点画的方法表现春梅或桃花。 ·提供皱纸让幼儿用剪、卷、粘贴的方法表现迎春花。
科学区	·饲养蚕宝宝、小蝌蚪等，做种子发芽实验。 ·提供放大镜、观察记录表等，让幼儿在照料与种植的过程中发现、记录动植物在春季里的生长变化，感知动植物的生命现象，并与同伴交流自己的观察与发现。
语言区	提供有关春天的各种图片与图书资料，让幼儿阅读。
角色区	引导幼儿为玩具娃娃换上春天的服装，带娃娃外出晒太阳、逛公园，欣赏春天的美景。

环境创设

1. 将幼儿的观察发现与手工作品展示在“我找到了春天”主题墙饰中。

2. 提供盘子、罐子、瓶子等，让幼儿进行植物的发芽试验及饲养小动物等活动。

日常生活活动

1. 欣赏、学习儿歌《春娃娃》《太阳》等，感受春季的自然变化。

2. 利用散步等活动时间让幼儿寻找、观察周围的哪些东西在生长变化，并将自己的发现告诉同伴，如：大树的叶子越长越大，小鸡、小鸭等小动物越长越大，种植园地里的各种蔬菜越长越高。

3. 引导幼儿创编、仿编与春天有关的诗歌，并将幼儿的创编与仿编结果记录在成长记录册中。

4. 结合配套幼儿操作材料的画面学念儿歌《春娃娃》和《迎春花》。

家园共育

1.建议家长利用双休日带幼儿走进大自然去爬山、放风筝,让幼儿感受春天,并留下活动中的各种照片资料,加上标注,为幼儿提供一份成长的资料。

2.请家长鼓励或提供条件,让幼儿参与种植或饲养等活动。

集体教学活动安排

活动名称	目标(关键经验)	准备	过程
找春天	·感受、欣赏春天的美景,发现春天的季节特征,并能积极与同伴交流自己的发现。 ·有爱护花草树木的情感态度。	·已在幼儿园内观察、寻找过春天。 ·教师选择、确定观察的地点、路线。 ·请家长和幼儿共同准备:穿合适的鞋、衣服,带少量的零食和饮用水。 ·教师备好相机或摄像机,为幼儿留下成长的资料,便于幼儿今后回忆。	1.出发前准备 ·出发前与幼儿讨论活动的内容及注意的事项。 ·路上教师引导幼儿观察人们的穿着、活动与冬天时相比有什么不同。 2.有目的地观赏、观察 到达目的地后,教师可利用以下问题引导幼儿有目的地观赏、观察: 我们来到了什么地方?你发现了什么?春天在哪里? 太阳晒在身上感觉怎样? 这是什么花,它是什么样子的?又有什么花开了? 什么树发芽了?什么树开花了? 草地变得怎样了? 树上的小鸟在干什么,它们喜欢春天吗? 小河里有什么,春天里还有哪些小动物也出来了? 3.休息 组织幼儿休息、饮水与吃零食,同时教育幼儿爱护环境卫生,不乱扔垃圾。 4.自由活动 组织幼儿在较宽敞的地方进行体育或游戏活动,也可让幼儿进行自由的观赏活动。 5.返回 组织幼儿安全返回幼儿园,并利用休息时间让幼儿互相交流各自的观察与发现。 培养幼儿的口述能力。

续表

活动名称	目标(关键经验)	准备	过程
小熊种豆	·喜欢听故事,知道故事的主要内容,并能与同伴清楚地交流。 ·学习词语:急急忙忙、绿油油、纳闷。 ·知道做事情不能马虎。	1.小熊、小狗、小羊的玩具各一。 2.语言磁带《小熊种豆》。	1.引起兴趣 ·教师操作小熊手偶并模仿它的声音:“哎,你们在干什么呀,快等等我!” ·教师:“咦!小熊要去做什么?请大家来听一听这个有趣的故事。” 2.听故事 ·结合图画听教师有感情地讲述故事。 ·教师提出以下问题,引导幼儿熟悉故事内容: 故事里有谁?说了一件什么事? ·请幼儿给故事取名字:我们可以给这个好听的故事取个什么合适的名字呢? 3.进一步理解故事内容 教师利用录音与图片让幼儿再次倾听故事,并利用以下问题帮助幼儿理解故事的主要内容: 故事发生在什么时候?春天里小动物们都来做什么? 种过豆子以后,小熊做了哪些事? 小狗种的豆子长出了什么?小羊种的豆子长出了什么?(理解词语:绿油油) 小熊种的豆子发芽了吗?开花了吗?小熊感到怎样?(理解词语:纳闷,请幼儿来学一学小熊纳闷的样子。) 为什么小熊种的豆子没开花?如果你是小狗或者是小羊,你想对小熊说什么?
种子发芽	·初步了解种子发芽生长需要的条件,学习观察、照料自己浸泡的种子。 ·对小实验感兴趣,乐于动手操作。	1.收集用于浸泡种子的各种废旧器皿(如:酸奶杯、瓶子、罐子等)、铺垫材料棉花、木屑。 2.种子(绿豆、黄豆、红豆、花生米等)若干种,活动前带领幼儿认识各种收集来的种子。 3.幼儿已参与种子发芽实验,从中观察到其中一盆已发芽,其他两盆未发芽。	1.谈话引出活动 ·教师提问: 现在是什么季节?你看到外面的植物有没有发生变化?有哪些植物已经发芽生长? 小朋友们带来了哪些种子? ·教师提示幼儿:我们要来做一个有趣的种子发芽实验。 2.讨论种子发芽需要的条件 请幼儿观察图画中五盆种子的出芽情况,组织讨论:为什么有一盆种子发芽了,其他两盆不发芽?种子发芽需要什么? 3.做种子发芽实验 ·介绍材料:棉花、木屑、各种种子、器皿等。 ·让幼儿谈谈打算怎样做种子发芽的实验,可以请有经验的幼儿介绍做法:先怎样,再怎样。 ·教师边示范操作边引导幼儿一同说说做实验的步骤:先自选种子、器皿、铺垫材料,再将铺垫材料放在器皿里,再将种子放在铺垫材料上,最后加入适量的水。 ·幼儿自主操作,教师给予适时的引导与帮助。 4.讨论 引导幼儿讨论今后如何照料自己的种子,关心种子的生长。 延伸 1.教师提醒幼儿经常观察、照料种子,互相交流各自的发现,并举行有趣的竞赛活动,看谁的种子长得好,鼓励幼儿关注种子的发芽生长变化。 2.教师还可以带幼儿做更多的实验,如:植物吸水、植物生长的向光性等,进一步引发幼儿关注植物的兴趣。

续表

活动名称	目标(关键经验)	准备	过程
草地上的游戏	·熟悉音乐，能随乐句和节奏准确、合拍地做出相应的动作。 ·体验游戏中的交替规律及与同伴共同游戏的快乐情绪。	1.活动室场地上用垫子围摆成一大圈“草地”，每片“草地”之间有间隔，便于幼儿活动。 2.每位幼儿的右手上套一个花环。 3.配套音乐磁带《加沃特舞曲》。	1.小兔跳进场 ·教师扮兔妈妈带领“小兔”在音乐《加沃特舞曲》的伴奏下进场，到草地上做游戏。 ·幼儿想象做出各种小兔的动作，如：蹦跳、吃草、拔萝卜等。 2.欣赏音乐《加沃特舞曲》 ·幼儿与教师围成圆圈坐在“草地”上(每人一张垫子，盘腿坐)，听音乐并随音乐节拍做出各种动作。 ·集体交流，教师鼓励幼儿随音乐的节奏做不同的动作。 3.学习律动 ·教师将幼儿创编出的各种动作用游戏化的方式引导、帮助幼儿进行串联，并进行动作记忆。 如“我们坐在草地上做游戏，可以用小手自己玩。小手可以拍哪里?”(拍拍小手，拍拍自己的身体。“拍拍小手还可以和别人玩，可以拍拍别人的什么地方?”(肩膀、膝盖等，提示幼儿用戴花环的手去拍别人)“小脚也来参加游戏，腿可以做什么?”(伸伸腿，收回来)“小屁股也能怎么玩?” …… ·记忆动作顺序。 ·教师用哼唱的方法提示幼儿在乐句、节奏中准确合拍地做动作。 ·幼儿随录音音乐在教师的帮助下完整地表演动作两三次。 ·引导幼儿更换其中部分动作，继续游戏。
花儿与小草	·能按自己的意愿将方形纸撕成圆形、半圆形、长条或不规则图形，变化组合拼贴成花草。 ·能用各种创意和画面表现对春天的经验收获和想象。	彩色广告纸，教师将纸的四周撕成毛边，以防止划伤幼儿。	1.引入 ·教师以“超级变变变”的游戏形式向幼儿展示撕贴的过程，引起幼儿动手操作的欲望。 如：快速撕贴将方形纸变成花儿和小草。方法如：将绿色纸撕成细长条作草；撕的碎纸可撕开局部变成花朵。 ·教师出示广告纸，问：这是什么? 我们也来进行超级变变变，越变越精彩，看看这张纸能变成什么? ·幼儿用彩纸随意撕贴。 2.总结撕贴方法 ·教师用问题启发幼儿总结撕贴的方法，如：花儿和小草是怎么变出来的? 怎样撕?(四个手指头碰头，慢慢移动)怎样粘贴? ·让幼儿说说打算用桌上的广告纸变出什么样的花朵。(重点引导幼儿说出花瓣的不同形状以及不同的排列方法。) ·幼儿按自己的意愿在幼儿操作材料第21页上进行制作，教师适时引导帮助，并提示幼儿正确涂抹糨糊。如：在粘贴时，不要将花瓣全部涂抹上糨糊，可以只涂抹中间的一部分进行粘贴，这样有立体感显得稍活泼一些。 ·鼓励幼儿在撕贴好的作品上进行添画，添画上自己喜欢的小动物、昆虫或者人物。 4.欣赏交流 陈列作品，幼儿互相欣赏交流，感受各自的创意。 延伸 引导幼儿继续制作各种不同的春天花卉，并将作品布置在春天的主题墙饰中。

续表

活动名称	目标(关键经验)	准备	过程
小芽有多高	·尝试用在纸条上做标记的方法来学习测量、记录种子的发芽情况。 ·愿意在集体面前大胆表达自己的想法。	1.活动前几天已经做了种子发芽的实验,种芽已经有长高、长大的变化。 2.用来做标记用的纸条若干,观察记录本人手一册。	1.观察种子的生长变化 教师提示幼儿观察种子的生长变化: 前几天,我们浸泡的种子有变化吗?让我们仔细去观察一下。 你的种子变了吗?变得怎样? 2.给种子的生长变化做标记进行记录。 ·教师启发提示:谁能想出好办法,记录下我们的种子的发芽长大过程,看看种子能长得多高? ·帮助幼儿迁移已有经验:你在家里,爸爸妈妈帮你测量过身高吗?他们是怎么做的?(站在测量身高的标尺图片旁量一量,再画一画,留下一个记号就是自己的身高位置) ·教师出示纸条:这根纸条有用吗?你打算怎样用这张纸条来测量种子的高度呢? ·教师在引导幼儿的讲述中,示范测量种子高度的方法:重点引导幼儿将种子的一边与纸条的一边对准后,在芽的高度位置上画下标记。将多余的纸条剪去,剩下的纸条就是第一次测量得出的种子高度。将纸条粘贴在幼儿操作材料第25页的记录单上,并学习记录测量的日期。 3.尝试记录 幼儿尝试给自己的种子测量做记录。 4.分享交流 幼儿互相交流各自的测量结果,比较谁的种子长得快。 延伸 1.日常活动中引导幼儿经常关注自己的种子生长情况,并学会照料种子。 2.连续观察,根据种子的生长情况及时做好观察测量记录,巩固测量技能,对比、感受植物的生长变化。

续表

活动名称	目标(关键经验)	准备	过程
种青菜	·尝试在直线两侧行进跳,发展弹跳能力及灵敏性。 ·培养相互协作、互相帮助的良好品质。	1.塑胶拼板每人一块,2米左右的长绳或竹竿四根,纸片做的青菜每人一个。 2.录音机及音乐磁带。 3.场地布置。	1.铺路 幼儿分成四个小组,在教师的指导下,各自用准备的材料从家到青菜地分别铺四条路(如场地图所示),教师重点提醒幼儿之间相互协商,把路铺好。 2.小白兔练本领 幼儿分四组依次从铺的小路上练习左右行进跳,大家各自跳一个来回后,请跳得好的幼儿表演,然后幼儿各自选择一条自己喜欢的小路再次进行单双脚交替跳练习,教师重点提示幼儿要连续左右跳,身体不转动,双脚落地要轻,特别是在跳直线时,双脚尽量向斜前方用力跳。 3.种青菜 幼儿扮兔子,老师扮兔妈妈,"妈妈"提示"小兔子"说:"孩子们长大了,快帮妈妈种青菜吧。""小兔子"分四队一个接着一个跳着去青菜地假装撒青菜种子,然后直线跑回来。 4.给青菜浇水 "妈妈"提示"小兔子"说:"我们种的青菜口渴了,请小兔子帮助妈妈去给青菜浇水好吗?" 幼儿再一个接着一个跳着去青菜地假装浇水,然后直线跑回来。 5.拔青菜 教师将青菜卡片散落在青菜地,然后,"妈妈"提示"小兔子"说:"我种的青菜成熟了,请小兔子帮助妈妈把青菜拔回来好吗?"。幼儿再一个接着一个跳着去青菜地拿一张青菜卡片后,然后直线跑回来。 6.高兴的小兔子 "小白兔"一起把青菜送回小筐里。然后幼儿每人坐在塑胶拼板上,双手在身后扶地,双脚高高举起,反复做蹬腿运动。以达到放松双腿的目的。 建议 1.铺路的材料根据本班实际情况提供,可用其他废旧材料替代。 2.铺的路不能太长,根据幼儿的实际水平,游戏可以随时进行调整。 3.活动最后环节要使幼儿能充分地放松双腿,因此,时间不宜过短。

续表

活动名称	目标(关键经验)	准备	过程
我也长	·感受自己的身体在长大,能与同伴交流自己的发现,体验成长的快乐。 ·有良好的操作及收拾物品的习惯。	1.幼儿在家里与父母共同收集自己小时候的衣物(衣服、鞋帽、袜子、手套等)及手印、脚印等。 2.幼儿带一些自己从小到大的成长照片,教师将照片在展板上展出。有条件的也可以带成长录像。 3.活动室里有主题墙饰"成长树",教师将每位幼儿小班刚入园时的身高标注在大树干的相应位置上,标识可以用幼儿的照片。	1.引起兴趣 教师用小衣服引起幼儿活动的兴趣。 这是谁带来的衣服,请他来穿穿看。 这件衣服现在还能穿上吗,为什么? 2.区域活动 教师介绍各个区角活动,幼儿自由结伴到各个活动区角活动,感受自己在成长。 ·试穿小时候的衣服、鞋帽; ·观看成长照片; ·观看成长录像; ·用现在的手和脚与自己小时候印的小手印和小脚印比一比,看长大多少; ·和"成长树"比高(教师重点指导帮助,让幼儿互相帮助测量身高,并做好记录)。 3.分享交流 幼儿互相交流各自的发现、感受。 延伸 1.在日常活动中可引导幼儿进行讨论,"我是怎样长大的,成长需要什么?"了解成人对自己的成长关怀,了解生长需要的营养、运动、学习等。 2.鼓励幼儿做力所能及的事,让幼儿感受自己的成长变化及满足他们长大的需要。

续表

活动名称	目标(关键经验)	准备	过程
怎样吃长得好	·知道食物有荤有素,懂得要让身体长得好,应吸收全面、丰富的营养,养成不挑食、不偏食的进餐习惯。 ·初步了解并感受统计在生活中的运用。	1.幼儿每人做一份问卷调查:晚上吃的食物有哪些(见附表一)。 2.集体统计表一张(见附表二)。	1.交流 引导幼儿结合问卷,互相交流各自晚上所吃的食物。教师可提出如下问题: 人们的身体每天都在运动,都要消耗能量,所以我们每天都需要营养,营养从哪里来? 小朋友每天晚上回到家里,都吃些什么东西呢?请和你身边的朋友一起说一说。 2.集体交流并做统计,了解食物的多样性 ·教师出示集体的(如附表二)食物统计表,引导幼儿根据表内的内容进行统计。 如:请一位小朋友说说他家里的晚餐,幼儿判断所吃的食物属于哪一类(主食、荤食、素食、水果),初步了解食物的简单分类。 ·请全班幼儿根据个人问卷调查表的结果,按各类归并汇总,教师帮助记录到集体食谱总表中。 如:晚上吃米饭或者面条这样主食的请举手,吃过蔬菜的请举手,吃过荤菜、水果的请举手等。让幼儿从表中的数字感受到多数人的家庭晚餐中都会有主食,都是荤素搭配的,食物的品种较多,不是单一的。 3.了解人体需要吸收全面、丰富的营养 教师用问题引导幼儿讨论,从而了解人体需要全面的营养,如: 为什么这么多人的家里吃的东西都有许多种,而不是一种呢? 如果是我喜欢吃的东西一下吃许多好吗?为什么?那我们该怎么办? 如果是我不喜欢吃的东西,我就坚决不吃,行吗?为什么? 我们应该怎么吃才能长得好呢? 4.食谱评比 教师请大家来做营养师,对大家带回的食谱进行评比,为营养合理的食谱贴上★,不合理的帮它改过来,如将缺少的食物添画出来。 延伸 1. 日常生活中引导幼儿说说午餐的食谱里都有哪些品种,再次感受食物的多样性。 2. 教育幼儿学会不偏食、不挑食。

三、设计和实施综合课程应注意的问题

(一)综合本身不是目的,而是手段和方法

由于综合课程具有特殊的教育作用,所以设计、开发和实施深层次的综合教育(即综合课程或整合课程)似乎成为一种时尚。但一些幼儿园实验后,教师并未发现综合课程

对幼儿有什么特别的促进作用,反而增加了许多工作量。造成这种状况的原因是教师盲目地把综合作为目的,使综合教育包罗万象,变成“人为化的活动集锦”,而未顾及主题下各方面的教育内容是否具有相关性。也未顾及统领各领域教育内容的主题是否在幼儿的生活经验范围或理解范围之内,是否有助于幼儿获得发展。其实,在综合教育的各个主题中,强行纳入每一个领域的教育内容,是不需要也不可取的。能否把某一领域的教育内容综合到某一主题中,关键看是否能促进对主题概念的理解,是否能创造幼儿的有意义学习。正如有学者(Brophyt,Alleman,1991)指出的,所谓适宜的活动是因为它促进了重要的教育目标的实现,而不是因其贯穿不同的学科界限。

(二)各领域的教育内容必须自然联结

综合教育不是“拼合”教育,也非“多学科”教育。试想,认识了各种好吃的食物之后,难道一定得唱一首关于食物的歌或跳一曲有关食物的舞吗?综合教育的实质是把本来具有内在联系而又被人为割裂的内容重新整合为一体的教育模式。这种内在联系须是自然的和真实的,而非人为的和勉强的。其主旨与其说是建立联系不如说是发现联系。不仅是教师的发现,还要引导幼儿以自然的方式去发现和认识。在幼儿还没有认识各领域教育内容之间的关联和共性时,教师不能强加给幼儿。至于深层次综合教育即主题式综合课程的设计策略,课程专家比因(Beane)认为,课程设计始于一个中心主题,然后向外确立与主题相关的“大概念”,以及用来探索主题与概念的“活动”,其主要目的是探讨主题本身(如图6-10)。然而在多学科课程中,当一个主题被确定后,首先考虑的是每个领域可为主题贡献什么(如图6-11)。结果,各独立的教育领域仍被保留在内容体系中,幼儿仍需辗转于各领域,主要目的仍是各领域的内容和技能。即:多学科课程是以学科内容、技能作为课程的开始与结束,而综合课程是以儿童有兴趣的问题和主题作为课程的开展和结束,对主题概念充分探讨,并以概念来统整各领域的知识。

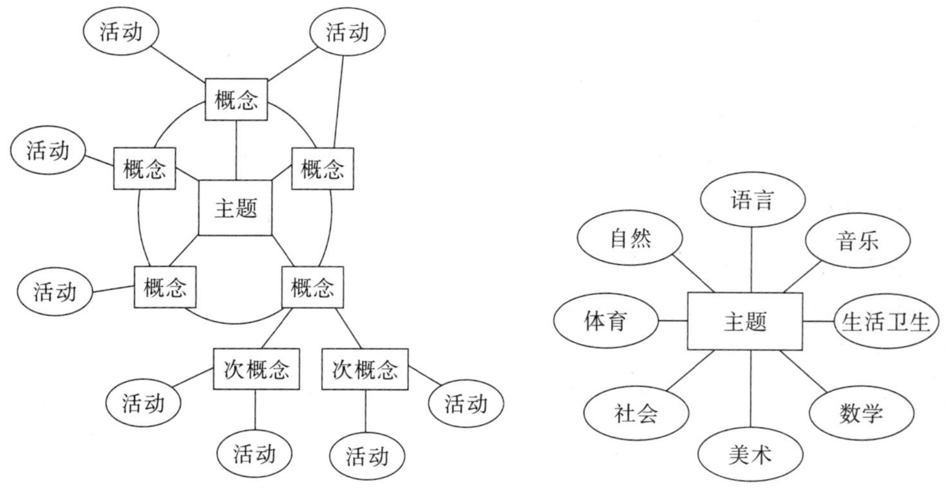

图6-10 主题式综合课程设计策略

图6-11 多学科课程设计策略

（三）综合教育并非抛弃所有的学科知识

有这么一种现象，因为综合教育是趋势，是方向，似乎再提各科或各领域基本的教育内容就显得很落后、很保守。于是，各种分领域教材教法的书不敢出了，教师们做活动小心翼翼，尽可能考虑形式的美观丰富和是否好玩。哪些活动对幼儿思维和能力的发展更有意义，怎样引导幼儿对感兴趣的内容进行深入探究和思考等问题却无暇顾及。其结果是教育内容肤浅，“愉快”有余，“学习”不足；“体验”有余，“思考”不足；“新奇”有余，“内涵”不足。实际上，实施深层次的综合教育并非抛弃所有的学科知识，每个领域都有促进幼儿发展的关键经验，只是以前太重知识点的传授和知识量的积累，如需要认识多少种动物，多少种植物等，为教知识而教知识。现在则需要激活这些知识，让幼儿利用它们来解决问题，来促进自己思维和能力的发展。选择与幼儿生活有关的主题，巧妙自然地将各领域的关键经验串起来，使幼儿既体验了学习的乐趣又得到了发展。可以说，主题是一种组织形式，各领域的关键经验是内容。只有形式而无内容的东西是空泛无意义的，只有内容而无形式的东西则是枯燥乏味的。两者的合理结合则能发挥最大的教育价值。

（四）教师丰富、正确的学科知识是实施综合课程的前提和基础

学科知识是教师专业知识的重要组成部分，不管何种课程模式，都需要教师的学科知识提供支持。比如做菜，准备好食材是前提，如果缺乏材料，再好的烹饪方法也派不上用场。在以前各地甚至全国统一课程教材的时代，课程内容因为是资深专家们精心编制的，很多教育活动由多方人士审定或在实践中验证过，教学内容的选择和蕴含教育价值的挖掘、教学目标的确定等，并非教师专业发展中所要关注的主要问题。但在目前提倡教师不仅要作为课程的实施者，还要成为课程的开发者的形势下，如果教师的学科知识不足，不仅可能影响对教育内容的选择和探究，甚至可能会教给幼儿一些错误的信息。

从这几年我国幼儿园教育中出现的问题来看，科学领域的教育虽然只是让幼儿探究身边的、粗浅的事物和现象，但由于这些事物和现象出现的原因涉及生物学、物理学、化学，甚至地理学、天文学等方面的基础内容，而这些知识又是教师们最薄弱的，因此会出现教师对教学目标和内容把握不准，对教学方法和材料的选用不当等问题。特别是在以科学教育为主的主题教学活动中，经常发现教师自行开发的一系列主题活动，各个活动之间要么缺乏一个核心概念进行串联，要么一个主题或活动包含多个互不关联的概念，给孩子的探究和思维带来混乱和困难。①

（五）找准主题的关键概念

教师只有充分了解各学科之间的异同点，才能发现不同学科之间的内在联系，才能用探究、分析与综合的方法去探索某一特殊主题或概念。选择对幼儿有意义的主题，从经验层次将多个领域的学习内容进行自然融合。特别是概念、原理或规律类主题，主题目标一定要明确，主题的核心概念一定要找准确，因为这直接影响主题教学的进程和效果。

---

①王冬兰，郎和．幼儿园科学教育中的科学性问题分析[J]．幼儿教育，2009(16)：10-12.

请看某教师设计的一个综合主题教学案例。

主题名称:植物(大班)

主题教育目标:了解植物的一些特征。

活动一:豆荚里的五粒豆

幼儿在教师的指导下阅读故事“豆荚里的五粒豆”,故事大意为豆荚里的五粒豆分别跳到了红、蓝、绿、黑等不同颜色的颜料盘里,还有一粒豆跳到了清水盘里。结果从不同颜色的液体里长出了不同颜色的豆芽。

分析:推测教师想通过故事设计情境,引入植物的茎会输送水分这一概念。

活动二:小实验 会变颜色的花

提供不同颜色的液体和几枝带茎的花,让幼儿将花分别插入不同颜色的液体里,过一段时间后观察花瓣的颜色变化。

分析:推测教师想让幼儿通过实验,发现花茎将颜色水输送到了花瓣上,使其变色。

活动三:植物长高了

让幼儿观察一段时间植物的小苗,并定期测量植物的高度,通过前后对比,发现植物长高了。

活动四:说说这些植物为什么会变颜色

请幼儿对比观察绿色的枫叶和红色的枫叶,青苹果和红苹果等,说说它们为什么会变颜色。

分析上面以“植物”作为主题的一组教学活动计划,存在的问题首先是主题名称太大,难以把握要点。其次,主题教育目标“了解植物的一些特征”,指向不明确,植物的特征很多,究竟要了解哪些特征?并且在一个主题的有限活动里,幼儿能了解多少个特征?由此产生的第三个问题是,主题里的四个教学活动并非围绕一个核心概念来进行,导致不知这一主题想要探究的主要目标什么。因为这四个活动至少出现了几个重要的概念:第一,植物的茎会输送水分(活动一、活动二);第二,植物的茎会长高(活动三);第三,植物的叶子遇冷会变颜色(活动四);第四,果实成熟了会变颜色(活动四)。

前面在讨论综合课程的含义时,我们已经明确了,综合课程一般用主题作为组织内容的核心或焦点,然后围绕这一核心设计和组织一系列的教学活动,从不同的方面或层次探究主题所包含的核心概念。打个比方说,主题的核心概念就像一根看不见的线,主题里的一个个活动则是串在线上的一粒粒珍珠。如果一个主题太大,太泛,课程设计者本身就没明确要探究的焦点或核心概念是什么,设计的一系列活动当然无法通过内在的概念或原理串起来,而只能在“变颜色”这种字面的或表象的东西上做文章。实际上,树叶遇冷变颜色或苹果因成熟变颜色与活动二中的花变色是完全不同的概念。这样的主题进行后,对于幼儿的概念形成不仅没有帮助,反而会引起认识上的混乱。

(六)灵活安排教学时间

综合课程中每个主题的内容是一个整体,里面包含的各领域教育内容可能并不相等。如果仍运用过去分科教学的课表,将每个领域的活动零散切割,势必影响幼儿的连续探究和整体认识，难以实现主题教学的精神。因此，综合课程需要改变原来分科课表的安排方式，设立连续的、大区块的时间。比如前面探索植物茎的案例，严格地说，这是一个以科学探索为主的主题，如果按每周一个科学活动的教学时数安排，此主题将需要历时4周。在这么漫长和零散的时间里，幼儿的兴趣点和注意力可能早就分散或转移了，恐怕难以达到设计者的初衷。

思考与练习

1. 什么叫目标模式？目标模式课程包含哪几个基本要素？

2. 什么叫过程模式？过程模式的基本理念是什么？

3. 简述幼儿园领域课程的含义和特点。

4. 幼儿园的领域课程与中小学的分科课程有什么不同？

5. 幼儿园领域课程的设计流程主要包含哪几步？

6. 收集一所幼儿园或一套课程方案中某个领域（如科学、语言等）的学期教育目标和内容，分析其优缺点。

7. 设计一个教育活动的要素有哪些？请以某个领域的教育为例，设计一个完整的教育活动。

8. 设计幼儿园领域课程时需要注意哪些问题？

9. 简述幼儿园综合课程的含义和特点。

10. 幼儿园综合课程中的主题来源有哪些？

11. 幼儿园综合课程的设计流程主要包括哪几步？

12. 收集一所幼儿园或一套课程方案中的一个单元主题，了解一个单元主题所包含的基本内容，分析其优缺点。

13. 设计幼儿园综合主题活动时应注意哪些问题？

14. 请为某个班级选定一个单元主题，设计一个完整的单元主题活动。

拓展性阅读导航

请收集我国有代表性的几种幼儿园课程方案，分析它们的课程模式是什么，体现了怎样的设计理念，在方案的撰写上各有什么特点。

下面提供几套在我国影响较大的课程方案，供收集时参考：

（一）分科或分领域课程方案

1. 我国的第一套幼儿园统编教材，共七科，分别为语言、计算、常识、体育、游戏、美术、音乐小班、音乐中班、音乐大班（俗称七种九册），于1982年由人民教育出版社出版发行。目前不易获得，但一些图书馆可能有收存。此为典型的幼儿园分科教材，对于了解我国的幼儿园课程和教学历史具有价值。

2. 冯晓霞、卢尊容主编《幼儿园教育活动》，人民教育出版社1994版。此套课程是我国最早的幼儿园五大领域课程探索，从某种程度上看，也影响了《幼儿园教育指导纲要（试行）》中的领域划分。也可参看南京师范大学出版社1995年出版的幼儿园五大领域课程，此套课程用书对五大领域的划分在名称上与新《纲要》完全一致。

3. 赵寄石、唐淑主编：《幼儿园渗透式领域课程》，南京师范大学出版社2005年版。

4. 人民教育出版社课程教材研究所、学前教育课程教材研究开发中心组编：《幼儿园领域活动课程》，人民教育出版社2012年版。

（二）综合课程方案

1. 周兢、陈娟娟主编《幼儿园活动整合课程》，南京师范大学出版社2002年版。

2. 中国学前教育研究会编《幼儿园建构式课程指导》，华东师范大学出版社2003年版。

3. 课程教材研究所、幼儿教育资源研究开发中心组编《幼儿园活动体验课程》，人民教育出版社2005年版。

第七章
幼儿园课程经典模式

【内容提要】

中国自1903年湖北武昌蒙养院建立开始到现在，幼儿园教育发展的历程就是不断地向西方发达国家学习与探索本土化的过程。教育的发展要面向世界，向发达国家学习成功的幼儿园教育经验并结合我国的实际进行幼儿园课程改革是发展幼儿园教育的重要途径之一。学习、借鉴国外的幼儿园课程设计模式绝对不能抱着“拿来主义”的理念进行，一定要取其精华弃其糟粕，结合中国的文化与实际进行改造，使其适合中国的土壤。本章主要介绍了国内外经典的幼儿园课程设计的模式，重点介绍了这些课程模式的目标、内容、实施与评价。

【学习目标】

1.能够掌握国内外经典的几种幼儿园课程设计模式的目标、内容、实施与评价的相关知识。

2.能够理解不同幼儿园课程设计模式的理论基础和价值取向。

3.能够通过对不同的幼儿园课程设计模式的学习，将其应用到教学实践中。

【关键词】

课程模式　幼儿园课程模式　主题教学活动课程设计　银行街课程模式

高瞻课程设计模式　华德福课程设计模式

|第一节|
银行街课程模式

我们的工作基于这样的信念——人类可以促进他们创造的社会的发展。

——露西·米切尔(银行街教育模式创始人)

一、发展阶段

银行街模式(也可称为"发展—互动"模式)的发展大致可以分为三个阶段,即1916年至20世纪20年代、20世纪30—60年代、20世纪70年代至今。

(一)1916年至20世纪20年代

1916年露西·米切尔(Lucy Sprague Mitchell)和她的丈夫韦斯利·米切尔(Wesley Mitchell)以及同事哈里特·约翰逊(Harriet Johnson)一起在纽约成立了教育实验处(The Bureau of Educational Experiments),此为银行街教育学院(Bank Street College of Educa - tion)的前身,并聘请了医生、社工人员以及其他专业人员担任教师。他们的目的是将扩大心理意识与民主观念的教育结合起来。研究人员和教师研究幼儿,以找出什么样的环境最适合儿童的学习和成长,然后创造这种环境,并培养成人维持这种环境。

1921年,露西·米切尔出版了第一本银行街教育刊物:《此时此地的故事书》(Here and Now Storybook),目的是改善儿童的文字素养能力,后成为教育儿童主要的教科书。

(二)20世纪30年代至60年代

此时期的银行街教育模式的发展主要受到美国开端计划(Head Start)的影响。1965年,美国通过《人权法案》(Civil Rights Act of 1965),银行街教育学院配合《人权法案》支持下的开端计划而建立诸多工作小组。例如建立全美第一个开端计划方案(Head Start Programme):"第42街学前儿童开端计划培训中心"(42nd Street Early Childhood Model Head Start Training Center),使得银行街研究部门成为美国国家的研究中心。

1968到1981年之间,银行街教育学院成为美国联邦政府支持下的单位之一(Fed - eral Follow Through Programme),主要为经济地位不利者的(economically disadvantaged)小学教育提供资助。

(三)20世纪70年代至今

1970年银行街教育学院的原址(Fleishman's Yeast Building)已不敷师生使用,遂搬迁至曼哈顿。

1971年银行街教育模式正式更名为"发展—互动模式"(Developmental- Interaction Approach),课程形式不再以教师的实务为引导,而是根据概念化与系统化的课程来引导学生,以对抗当时的行为学派和认知学派强调"认知"的认识。

1972年"新视角"(New Perspectives Programme)项目设立,吸引诸多学生来银行街教育学院学习,进行为期1—2周学前或初等教育培训课程的学习。

1976年银行街教育学院开展博物馆研究所课程,开始培养具有博物馆实务经验与教育知识的专业人才。

1980年至今银行街教育学院陆续发展资讯教育课程。

二、银行街课程模式的理论依据

这一课程模式是建立在多元化的理论基础上的,这与20世纪60年代出现的其他以单一理论为基础的各种课程方案有着很大的不同,银行街早期教育方案的理念至少来源于三个方面:

一是弗洛伊德及其追随者的心理动力学理论,特别是诸如安娜·弗洛伊德(A.freud)、埃里克森(Erikson)等一些将儿童发展放置于社会背景中的学者的理论,强调情绪、动机以及自主性等方面的发展;

二是皮亚杰(Jean Piaget)、温纳(H.werner)等一些研究兴趣在于儿童认知发展的发展心理学家的理论,这些心理学家对教育并不特别关注,但是银行街课程模式一方面运用了这一学派来应对当时盛行的行为主义学派,另一方面,这一课程模式十分重视用环境的创设来引发儿童的自由活动,皮亚杰理论对主体与客观环境相互作用的强调,与其基本主张不谋而合,并为其开创了一个看待环境创设问题的新角度[①];

三是约翰逊(H.Johnson)(银行街早期教育方案创建主任)、艾萨克斯(S.Isaacs)和米切尔(L.Mitchell)等一些教育理论和实践工作者以杜威理论为基础,开始建构银行街教育模式的奠基工作,这一课程模式也借用了莱温(Kart Lewn)、维果茨基(Vygotsky)等人的理论,后来比伯(Biber)长期参与,协助他们将心理学与教育学理论结合,并将理论与实际相结合。

其理论依据所包含的最重要的六原则[②]是:

(1)发展不是量的变化,而是质的转变。

(2)个人的发展不是固定在发展线上的某一点,而是在一个可能的范围内进行变化,上一个阶段的成长是下一个阶段成长的基石。

(3)发展的过程中包括了稳定性和不稳定性。教育者的责任就是在于发现并协助幼儿强化新的理解,以及提供幼儿成长与挑战间的平衡点。

(4)幼儿随着年龄的成长,其与外界互动的动机也越强烈,形式也越多。

(5)幼儿的自我概念来自他与别人或别的事物互动后的经验。

(6)成长过程中充满冲突,包括自我的冲突、与他人的冲突,这些都是发展过程中不可避免的,其解决办法也受到文化和他身边重要人物的影响。

---

①孙贺群.嬗变与走向:美国学前课程发展变革的历史研究[D].长春:东北师范大学博士学位论文,2011:94.

②简楚瑛等.幼教课程模式:理论取向与实务经验[M].台北:文景出版社,2002:417-418.

三、银行街课程模式的要素

（一）课程目标

20世纪70年代，银行街课程正式更名为发展—互动课程，就是希望用这个新的名称将课程内涵概括出来。其中，“发展”指儿童身心的自然成长规律，“互动”指儿童与周围社会环境和物理环境的互动，同时也指认知与情感的互动。发展—互动课程的倡导者认为认知、情感和社会化的过程是相互影响，相互依赖的。比伯等人的基本信念是：认知功能的发展——包括获取信息、处理信息、判断、推理、问题解决、使用符号系统——是无法和个人的成长以及人际交往过程——自尊的发展、认同感的发展、冲动控制的内化、自主反应的能力以及与他人的联系——相互割裂。[①]即其课程模式不仅关注智力和学业，更关注认知、情感，社会性的综合发展目标。

该课程的基本理念是儿童认知发展及其个性发展是与其社会化的过程不可分离的，托幼机构应是社会的一部分，它与家庭和社会其他机构分担对儿童的教育，它不应被看作是“学课”的地方。因此，其教育目标应依据发展的过程，而不是特定的学业成就。由此，托幼机构的教育目标首先是培养儿童有效地作用于环境的能力，包括各方面的能力以及运用这些能力的动机；其次是促进儿童自主性和个性的发展，包括自我认同、自主行动、自行选择、承担责任和接受帮助的能力；再次是培养儿童的社会性，包括关心他人、成为集体的一员、友爱同伴等；最后是鼓励儿童的创造性。这些目标都很宽泛，应根据儿童发展的阶段和文化背景的适应性来加以思考和具体化。

综上所述，其课程目标分为广泛性目标和精准性目标。

1.广泛性课程目标[②]

(1)提升能力。在发展—互动课程中“能力”的含义，既包含客观性的知识技能，同时也包含了主观性内涵，如自尊、自信、自我效能感、卓越的表现、表达能力、沟通能力等。

(2)独特个性。这个目标强调对自己独特性的了解，自己对自己在生活中所扮演的不同角色的知觉与分辨，同时根据对自己能力的认识及他人对自己的印象建立自我价值感。(这部分目标有些和第一个目标是重合的，不能清楚地划分开)。

(3)实现社会化。使儿童学会自我控制以保证课堂中的社会秩序，处理好自己与他人的关系，调整自己的行为并使其内化为规则。

(4)培养创造力。创造力表现在表达、情感、构想、逻辑、直觉等各个方面。创造力的表达形式很多，包括：律动、绘画、雕塑、旋律、数学与科学的构想等方式。

(5)具有整合能力。包括儿童对内心世界与外在世界的整合、思想与情感的整合，以及以上目标中提到的各种能力的整合等。这个整合过程被认为对于创造性和最大限度地参与学习来说是至关重要的。

---

①斯泰西·戈芬，凯瑟琳·威尔逊.课程模式与早期教育(第2版)[M].李敏谊，译.北京：教育科学出版社，2008：104.

②简楚瑛.学前教育课程模式[M].上海：华东师范大学出版社，2005：62.

2.精准性目标

(1)让幼儿通过和环境直接接触与操作来满足其需要,包括对物理世界的探索和提供建构、操作性的活动。

(2)通过认知策略增加扩展不同经验的机会,包括扩展信息的接收和反应机会,扩展表征的模式、语言的发展等。

(3)提升幼儿有关周边设备的认识,包括观察学校里外的环境,讲故事,讨论幼儿听到的当时在社会上正发生的重大事件,如战争、示威、游行、地震等。

(4)支持能提供各种不同经验的游戏,包括提供幼儿想象游戏时所需的道具与舞台设备,让幼儿有超出现实的自由和再现,预演经验的机会。

(5)帮助幼儿将行动的控制予以内化,设定一组不具威胁性限制,如规则,建立功能性的成人权威角色。

(6)符合幼儿在其发展阶段中回应问题的需求。例如,当幼儿与熟悉的环境分离时应予以安慰,使其情绪和缓。协助处理从家庭带到学校会引起冲突的特质,要能接受幼儿独立与依赖的冲突。

(7)协助幼儿发展成一个独立、有能力的人,包括增加幼儿有关自我的知识,更进一步地统整自己。

(8)帮助幼儿建立互动过程中相互支持的模式,包括建立成人与幼儿、幼儿与幼儿之间非正式的、口语与非口语的沟通渠道。为幼儿提供合作和团体活动的机会。提供支持的成人角色。建立人际间价值观点交流的模式。

(二)课程的选择与教学原则

20世纪六七十年代的银行街课程模式并没有规划出具体内容,而只是提出了一些基本的原则,这些原则提示了儿童应该掌握的知识或技能。教师将在原则指导下自由地选择教育内容,因此课程内容具有很强的灵活性和生成性。下面将列举出一部分原则:

(1)儿童在教室里经验到的不同经验,正是儿童提升语言能力和思考过程中的主要素材;

(2)将儿童的经验与类化的主题联结,以协助儿童了解;

(3)提供给儿童的活动能让儿童将他们对周围环境的兴趣与想法表达出来和加以精进化;

(4)戏剧式游戏有助于儿童各方面的发展;

(5)课程内容应反映两个主要的主题:方法和起源的问题。方法如做一样东西,修理、装订一样事物的做法和过程。起源的问题如某样东西是怎么来的、何时出现的等问题;

(6)教师在设计课程时要以幼儿生活环境、关心点为基础去做计划;

(7)课程的组织要有弹性,这样幼儿才能在已建好的课程框架中去做选择。

（三）课程内容

从前面列出的与课程内容选择明显相关的原则中，我们不难发现这一课程模式对儿童现实生活经验和兴趣的强调，并倾向于选择发展儿童实践活动能力的经验，而对发展智力技能的内容却并未偏重。具体来看，其课程的核心内容主要是围绕"社会学习（Social studies）"而组织起来的，是整合式的课程。其学习内容主要包括：(1)人类与周围的自然环境；(2)人与家庭、社区以及更广阔的外在世界的关系；(3)代际之间的联系与沟通；(4)通过神话、宗教、科学、艺术来了解生命的意义；(5)受某种价值观支配的个体和集体的行为；(6)将变化视为生活的常态；(7)学会如何解决问题。①该课程以上面内容为主题，以整合的方式整合美术、音乐、数学、科学、阅读、书写等各种不同的经验，并促进儿童社会性、情感和认知等各方面的共同发展。

那么，其社会学习是对人类世界的整合研究，包括过去、现在及未来，经由讨论、动手做、戏剧扮演、参观等方式，使孩子主要从直接经验中去学习，他们也同样从其他途径获取更直接的知识，如书籍、博物馆、图片、文档和计算机等，通过这些工作来了解一些互相关联的概念，也就是社会学习的意义在于看到自我和家庭、社区、社会、世界的关联。所有的社会学习课程致力于拓展幼儿的读写等发展技巧。每一次的社会学习，幼儿都有机会参与跨学科活动，在各种不同的方式中丰富他们的学习。

简单来说，这个课程是为了增加孩子对其周围世界的了解，学习的主题要配合孩子的发展、兴趣；课程的主要内容是人类随时间而展示的生命本质以及周围世界存在物的联系和关系；可以分为生存、社区、延续、意义、价值观与改变。其具体的课程内容如下：

1.识字能力课程

(1)有能力与自己、他人以及物质世界交流和表达。

(2)欣赏他人的观点。

(3)有理解故事的能力。

(4)能够在口语和书面语之间建立联系。

(5)对符号表达感兴趣（如数字、绘画、字母、声音等）。

2.数学课程

(1)掌握数字间的关系，会数数。

(2)数字间的一一对应。

(3)测量。

(4)看懂图案。

(5)关于空间几何、形状、体积的理解。

(6)估测。

(7)排序和分类。

(8)理解图示的数据。

---

①Day M C, Parker R K. The preschool in action: Exploring early childhood programs (2nd Edition). Boston: Allyn & Bacon, 1972: 432.

3.科学课程

课程力求使孩子发展探索与尊重周边环境的态度。

4.西班牙语课程

(1)教师与学生合作,并以歌曲或故事等形式进行教学。

(2)教师将语言学习分成多个具体课堂单元。

(3)在诸如家庭、市场、面包房等场所教学。

(4)依赖玩耍式和小步骤的方式学习。

5.艺术与采购课程

在银行街课程模式的教室里,油漆画、素描、泥土、拼贴画、建构物品以及砖块、木头等是不可缺少的材料。

关注艺术产生过程的问题,激发孩子个人或者团体的艺术创作动机。

6.音乐课程

(1)建立在孩子对音乐的自发感知上。

(2)学习歌曲,开展律动游戏,表演打击乐器。

(3)每周都要举行家长参与的音乐集会。

(4)出游,到田野里聆听春天的歌曲。

7.图书收集课程

(1)孩子可以和教师一起有组织地或者自愿访问图书馆,在这一过程中,孩子可以学会倾听、讨论和选择图书的相关技能。

(2)儿童还可以学会如何寻求帮助,如何爱护共有的资源,学会图书馆相关礼仪、安全规则以及具有一定的图书甄别能力。

8.运动与健康教育课程

(1)幼儿通过感官的体验认识自己的身体以及周围的环境。

(2)孩子可以利用公园等场所来探索并拓展他们的运动能力。

(3)在体育课上,多开展一些简单的团体协作游戏,如体操、翻滚等。

(四)课程的教学方法

1.环境的规划

银行街的教室是动态的环境,赞成积极地参与、合作与独立,各种形式的表达与交流。有成套的中空积木、黏土、颜料、水、沙、纸、蜡笔、木头等较低结构化的材料,有吸引力的活动、探究、想象和转换。同时,也有较结构化的材料,如拼图、操作材料、积木、教师制作的材料、纸等等;有关各种话题的图书。空间的布置为扮演游戏、积木搭建和集体教学活动,以及独自活动或小组活动提供充足的场地。时间的规划方面,灵活的时间表为幼儿积极地探索材料的潜在功能、设计远足,参与展开想法和兴趣,及共同活动提供延伸的空间。[①]为了让幼儿有秩序的感觉,每天作息的安排是有一定顺序的。

---

①贾珀尔·L.鲁普纳林,詹姆斯·E.约翰逊.学前教育课程(第三版)[M].黄瑾,裴小倩,柳倩,等译.上海:华东师范大学出版社,2005:346.

强调空间的安排要兼顾个人活动与团体的需求;有接触各种不同活动的可能性,幼儿有选择活动的机会。整个环境所提供的就是一个快乐的、学习的、生产式的社会环境。典型的银行街模式的教学活动区域的规划是界限清楚、功能分明的。教材强调提供给学生的材料应该是能让幼儿自发探索、实验和表征的素材。非结构性的材料,如积木、黏土和水等等,是让幼儿自由运作的最佳材料。教材应放置在开放式的架子上,让幼儿可以自由取用。

2.教师的角色

强调教师在幼儿认知发展和社会情绪方面所扮演的角色。

(1)认知发展方面。

①评量幼儿的思考,然后在控制下加强幼儿对概念的精熟程度或拓宽内容范围。

②对幼儿的反应、困惑或建议,应给予口头上的回应、澄清重述和纠正。

③培养幼儿直觉和联络性的思考。

④提出问题以提升幼儿归纳性思考的能力。

(2)社会情绪发展方面。

①受心理学影响,教师是幼儿可以信赖的一个重要人物,一旦幼儿离开家庭,接触到一位可以信任的教师时,他就会有安全感,容易接受别的事物,这将有助于幼儿克服分离焦虑以及离开家庭走入另一个社会时所面临的冲突。

②教师的鼓励与支持,以形成幼儿自发型的自我。银行街模式强调发展幼儿的信任感,因此教师的角色具有相当权威性。其所强调的权威性,是属于一种积极性的动机面,而不是顺服在权威下。唯有幼儿对教师信任时,他才能接受教师是广大社会性事物和社会道德规范的代表的权威,也必须在幼儿信任教师时,他才敢接受教师在控制幼儿冲突时的权威性。

(五)课程的实施

课程实施主要利用课程轮和主题网这两个工具。

课程轮(curriculum wheel)类似于我们平时所说的课程网络图,中央是所选择的主题,轮辐间的空间是教师设计的各个活动,可运用此工具计划、统整各学习区的活动,使社会学习的内容丰富而多元,允许教师根据需要加以更改、增加或删除。

实施步骤:

选择主题 ——→ 确定目标 ——→ 收集资料 ——→ 开展活动

家庭参与 ——→ 高潮活动 ——→ 观察和评价。

(六)课程评价

评价是银行街发展—互动模式的有机组成部分,它为教师了解儿童如何学习和成长提供了手段,也为教师提供了课程计划和决策的原则。与追寻高水平学业成就的评价不同,银行街长期主张更宽泛的评价方法,这种评价立足于理解儿童如何了解属于自己的世界,并为儿童提供一系列的机会让他们表达自己的理解。基本技能和学科知识固然是基础，但是，在与环境互动时，儿童的态度和个性特征同样重要，例如，儿童的独立精神和合作活动的能力、开展活动的能力，以及成为有社会责任感的社区公民等。[①]

运用银行街发展—互动模式的教师必须遵从教育主管部门颁布的教育测试和评估规定。此外，评价要严格地、系统地依据对儿童活动行为的观察和记录，包括教师对儿童表现的观察（如阅读、数学、操作材料、与他人的互动等），儿童活动的文件袋（如艺术、书写、计算、建构等），教师为年龄较大的儿童设计的技能检测表（含阅读和书写、日志、实验报告、编列目录、单元学习的总结等内容）。分析和总结这些资料，能使教师理解每个儿童的特点和需要，能给教师与家长沟通以及确定下一步计划打下基础。银行街课程评价表见7-1。

表7-1 银行街课程评价表

评价取向	形成性评价取向
评价方法	评价方法较为宽泛，通过观察儿童的活动，为儿童提供一系列表达的机会表达自己的理解，老师进行评价
评价内容	基本技能和学科知识 儿童与环境互动时的态度和个性特征
评价依据	幼儿的作品 在社会学习过程中的观察记录 个人评价资料

强调让儿童进行有意义的学习，使他们感受到自己的能力。强调帮助儿童理解对他们成长而言最为重要的事务，而不是与学业成绩有关的东西。以儿童为中心，关注儿童兴趣和需要的满足，鼓励儿童主动地活动。局限在于忽视了儿童系统知识的吸收；较少顾及儿童生活所在的文化背景，较少关注个体发展与背景发展的平衡性。

① 朱家雄.幼儿园课程论[M].北京：中央广播电视大学出版社，2007:193.

|第二节|

高瞻课程设计模式

一、高瞻课程的发展阶段

20世纪60年代初，美国密歇根州易丝莲蒂市(Ypsilanti，Michigan)公立学校负责特别事务的维卡特(David P.Weikart)发现该市高中生中，来自低收入家庭的学生在学业成就上面一直处于劣势。归其原因发现，这些学生在小学的时候就没有为将来的学习奠定基础。基于此，维卡特成立了一个特别委员会和三名小学的校长共同研究如何帮助来自低收入家庭的小学生学习。1962年，维卡特在密歇根州政府的经费支持下，成立了第一个政府赞助的学前方案，称为佩里学前教育方案。这一方案主要是为三四岁幼儿设计，它强调的是幼儿在社会和情绪方面的发展，其主要目的就是帮助低收入家庭学业成就不理想的幼儿做好入学准备，因此这一方案更注重的是幼儿学业的进步和知识的灌输。

随后，皮亚杰关于认知发展研究的著作被介绍到美国，深深吸引了韦卡特和佩里学前学校的教师们，他们尝试着根据皮亚杰的认知发展理论来开发设计新课程。在皮亚杰理论的影响下，佩里学前学校的课程由强调知识灌输和学业技能训练转变为重视儿童认知发展，并于1971年出书，名为《认知导向课程：学前教育者的框架》(*The Cognitively Oriented Curriculum：A framework for preschool Educators*)。

1970年韦卡特离开了伊普西兰蒂公立学校，另外组织成立了高瞻教育研究基金会(High/Scope Education Research Foundation)，其最终目标是促进所有儿童的学习和发展，继续研究和探索学前课程成了高瞻教育研究基金会的一个不容推卸的使命。至此，韦卡特等人设计的认知导向课程开始被称为“高瞻课程”。1979年基金会出版了《行动中的儿童：学校教育者手册》(*Young Children in Action：A Manual For School Educators*)，其中可以看出，高瞻课程开始吸收皮亚杰认知发展理论中的建构主义思想，领悟了皮亚杰所指出的认知发展是主体与客观环境不断相互作用的结果，知识的获得要依靠个体积极主动的建构，或将新信息同化到自己原有认知结构之中，或改变自己的认知结构来顺应新的信息，正是在不断同化与顺应的过程中，实现了认知的发展。也就是说高瞻课程的设计者们意识到这些，就不再去生搬硬套皮亚杰认知发展阶段理论了，而是将其建构主义认知发展观应用到课程设计之中，由一开始的强调皮亚杰的认知发展理论转变为建构主义认知理论。

1995年基金会又出版了《教育幼儿：主动学习，学前学校和儿童保育项目的实践》(*Educating Young Children：Active Learning，Practices for Preschool and Child Care Programs*)，从这本书我们可以看到课程教育目标越来越重视儿童的“主体性”和“主动性”，并且进一步以“主动学习”为课程设计的核心，要求儿童主动操作材料，积极与环境和他人互动，建构自己的认知。

1964年，佩里方案发展初期，请过萨兰·斯密兰斯基（Sara Smilansky）做顾问，她建议的教学程序——计划→工作→回顾（plan-work-review）——已被佩里方案沿用至今。1971年的书中关于社会与游戏的教育意义很少被提及，到1979年开始关注儿童社会与情绪的发展问题，在教师角色中特别强调教师应该如何去支持、协助儿童社会与情绪方面的发展，同时认为儿童社会与情绪的发展在学习活动中也会有所发展，到1995年出版的书中，才直接正式地将社会情绪的发展放入主要的学习项目中去。

受到"继续方案"（Follow Through Project）的影响，美国政府聘高瞻教育研究基金会为其开发幼稚园到三年级的课程。回顾这一课程模式的发展历史，分析其目前的发展状况，可以认为这一课程模式将继续发展、延伸下去。

二、高瞻课程的理论基础

高瞻课程以皮亚杰的认知发展理论和建构主义理论为发展依托，即认为儿童是主动的学习者，学习速度不同，且有各自独特的兴趣和经验；学习是一种孩子与成人间有意义的、相互作用的社会经验；学习这种经验是发生在真实的生活情境中的；教师是儿童发展的支持者。其理论基础有以下几个方面。

（一）对于人类发展的观点

（1）人类发展是依据可预测的顺序展现的，当个体成熟时，新的能力就会出现。

（2）尽管人是经由可预测的顺序发展的，但经由每日的互动，也会展现出个人的特质来。

（3）在生活史中，会有某一特定的时期特别有利于某种事物的学习；某些教学方法会特别适合发展中的某一阶段。

（二）对于学习的观点

早在20多年前，高瞻课程就提出了主动学习（Active Learning）这一术语。所谓主动学习，是指由学习者发起的学习，是学习者主动地建构关于现实知识的过程。这一概念背后是皮亚杰关于动作的认识，皮亚杰认为处于前运算期的幼儿，逻辑运算能力尚没有充分发展，他们主要依靠动作，直接作用于环境而获得经验。因此，高瞻课程认为，只有向幼儿提供丰富的材料，鼓励他们对材料的操作、转换、组合，孩子的认知才能得到发展，而不能依靠老师手把手地教或传递进行学习。①

三、高瞻课程的内涵

（一）课程目标

高瞻课程的最终教育目标仍然是促进儿童逻辑思维能力的发展，尤其是皮亚杰热衷于研究的几个领域中的推理能力。但从微观的层面来说，也发生了一些较为明显的变化，首先表现为在原有目标的基础上增加了主动学习、语言、经验和表征、数概念等四个

①徐小龙．HIGH/SCOPE学前课程模式近二十年的发展[J]．学前教育研究，2001(4)：73.

方面的目标;进一步来说,每一个目标领域下面的子目标也发生了变化。例如空间关系的目标增加了装拆物体、重新安排和改变物体在空间的位置、从不同的空间角度观察和描述事物等;时间关系的目标则拓宽到包括观察季节变化、认识钟表和日历等。从这些目标很容易看出其课程目标重视的依然是儿童认知能力的发展。

(二)课程内容

高瞻课程内容源于两种资源:幼儿的兴趣和关键经验。关键经验是那些可以观察到的学习行为,它是目前高瞻课程的一个重要组成部分。根据高瞻课程的阐述,关键经验是对幼儿社会性、认知、身体发展的一系列陈述,它是成人支持、观察幼儿活动并做出计划的指示物,也是评估幼儿发展状况的指标体系;关键经验是幼儿发展必不可少的,同时又是连续的,不是一次就能发展的;所有关键经验的获得都要依靠幼儿主动地操作物体、与他人交流以及经历事情。到目前为止,关键经验已包括创造性表征、语言与文学、社会关系、运动、音乐、分类、排列、数概念、空间关系、时间关系概念十大项58条。下面是关键经验的细分。

1.创造性表征

通过看、听、触、尝、闻来认识客体;模仿各种动作和声音;把模型、照片、图片与真实的场景及事物联系起来;假装和角色游戏;用黏土、积木和其他材料造型;涂色与绘画。

2.语言与文学

对别人讲述个人有意义的经验;描述物体与事件和事件之间的关系;从语言使用中得到乐趣;听读故事与创作诗歌;自编故事与诗歌;以多种方式进行书写;绘画、涂鸦,还有设计类似字母的图形、自己发明拼写及一些社会约定俗成的形式;以多种方式进行阅读;等等。

3.社会关系:自主性与社会交往

做出并表达自己的选择、计划和决定;解决游戏中出现的问题;考虑自己的需要;用语词表达感受;参与小组活动;对他人的感受、兴趣和需要敏感;与同伴、成人建立联系,进行和体验合作游戏;解决社会性冲突。

4.运动

原地的运动:弯腰、扭动、摆动、晃动;发生位移的运动:跑、跳、滑、走、爬;带器械运动;在运动中表现出创造性;描述运动;按运动指令做动作;感受和表达出稳定的节拍;按节拍运动。

5.音乐

随音乐律动;探索和辨别声音;探索嗓音;发展音调;唱歌;演奏简单的乐器。

6.分类

探索与描述事物的异同与特质;分类与描述形状;分类与配对;用不同方式去分类与描述事物;同时注意到一种以上的属性;分辨“一些”与“所有”;描述某些事物所没有的特质。

7. 排序

(长短,大小等)属性的比较;将一些事物依次排序,并叙述其间的关系;尝试错误,进行两个序列的配对。

8. 数概念

比较两组事物的数以决定是"较多""较少",还是"一样";一对一配对;数物品。

9. 空间关系

填满与倒空;将事物加以组合或拆开;改变物体的形状与排列;从不同空间观察人、地方或者事物;从不同空间去经验、描述位置方向与距离;解释绘画、图片与照片里的空间关系。

10. 时间关系

根据信号,开始与结束一个动作;经验与描述运动的速率;经验与比较距离;预测、记忆、描述事物的顺序。

综观上述各种关键经验,很容易发现几乎所有的内容都是与认知的发展密切相关的,而有关情感与社会性方面的内容则少之又少。有学者指出关键经验不是作为教学和特定活动的"菜单",而是教师了解儿童活动中的知识内容和智力过程的提示物,它给教师实施方案提供一种方式,把教师从对工作手册和工作程序表的遵从中解脱出来。[①]

(三)课程实施的方法

主要分为学习环境布置、成人角色、每日例行活动框架三个部分。

1. 学习环境布置

(1)空间组织。

空间的设计要有吸引力,包括软硬度、色彩、光线、舒适感等物理因素都应加以考虑;兴趣区的区分要鲜明,好鼓励儿童参与不同的游戏;空间的规划要符合大活动时间段、午餐、午睡等不同时间的需要。

(2)兴趣区的建立。

兴趣区的建立要有弹性,能随着幼儿兴趣的转变而改动,同时要注意不同兴趣区的摆设原则。

(3)材料的提供。

一是强调材料尽可能利用真实生活中的材料,二是强调材料的摆放要有规律、秩序,强调标记的作用。前者考虑到了材料具有多样性与丰富性,与孩子生活相联,后者则更多地考虑让孩子在收取材料过程中学习。[②]具体要求如下:

①材料摆放柜的设计要能让幼儿自由取用,用完后自动放回;②材料需多样,数量足够,要能反映幼儿家庭生活所需的材料;③必须具有操作性特质,因为幼儿的学习兴趣是通过实际操作过程产生的。

---

① 朱家雄.建构主义视野下的学前教育[M].上海:华东师范大学出版社,2009:37.

② 刘华,时萍.几种课程模式的介绍与分析[J].早期教育.2002(8):8.

2.成人角色

这一模式强调主动学习,因此提供给幼儿一个安全的环境将有助于其主动学习的产生,同时也强调家庭参与的重要性和家庭与学校的重要性,在教学时教室里除了老师外也有家长或者义工的参与,所以在教学过程中会强调成人的角色,老师的角色也在其中。

由于该模式强调学习是在建构的过程中产生的,因此,在课程实施过程中,教师已经从教学任务中解放出来,与儿童一起分享学习经验,教师所扮演的角色是观察者、支持者和引导者,教师对儿童有目的的提问和引导是促进儿童认知发展的重要手段。

3.每日例行活动框架

高瞻课程并没有固定教学大纲,却有一个较为固定的框架来引领儿童主动学习,同时也可以提供儿童学习发展的信息,这种框架可以让学生了解一天例行事务的顺序,由于内容是由老师与学生互动产生的,所以不会影响孩子的选择性、主动性和弹性。高瞻课程将一日活动划分为固定的几个时段,分别是:小团体活动时间、计划—工作—回顾时间、集体活动时间、环节转换时间、午餐与休息时间、户外时间等。无论在哪一个环节之中,都十分强调儿童学习的积极主动性。下面以"计划—工作—回顾"这个最长的时间段也是最重要的环节为例:

在"计划—工作—回顾"这个最重要环节中,第一步是做计划,需要儿童想好自己一天活动的计划,并与老师讨论,教师向儿童提问有关计划的具体内容以及如何实施计划等问题,同时教师还可以给儿童提出合理建议,目的是使儿童的计划更加清晰,目标更明确,避免盲目性。

接下来,第二步就是工作时间,儿童做好计划后,就可以开始实施计划了。儿童为了实现自己的计划而不断做各种尝试和探索,或者去与同伴交流;而教师需要对儿童活动耐心观察,并适时加入进去给予帮助,精心创设各种问题,让儿童来回答或解决,从而锻炼儿童解决问题的能力或者巩固儿童已经获得的知识。工作完成后的整理材料时间是对儿童进行分类技能训练的最好时机。

第三步是回顾,让儿童们聚集在一起,一起分享、讨论他们之前做过的工作。教师可以启发儿童回忆已经做了什么,是如何做的,在这过程中遇到了哪些困难,又是怎么解决的。回忆采用多种方式,儿童可以用语言、图画等多种形式来表达。回忆有助于儿童将计划、行动和行动的后果联系起来,更清楚自己的计划和行动,使思维得到锻炼。

下面是一个采用高瞻课程方案的学前学校的一日活动①:

"种植生命树学校"典型的一日生活

这一天从"问候时间"开始。当教师开始进行一个著名的动物表演游戏时,儿童们聚集在一起,并且立即参与进来。然后,教师建议儿童围成一个可移动的圆圈。两个儿童不想成为动物,教师建议他们可以成为"观众"。他们坐在椅子上进行观看。儿童们建议模仿大象、熊、美洲鳄鱼等动物。儿童们假装成动物在观众前列队行进,并且伴随着音乐前进。在问候时间结束时,教师建议,当他们转移到下一项活动——小组活动时,儿童选

① 莫里森.当今美国儿童早期教育(第八版)[M].王全志,等译.北京:北京大学出版社,2004:148.

择一种动物进行模仿。在小组活动期间，儿童使用教师已经带进教室的能被反复利用的材料，还有他们前一天采集到的松果，来实现他们活动选择上的“创新”。

当完成小组活动之后，制订计划的时间开始了。在这段时间里，教师让年龄小的儿童，通过他们在自己的游戏中将要使用的材料，来引导他们做出计划。她让年龄大一些的儿童去画出或者摹写代表他们打算去游戏的区域的符号或者字母(每一个游戏区域都标上含有一个说明本区域的简单图画标记与单词的标志)。为了说明自己的计划，3岁的查理拿着一块小的空心木块，把它带到教师面前。“我想要制造一辆火车，就这么多。”4岁的阿佳带着一件衣服与一卷带子。“我想到游戏室中成为妈咪，然后我想到艺术区用带子制作东西。”她解释道。5岁的阿什丽向教师展示她画出的桌子，以及她在桌子上盛米饭的勺子。

在“手工工作”期间，教师参与到儿童的游戏之中。开着查理的火车，一个教师向塔莎展示如何使用数字3到5来制作火车票；一个教师加入到两个玩棋盘游戏的儿童之中，并且在阿佳解释她如何用带子与盒子制作洋娃娃床的时候认真倾听；一个教师帮助尼古拉斯与查理通过谈判来解决一块木块的纠纷，鼓励他们倾听与提出问题，直到他们同意其中的一个解决方法。儿童在游戏时，他们积极地参与到解决问题的过程之中，积极地参加到很多“高瞻”的“关键经验”之中。教师使用“关键经验”作为指导，以此来理解发展、计划活动、描述思想和参与儿童的游戏活动。

在“回顾总结”的时间里，儿童聚集在一起围成一个圆圈组成一个小组，成员还是他们在制订计划时组成小组的那些人。查理叙述他们使用木块制造火车的经验；尼古拉斯描述了他在游戏中所使用的特殊“棍棒”；阿佳展示她的洋娃娃床，塔莎描述她的“车票”。小吃之后，儿童们穿上外套，开始讨论他们将在室外要从事的活动：“让我们收集更多的松果。我们能够把它作为美洲鳄鱼的食物。”“让我们去荡秋千。我刚刚学会如何摆。”“让我们看一看我们能不能在岩石底下找到更多的小虫。它们在那儿过冬。”教师做出反应，“我愿意帮助你去寻找小虫。”

(四)评价

其评价方式以观察记录为主，教师利用儿童午休时间交换观察心得与问题，进而决定如何继续引导儿童的方法。教师对幼儿重要的行为、变化、言语以及对有助于他们更好地理解幼儿思维与学习方式的内容做记录，以笔记与文件夹两种方式收集资料。同时，也使用以关键经验为基础的评价量表——“高瞻课程幼儿观察记录表”来观察幼儿主动开展的活动，评价幼儿在学习主动性、社会联系、创造性陈述、音乐与运动、语言与读写识字能力以及逻辑与数学等方面的发展过程。

高瞻课程重视儿童的主动学习，并围绕儿童的主动学习在课程内容、一日生活安排、师幼互动、环境创设与儿童评价等方面形成高结构化的课程轮。在众多的学前教育方案中，其是一种能高质量地服务于儿童的有系统、有组织的教育方案。同时，这一课程能使教育者自身得到很好的教育和训练。

|第三节|
华德福课程

一、华德福教育的历史发展

第一所华德福学校于1919年在德国的斯图加特(Stuttgart)创立。由奥地利科学家、教育家和哲学家鲁道夫·史代纳(Rudolf Steiner)根据人智学的理念为一个叫华德福(Waldorf)的香烟厂的工人子弟办的学校,命名为自由华德福学校(Freie Waldorf Schule)。这所学校的成功,受到社会各界的好评,人们都认为这是代表未来教育的典范。后来,凡是实践这一教育理念的学校都被称为华德福学校(Waldorf School),或鲁道夫·史代纳学校(Rudolf Steiner School)。

工业革命后期的欧洲,政治、经济、文化和社会结构产生了巨大的变化。在社会的变革中,在物质文明得到高速发展的同时,人们的精神却在沦陷,很多艺术家、文学家、哲学家和精神研究者对基督文明进行反思、思考和探索,寻求新的精神生活方式,人们开始了对精神生活的醒悟。当时很多哲学家和科学家都认为自然科学只能研究物质世界,而任何涉及精神生活的研究只能是宗教信仰,而没有科学可言。

奥地利科学家和教育家鲁道夫·史代纳对人的精神活动做了深入的研究。他认为可以用科学的方法来研究精神领域,并创立了特别的"精神科学(Spiritual Science)",称为人智学(Anthroposophy)。史代纳认为我们这个年代是个体意识已经觉醒的年代,每一个人都可以独立地发展自己的精神生活,并能通过自己的心灵成长达到最高的精神境界。因此,人的精神自由和独立是精神发展的首要条件。这种意义的自由和独立是超越个人情感、血缘、地缘、政治、文化与宗教信仰的影响和限制的,而精神自由和独立是必须通过适当的教育和自我改造来达成的,华德福教育体系就是建立在人智学这样的理论基础上,并且实践了百多年。

鲁道夫·史代纳创立华德福教育的愿望是通过教育来推动社会文明的发展,他对未来社会充满希望。在他所著的《社会的未来》(The Social Future)一书中,他把社会划分成政治、经济和文化三大元素,而且三元社会秩序的组织结构是建立新的社会文化的基础,即文化生活独立自主,社会应尊重个体,提供给每个人充分地发挥个体意识的机会,并在自由和自愿的条件下谋求群体共识。就个人而言,每个人都应履行发展自己的心灵和思想,与他人合作、和平共处的义务。必须在发挥精神文化的指导下,以自由民主为原则,人们自愿选择自己适当的社会关系来构成三元社会秩序。任何通过政治的、经济的或者宗教的压力建立起来的社会秩序都是不牢固和不合理的。鲁道夫·史代纳把建构文明社会的理念,置于华德福学校里实践,现在已形成了独特的学校管理和学校文化,孩子的教育只是学校的一部分,更多的是让教师、家长和社区通过成人之间的合作,使儿童的心灵得到升华,这才是真正符合华德福教育精神的学校。

华德福教育作为非宗教性的独立教育运动,已经在欧洲发展到了一个比较成熟的阶段,在北美、南美和南太平洋区正处于蓬勃发展之中。在近十几年里,华德福教育也在亚太地区的日本、泰国、尼泊尔、印度和越南以及台湾地区等生根发芽。根据2000年德国华德福教育友好协会的统计,全球有876所华德福学校,2000多所华德福幼儿园,300所矫正教育和社会治疗机构。(吴梅,2012)作为非主流的华德福教育被联合国教科文组织充分地肯定和推荐,其中一些华德福学校也是联合国教科文组织成立的国际教育网络联合学校计划的成员。

正在迈向工业化的中国社会,几乎在重复着欧洲的工业发展历史,人们的精神面貌也跟当时的欧洲有相似的地方。早在1994年,一对在中国旅游的澳大利亚夫妇,在一次聊天中把华德福教育介绍给黄晓星和张俐。在他们的帮助下,1995年秋天,黄晓星和张俐先后在英国的爱默生学院和美国的阳桥学院(Sunbridge)接受了华德福教师培训,并在美国继续学习和实践华德福教育和人智学工作。其间,在他们的介绍和帮助下,李则武、吴蓓也先后在英国和美国接受了华德福教师培训。同时,来自德国的华德福学校毕业生卢安克,志愿在广西的一个偏僻农村里为孩子做教育实验和研究,实践华德福教育多年,吸引各媒体的注意,很多朋友通过媒体对卢安克的报道而知道华德福教育。

通过很多作者的著作、翻译等各种介绍,国内的很多人已经对"华德福教育"有了初步的了解,其中不少的朋友急切地盼望着华德福学校能在中国的大地上出现。2004年的夏天,由从美国回来的黄晓星、张俐和英国回来的李泽武等人发起,由十几位包括大学生、学者、工人和商人(其中包括外籍人士)等共同参与,在成都建立了国内第一所华德福幼儿园和学校。在台湾有慈心华德福学校、磊川华德福实验学校、海声华德福教育。

面对这个快速变化的世界,华德福学校提倡了一种全新的精神,那就是对于世界和人仅仅在物质层面的理解已不可能解决我们这个工业化社会的问题了。未来要求我们从根本上去改变我们的思维方式,把每一个人都以一个独立的精神统一体来看待,这应当是更新社会的一切努力的出发点。

二、华德福教育的理论基础

(一)身、心、灵三位一体的人类结构

早在1907年出版的《儿童的教育》(*The Education of the Child*)一书中,史代纳就从人智学的角度对儿童出生后的身体与精神的发展进行了阐述,并提出了他早期的教育观点,认为儿童是身、心、灵三位一体发展,认为儿童时期的教育应该注重对其生命力的滋养。[①]史代纳认为人的身体承载着心灵与灵性,身、心、灵应是合一的整体。人以身体的感官接受外界的刺激与事实;以心灵将事实的印象转换成为与自己有关或有意义的判断。但是,人若总以己之心判断生活,必遭受情绪的困扰;人有能力放弃一己之好恶,能

①衡若愚.以游戏为基本活动的个案研究—以某华德福幼儿园游戏活动实践为例[D].重庆:西南大学硕士论文,2010:16.

冷静观察、探究事物的本身；能还原事情本相，以事物的观点探究事物；能灵性地思考事物与环境的关系。[①]

（二）四位一体的本性与特质

第一个是身体（physical body），同于矿物质世界；第二个是以太体（etheric body），与身体相融合，唯有死亡时才分开；第三个是星芒体（astral body），掌管直觉、冲力、喜好、欲望及变化无常的感觉与想法；第四个是最高的形体即自我意识体（ego），掌管人的自我，这是我们优于世上其他的生命体的原因。它赋予我们好奇心，又有自我知觉的优秀能力。这四种形体是组成人的基本要素。

每个人身上的四个形体中，必有一个具有掌控权，在其他的形体之上，使得个人有一自我独特的表征。如果是自我意识体主控的话，会产生激动型的气质；如果是星芒体主控的话，则是血性型的气质；如果是以太体（生命体）主控的话，是迟缓型气质；如果是身体主控的话，就会有忧郁型的气质。永恒与刹那的特别结合法，决定了进入人体四个形体之间的关系。这四个形体在身上表达自我的方式时常被提及，自我意识体以血液循环来表现，因此激动型的人的主控系统为血液；星芒体在身体上的表达在于神经系统，因此血性型的人其神经系统掌握支配权；以太体以腺体来表现，所以迟缓型的人以腺体来主控；而身体就是以自身来表达，所以忧郁型的人外观上最重要的特征就在身体上。在任何与气质有关的现象中，我们都可以观察得到这些特征。

三、华德福幼教课程模式的要素分析

（一）幼儿教育理念

在史代纳的七年发展论里，幼儿期是人生发展的第一阶段，从发展来看：幼儿是在操作中学习，由行动逐渐唤醒思考及想象的能力。鉴于不同的生理发展顺序，主张教育首先要由四肢做起（重视运动及活动），接着是与胸腔有关（重视感情），最后才是头部（重视智能与认知），也就是意志→情感→思考（willing→felling→thinking）的教育重点。所以幼儿阶段重视意志力的培养。幼儿时期发生的一切影响人一生的身体、智力、个性及道德。幼儿的生命福祉是否受到照顾是影响幼儿一生的重大课题，认识孩子的生命福祉，了解孩子的真正需要是教育界必须竭力探讨的话题。

（二）教育目的

史代纳说过：我们最大的努力一定要放在培养自由的人，让人有能力定义自己的目标，指导自己的生活。华德福教育就是配合人的意识发展规律，阶段性地针对意识来设置教学内容，让人的身体、生命体、星芒体和自我意识体都得到迎合和发展，因为人的自我发展过程，在不同的发展阶段中身体、生命体、星芒体和自我意识体都扮演着不同的角色。针对人的深层意识的教育才能让孩子成长为自己，最终才能达到具有超越物质、欲

---

① Steiner R. Understanding Young Children: Excerpts from Lectures by Rudolf Steiner Compiled for the Use of Kindergarten Teachers(Reprinted.), 23.The Waldorf Kindergarten Association of North America, Inc., 1994.

望和情感的洞察与判断力，结合与生俱来的智慧和本质达成自我，最终找到自我的定位和人生方向。

（三）教育内容

华德福教育绝不追求乌托邦，绝不过度理想化，绝不为理想社会预备儿童，而是按照实际生活、生命本质与真实社会朝向的目标预备儿童。在学前教育阶段，华德福教育不提供正规的课程，重点在于回应幼儿身、心、灵的发展与需要，帮助他们形成和谐的情感、创造的意志及自由思想。所以他们需要的是想象、节奏与活动的教学。"创意游戏"就是幼儿学习中一项最重要、最本能的学习发展。

华德福的幼儿每天至少各有一次户外、室内自由创意游戏活动，每次游戏时间约四十五分钟。游戏提供时间与空间，让幼儿体验生活最细致深入的地方。幼儿将生命经验转变成游戏，在游戏中抒发情感，自由创意，重新建构新的经验。七岁之前的幼儿游戏可以分为三个阶段：身体的游戏、想象模仿的游戏及有目的的假装游戏。比如：三岁左右的幼儿，精力发展充沛，除了借助动作的表达外，还需要借助模仿想象的游戏来释放。幼儿将一个玩具幻想成另一个他想要的东西，他把一块木头想象成一匹马，过一会儿，同一块木头可能变成汽车……这是幼儿运用高级创意想象的开始。

其次，在世界各地的华德福幼儿园里，老师讲故事也是重要的学习内容。老师依据儿童年龄及需求，选择适宜的故事，制定故事叙述的时间和遍数。典型的童话故事一方面引导幼儿走入人类的发展，使他们看见生命的挑战、害怕和惊恐；一方面鼓舞他们勇敢地挑战困难，来启发孩子们善良、怜悯之心，帮助他们跨越困难、跨越生命的战场，获得成长的力量。透过童话故事各个角色的生命经历以及其间隐喻的教训，教育的力量自然地与儿童的生命交融流动。童话故事根本上是儿童教育中最直接、最合适、最能满足儿童的教育形式。另外，艺术活动也是华德福幼儿园教育内容的重要组成部分。主要包括：色彩的学习、绘画活动、蜂蜜蜡捏塑、手工制作、歌曲欢唱。

（四）教育方法

1.规律与重复

史代纳说：规律是健康之柱，人类、大自然都在规律中演进，配合大自然的规律是促使幼儿生理与心理健康成长的要件，孩子经由规律与重复会获得完全的保护、爱、安全及和谐。因此，幼儿教育工作的重点之一，就是帮助孩子建立生命韵律感。从人类的历史文化、四季的变化、白天与夜晚的重复交替，我们可以发现其中充满着节奏，不断重复而产生秩序，人类生活在其中，深深受其影响。

生命的韵律节奏就好像我们每天固定重复做的事，如果韵律、节奏被破坏，我们的健康、身体状况，就会受到干扰。而9—10岁前的孩子，其内在节奏较不稳定。因此，从幼儿阶段起需要给小孩规律的生活作息，帮助孩子渐渐健康平稳地进入生命的韵律节奏，同时也要从生活中让孩子感觉到大自然的韵律节奏，感觉自己也是世界的一部分，使生命节奏符合这个世界的韵律。

2. 模仿与典范

幼儿具有很强的想象能力及模仿能力，这阶段的孩子具有梦幻特质；具有很强的能力去编织想象的世界，一根树枝可能就是他们的一把剑、一支枪或一艘船。因此必须给孩子一个开放的想象空间，这种想象力可以提高小朋友在未来理解事情、体会事情、进入世界的能力，因此在幼儿阶段不要急着将孩子梦幻世界唤醒，逼着他们去了解科学、物理、化学等原理。

幼儿是透过模仿来学习的，同时经由感官来认识世界，他们的感官对所有围绕着他的声音、颜色和形状开放。因此，给孩子提供一个良好的环境和典范，提供经验和模仿，这是华德福幼稚园重视的内容。成人的任务是创造一个重复的、愉快的、亲切如家的工作气氛，孩子很快地融入其中。成人只要能多层面并且韵律般地重复自己的工作，孩子就能按其发展时间与步伐去找到他所要的东西，实现他的模仿。

（五）教育环境创设

华德福幼稚园提供一个让孩子感受到快乐、支持的教育及能健康成长发展的环境。环境的设计特别重视感官的教育，史代纳的建筑哲学被称为“有机建筑”。这样的环境包括了硬体设备、心理的氛围及生活在其中的人。

首先建筑材料、地板、墙壁、家具要有良好的视觉与触觉感受，用柔和的气氛、声音、颜色、材质来贴近幼儿敏感的感受力，主张多用大自然素材。进到华德福幼稚园内，就会感受到一个像“家”的环境，温暖、和谐的色彩及气氛。原木的家具、地板，淡粉色的墙面，同色系的布帘，主张提供自然材质做成的玩具，可供进行“创造力和想象力”游戏。如：取材森林中木块磨成的积木、由老师和家长自制的娃娃和玩偶以及针线、贝壳、石头、松果、水彩、蜡笔等等。

此外，布置有“季节桌”，显示对季节之重视，配合大自然的规律变化，布置当季的颜色、花果或孩子从散步中拾回的小东西，也布置相关节庆的重要代表物，让孩子从中体会大自然与节日。

每间教室都像一个家，会有一个厨房，有大人使用的厨具，供教师准备餐点的地方，小朋友也可以帮助老师。班级采用混龄方式，就像一个家庭团体，不同年龄的孩子互相模仿，可以培养孩子的社会能力。

（六）作息安排

华德福幼稚园的作息安排相当重视韵律节奏，从另一个角度来看，它也像人的呼气和吸气一样，在动静交替中和谐地进行着活动。

1. 自由游戏时间

每天早上小朋友约7:30起开始陆续入园，入园后大约有一个小时的自由活动，这段时间，孩子随着自己的喜好即兴游戏，他们会在角落中聚成小团体，有的小孩喜欢独自玩或由大孩子带入游戏，有的孩子会在老师身旁参与老师的工作，或是在老师身旁坐一会儿再开始投入游戏。

2.晨圈

用来结束前面的自由活动,游戏时段接近尾声时,教师自己先动手整理收拾,借此引导孩子模仿一起收拾。接着小孩上洗手间去洗手,先盥洗好的小孩可帮忙准备早餐、布置餐桌、餐具,用早餐之前大家先围成圆圈进行团体活动,晨圈中可能进行唱游、庆生、手指游戏、讲故事或轮舞的活动。所谓“轮舞”是一种结合语言、诗歌、舞蹈的韵律游戏,有时会配合季节来设计不同主题的活动。

3.餐点

幼稚园的早点是师生共同准备的,每天食谱不同,但每周固定周几吃什么,强调自然健康的有机食物;有自烤的蜂蜜面包、黄米粥、水果麦片、小麦片、粗面包、儿童茶和当季的水果等。

4.户外活动

用完点心之后,有一段户外自由游戏时间,有时大家到附近公园散步、玩捉迷藏游戏,有时在教室外的沙坑玩沙或在花圃种植花木等,借以培养孩子与自然的关系。

5.童话故事时间

11:30回到教室后,在放学之前,有的老师会用笛子或竖琴,吸引小朋友的注意——老师要说故事了。老师不是拿一本书来念给孩子听,而是将故事早已背下来,用很自然的方式讲给孩子听。

除了每日作息强调节奏和韵律的生活结构,每周也有它的节奏:例如,安排不同主题形式的活动,周一是画画的日子、周二是园艺、周三是塑捏、周四做面包、周五是优律司美律动。至于每一季的变化,也会从教室的布置和季节桌的改变,明显地感觉出来,再加上节庆和生日庆祝会,孩子可以体会到一年的意义,充满韵律节奏的作息及课程安排促进了孩子的身心平衡、健全成长。

华德福教育关心0—12岁孩子之成长,最终目的就是要使一个青少年能成为一个自主自立的人,这是一个迈向自由的教育历程,而“自由”的意义就是一个人能够认识他自己的内心世界,而且是有自主性活动、社会性的人。培养完美的生命目标,以及形成成为自由人的各种能力,使人类共享美好生活是华德福教育的崇高理想。

相对于其他课程方案,尤其是高瞻课程方案,华德福教育是低结构化的教育方案。华德福课程没有统一的教育纲要,只给出大概的教学目标,强调依照儿童的本性对其施以教育。研究和尊重孩童身心发展规律,给出不同发展阶段的特征,尊重个体,努力因材施教,这是华德福教育最大的特点。

|第四节|
五指活动课程

一、五指课程的理论基础

陈鹤琴的五指活动课程是以他的“活教育“理论为基础的,这是他最主要的理论,也是最具亮点的部分。“活教育”思想是针对当时中国的实际情况,在反封建传统教育的基础上提出的。

(一)“活教育”目的

陈鹤琴说“人就必定在人与人之间相互发生关系……所以活教育要讲做人,应当努力来学习如何做人,如何求得社会的进步,人类的发展。”[①]继而,陈鹤琴进一步指出:第一层次是“做人”,做人是指做一个一般意义上的人,是最起码的。第二层次是“做中国人”,他说“今天我们生在中国,是一个中国人,做一个中国人与做一个别的国家的人不同”。[②]即“活教育”的目的在于“做人”“做中国人”“做现代中国人”。

(二)“活教育”的课程

陈鹤琴批评旧教育是“死教育”,课程是固定的,教材是呆板的,不问儿童是否了解,不管与时令是否适合,只是一节一节课地教,这样的教育只能培养“书呆子”。针对这些缺点,“活教育”则反其道而行之,他认为,“大自然、大社会都是活教材”,“活教育的课程是把大自然、大社会作为出发点,让学生从中直接去学习”。他认为“大自然和大社会”才是活的书,直接的书;而书本却是死的书、间接的书。活的书比死的书要好,直接的书比间接的书要好。间接的书本只能当作学习的副工具,国语、常识、算术都是副工具,它们只能作为“活的书”的一种补充。所以他说:“现在我们在这里主张大家去向‘大自然大社会’学习,就是希望大家能把过去‘书本万能’的错误观念抛弃,去向活的直接的‘知识宝库’探讨研究。”

所谓“活教材”是指源于大自然、大社会这一直接的书,即通过儿童与自然及社会的直接接触,从亲身观察中获取直接的知识和经验,那就意味着课程内容的选择要源于儿童真实的生活环境,并以大自然、大社会为中心。他的“活教育”课程内容具体分为五类,亦即所谓 的“五指活动”课程。

(1)儿童健康活动(包括体育、卫生、营养等学科)。

(2)儿童社会活动(包括史地、公民、常识等学科)。

(3)儿童自然活动(包括动物、植物、矿物、理化、算术等学科)。

(4)儿童艺术活动(包括音乐、图画、工艺等学科)。

---

① 北京市教科所.陈鹤琴全集(第五卷)[M].南京:江苏教育出版社,1991:62.

② 北京市教科所.陈鹤琴全集(第五卷)[M].南京:江苏教育出版社,1991:62.

(5)儿童文学活动(包括读、作、写、说等学科)。

(三)“活教育”的方法

陈鹤琴先生说:“活教育的教学方法也有一个基本的原则。什么原则呢?就是:做中教,做中学,做中求进步。”[①]“活教育”的教学不重视班级授课制,而重视室外活动,着重于生活的体验,以实物为研究对象,以书籍为辅佐的参考。即注重儿童直接经验的获得,而非间接知识的传授。“活教育”把直接经验作为人们进步的最大动力,把“做”作为教学最基本的原则。所以“活教育”的教学过程分为四个步骤:第一步是实验观察,第二步是阅读参考,第三步是发表创作,第四步是批评研讨。要求每个学生准备一个工作簿,在工作簿上编写自己的教材。教师的责任是:引发、供给、指导、欣赏。

“活教育”根据儿童生活的需要及儿童的学习兴趣,组织儿童活动场所。“在第一阶段是小动物园,小花园,小游艺场,小工场,小图书馆;在第二阶段是小动物园,小农场,小社会,小美术馆,小游戏场;在第三阶段是儿童工场,儿童家场,儿童科学馆,儿童世界,儿童艺术馆,儿童运动场,儿童服务团。”是在校内组织“活教育”的方式,校外大自然及大社会则是更为重要的活动场所。

陈鹤琴还详细阐释了“活教育”的原则,他提出:“凡是儿童自己能够做的,应当让他自己做,凡是儿童自己能够想的,应当让他自己想”,“你要儿童怎样做,就应当教儿童怎样学”,“鼓励儿童去发现他自己的世界”,“积极的鼓励胜于消极的制裁”,“积极的暗示胜于消极的命令”,等等。这是我国现代儿童教育中有价值的思想。

三、“五指”活动课程的建构

(一)课程目标

陈鹤琴认为,课程是为目的服务的,而确定目的,首先要确立儿童是主体的思想。教育者应先了解儿童,才能明确应对他们的进步程度抱有何种期望。陈鹤琴以“活教育”的目的为基础,逐步建立“五指活动课程”的目标体系。他提出,五指活动课程的目的在于发展幼稚生的心智和身体。具体目的有以下四方面。

(1)受教育者有合作的精神,同情心,服务的精神(做怎样的人)。

(2)受教育者有健康的体格,养成讲卫生的习惯,并有相当的运动技能(有怎样的身体)。

(3)受教育者应有研究的态度,充分的知识,表达的能力(怎样开发儿童的智力)。

(4)受教育者能欣赏自然美和艺术美,养成欢天喜地的快乐精神,消除惧怕的情绪(怎样培养情绪)。

(二)课程内容

陈鹤琴先生一贯倡导“活教材”的观点,要求幼儿园的课程内容要与幼儿的实际生活相结合,以“五指活动”来规定课程的内容。五指活动的五指是指一切活动都在儿童的生

---

①陈鹤琴.陈鹤琴教育论著选[M].北京:人民教育出版社,1994:348.

活、智力、身体方面互相联系、连续发展。

1.五指活动的内容

活动主要包括以下五个方面的内容：

第一，儿童健康活动，包括饮食、睡眠、早操、游戏、户外活动、散步等；

第二，儿童社会活动，包括朝夕会、周会、纪念日集会、每天的谈话以及社会常识和政治常识等；

第三，儿童科学活动，包括植物的培植，动物的饲养，自然现象的研讨以及对当地自然环境的认识等；

第四，儿童艺术活动，包括音乐(唱歌、节奏、欣赏)、图画、手工等；

第五，儿童语文活动，包括故事、儿歌、谜语、读法、戏剧、演讲等。

五指活动课程对五种活动的强调有所侧重。例如，陈鹤琴认为健康活动是第一位重要的，因为强国需先强种，强种先要强身，强身先要重视幼小儿童的身体健康。又如，陈鹤琴还认为幼稚园课程应特别重视音乐，因为音乐可以陶冶儿童的性情，鼓励儿童进取，发展儿童欣赏美和创造美的能力。此外，语言是人际沟通的工具，也是儿童学习的工具，所以也应给予重视。陈鹤琴认为，虽然这五种活动是分离的，但是它们就像人的五根手指一样，构成了具有整体功能的手掌，幼稚园课程的全部内容都被包括在这五种活动之中。因为儿童的生活是整个的，因此，课程内容是互相连接为整体，而不是分裂的。正如陈鹤琴所言："五指是活的，可以伸缩，互相联系。""课程是整个的，连贯的。依据儿童身心的发展，五指活动在儿童生活中结成一个教育的网，有组织有系统，合理地编织在儿童的生活上。"①陈鹤琴将其课程内容的组织方式称为"整个教学法"。

2.幼儿园课程内容应遵照的原则

第一，凡儿童能够学的东西，就有可能作为幼稚园的教材。但有时在"能学"的标准之下，还要有点儿限度，比如，有些东西小孩子虽然能学，不过学习会妨碍他身心的发育，那就不必勉强他学习。关于这个标准，陈鹤琴说要注意两个方面：一是学习的时间。如果幼儿能够在你的帮助下学习，但是所用的时间比较长，那么就应该放弃，因为这样太浪费时间了。幼儿在没有兴趣的情况下学习，就算学会了那也是痛苦换来的代价，留下的是痛苦的回忆。二是知识的性质。就算幼儿有能力也有兴趣学习你教的东西，也要看你所教的东西是否有利于幼儿的成长，否则最好还是不要教幼儿。

第二，教材须以儿童的经验为依据。陈鹤琴认为私塾里教的千字文、三字经与儿童的经验相差太远，因此应该废弃。幼儿园应该着眼于幼儿的实际生活经验，从幼儿的实际生活和现实需要出发选择教学内容。

第三，凡能使儿童适应社会的就可取为教材。社会是儿童将来必须要走向的地方，教育的最终目的也是要培养能够为社会服务、促进社会发展的合格人才。课程是为实现教育目的服务的，因此陈鹤琴认为，幼稚园课程内容的选择和组织都应该考虑到为幼儿更好地适应社会生活服务的目的。所以只要是有利于幼儿社会化的资源都可以成为幼

①转引自朱家雄.幼儿园课程论[M].北京：中央广播电视大学出版社，2007:232-233.

稚园课程选择的对象。[①]

陈鹤琴认为这五个方面的内容是相互联系在一起的,之所以称为五指活动课程是因为这五种活动正像一个人的五个手指头,各个手指相互联系结构成一个整体。[②]

3.课程标准

陈鹤琴认为幼儿园应该制定相应的评价标准。幼儿园应该学些什么东西,学到何种程度?比如4岁幼儿的会话能力应该到达什么水平,5岁幼儿又应当达到什么水平;3岁幼儿唱歌应该达到什么水平,4岁幼儿又该唱到何种地步,这种种问题的解决,非要有一定的标准不可。如果没有固定的标准,那么幼儿园的能力就无从说起。因此,他认为:"考察品行,应当有品行的标准;甄别习惯,应当有习惯标准;检验技能,应当有技能标准;测验知识,应当有知识标准。"[③]有了这些标准,教师就可以经常考察幼儿的发展水平,评判他们有没有获得发展。通过标准评判,可以知道哪些幼儿发展得比较好,哪些幼儿发展得不太好,也可以知道幼儿哪些方面发展得好,哪些方面发展得不好。由此可以根据考察结果,调整教育内容,有针对性地进行教育:发展好的,可以格外鼓励上进;发展不好的,可以设法补救。所以陈鹤琴说:"标准是实行优良教育的根据。"[④]对此陈鹤琴研究编订了《幼稚园清洁检查表》[⑤]和《幼稚生应有的习惯和技能表》,而且还论述了关于各年龄阶段的幼儿在图画和读法、故事等方面应该达到的水平和标准。

(三)课程组织

虽然五指活动课程包含了五个方面的内容,但这五个方面并不是相互独立、互不联系的,它们是整个的,不可分割的。同时,儿童的生活是整个的,教育的内容也必定相互连接成为一个整体,因此幼儿园的课程要从大自然、大社会中选择儿童既感兴趣又适合儿童发展的人、事、物作为中心,以单元主题来组织课程,各项活动都围绕单元进行,使健康、科学、社会、语文、艺术等学科构成内在联系,成为一个整体,这时候大自然和社会就如同人的手掌,将五指自然地连成一个整体。这种课程内容组织的方法,陈鹤琴先生称为"整个教学法",即把儿童应学的东西整个地、有系统地教给儿童,后来改为"单元教学法"。

那么如何开展"单元教学法"呢?大概有以下几项步骤,以供参考。

(1)开展教师会议商讨下周课程活动内容。

(2)确定活动后,拟定活动内容及步骤。

(3)教师详细预备活动材料及可以用于参考的书。所谓预备是指教师自己的预备,而非完全代替儿童准备妥当,儿童可以不假思索地来享受。

(4)寻找或布置一个适当的环境来引起这个设计。

---

①孟瑜.陈鹤琴幼稚园课程思想研究[D].杭州:浙江师范大学硕士论文,2010:26.

②北京市教育科学研究所.陈鹤琴全集(第六卷)[M].南京:江苏教育出版社,1991:303.

③北京市教育科学研究所.陈鹤琴全集(第二卷)[M].南京:江苏教育出版社,1989:124.

④北京市教育科学研究所.陈鹤琴全集(第二卷)[M].南京:江苏教育出版社,1989:124.

⑤北京市教育科学研究所.陈鹤琴全集(第二卷)[M].南京:江苏教育出版社,1989:102.

(5)引起儿童的兴趣,并融合各学科开展各方面活动,课程不强求合乎预定的设计。

(6)时间完全不限制。多做就多做,少做就引起别的设计来。

(7)儿童如不能维持到做完设计全部的历程,教师急需考察一下,究竟是什么缘故,可以采取哪种措施补救。

(8)儿童临时发生特种兴趣,教师要尽力去指导,强调课程的生成性,适时改变预设的课程设计。

(9)设计中分成许多小段落,让幼儿看到结果,维持兴趣。

(10)同一个设计单元里,各方面的活动很多,儿童愿意做任何一方面,应该让儿童自由去做,不过希望每个儿童每方面都做到。

(11)在同一个设计单元里,有许多活动是需几个人合作的,有许多工作活动是只需单独做的。教师可以做他们的领袖,同时可以训练几个儿童来作领袖。

(12)每个设计单元里的每一个阶段或一方面的活动,得到结果,应当有极短的、简单的批评与讨论。

可见,五指活动课程的组织中给予了儿童充分的自由,解放了儿童的双手、脑和眼睛等,处处体现着主动性、灵活性、生成性、多样性、弹性。

(四)课程实施

根据活教育的教学原则,陈鹤琴强调课程的实施应该注意以下几个问题:

(1)课程的实施具有灵活性,强调"计划性"与"生产性"的结合。五指活动课程的组织首先应具有计划性,但是"活教育"思想认为在课程实施过程中,教师要依据实施的效果以及儿童的兴趣做出调整和改变,即强调课程的"生成性"。

(2)提供能促进幼儿学习、引发学习动机的物质环境及材料。

(3)采用游戏式的教学法。"游戏化教学"是陈鹤琴教学法中比较重要和典型的一个教学方法。陈鹤琴认为,幼儿的各种知识和能力都可以通过游戏的方式让其获得,通过游戏的方式实施课程,促使儿童在生活中学习、在游戏中学习、在活动中学习,事半功倍。

(4)采取小组教学法。陈鹤琴先生在《我们的主张》中提出幼稚园应多采用小团体教学法。他说:"幼稚生的年龄是不齐的,智力又各人不同,兴趣又不能一致,所以幼稚园不能够把他们归在一起,叫他们做一种同样的工作……最好把故事分开来讲,大的为一班,小的为一班,小的可以多用图画来帮助教学,使他容易领会。……如此的教学效力可以增加,儿童的兴趣可以格外浓厚。"[①]陈鹤琴的小团体教学即我们现在所讲的分组教学,其实质是要我们"注重个体差异,因人施教"。

(5)多提供户外活动的机会。自然环境和社会环境是幼儿学习的最佳场所,户外活动不但可以使幼儿在接触自然实物中获得直接经验,还能强健身体,增加儿童的快乐、活泼的精神。

(6)教师应当成为儿童的大朋友,使幼儿不害怕、肯接近。教师应当和幼儿同游同

① 转引自张莉.注重个体差异,实行因材施教——学习陈鹤琴小团体教学法有感[J].早期教育,1991(12):3.

乐,在玩中教,在玩中学,在玩中求进步。

陈鹤琴先生一生在教育上的贡献是多方面的,而“活教育”理论是其最具亮点的部分。五指活动课程是适合中国国情和幼儿身心发展特点的,它蕴含的思想、观点与方法对我国现阶段幼儿教育课程改革及编制都具有积极的意义,然而任何一种课程都具有一定的局限性,虽然在理论层面上,努力向幼儿的真实生活靠近,但在具体的实践过程中,仍然存在着很多难题。但是我们必须看到的是,他是伟大的爱国主义教育家,对封建的旧教育进行了激烈的批判,他深受杜威等实用主义思想家的影响,“活教育”的思想正是汲取了杜威等人“做中学”和“教学五步骤”的精华,鲁迅先生说过:“没有拿来的,人不能自成为新人。没有拿来的,文艺不能自成为新文艺。”近代中国教育家陈鹤琴正是这样的积极实践者,在汲取的同时结合本国教育实际进行创新。总之,他在中国教育史上具有重要的地位和影响。

思考与练习

1. 比较不同幼儿园课程设计模式的课程目标、课程内容、课程实施以及课程评价。
2. 比较不同幼儿园课程设计模式背后的理论基础和价值取向。
3. 不同幼儿园课程设计模式对我国当前幼教课程改革有何启示?

拓展性阅读导航

1. 简楚瑛著《学前教育课程模式》,华东师范大学出版社2005年版。

本书主要介绍幼儿教育领域的各种课程模式,探讨它们产生的时代、文化与社会背景,同时也展示这些课程模式本土化运用的实例。本书的编写思路是在理论与实务之间架构一座桥梁,这也是本书最大的特点。

本书期望呈现的面貌包括如下的两个向度:

一是理论与实务同时呈现:目的不仅在强调理论的重要性,同时希望读者自己去分析每个课程模式所依据之理论与实务的契合程度。

二是透过文献探讨方式,了解各个幼教课程模式产生之文化,历史背景的脉络,作为幼教课程发展与应用时理解与反思之基点。

2. 鲁普纳林、约翰逊著,黄谨等译《学前教育课程》(第三版),华东师范大学出版社2011年版。

幼儿园教师必须是一个具有各方面专业知识的多面手,贾珀尔·L.鲁普纳林等著的这本《学前教育课程》(第三版)整合早期儿童教育中的专业知识和一般性知识,从三个方面给出一个整体的学前教育模式。本书提出了学前教育领域的核心知识,给出了早期儿童教育背景及课程种类,最后指出了多元文化背景对养育儿童的影响。本书还给出大量的实例,展示了方案教学、行为主义、埃里克森课程等儿童教育课程在实践中的应用。《学前教育课程》(第三版)也对幼儿园教师的职业发展提供了全新视角,帮助这一行业的从业人员用更新更全面的视角来思考学前教育。

3. 卡罗尔·格斯特维奇著,霍力岩等译:《发展适宜性实践——早期教育课程与发展》(第3版),教育科学出版社2011年版。

全书共分为四部分。第一部分的第一章探讨了发展适宜性实践的概念,接下来的几章具体介绍了发展适宜性实践的一般原则。由于游戏是发展适宜性实践的核心,因此第二章专门介绍了关于游戏的理论和研究。第三章探讨了课程问题,并描述了教师在建设适宜性课程中的作用。总体介绍完以后,第二、三、四部分分别探讨了发展适宜性的物理环境、社会/情感环境、认知/语言/早期读写环境。

第八章
幼儿园课程改革与发展

【内容提要】

课程改革是实施高质量教育的必由之路,幼儿园课程改革不仅是幼儿教育改革的最佳切入点,同时也是幼儿教育改革的重要突破口和核心内容。由于各国的国情与文化上的差异,国内外幼儿园课程改革呈现出不同的发展轨迹,在21世纪的今天,面对新的时代,我们应面向世界,放眼未来,去认识中外幼儿园课程的改革与发展,以更广阔的视野去分析和解决我国幼儿园课程现实中的问题,以更好地发展我国的幼儿园课程。由此,本章主要梳理国内外幼儿园课程改革与发展的历程,分析当前幼儿园课程改革的特点,探讨幼儿园课程改革与发展的趋势,追寻儿童生命意义彰显下的幼儿园课程价值。

【学习目标】

1. 了解国内外幼儿园课程改革与发展的历程。
2. 了解幼儿园课程改革的特点。
3. 了解国内外幼儿园课程改革与发展的趋势。
4. 了解儿童生命意义彰显下的幼儿园课程价值。

【关键词】

幼儿园课程 幼儿园课程改革与发展 幼儿园课程改革的历程 幼儿园课程改革的特点 幼儿园课程改革与发展的趋势 幼儿园课程的价值

幼儿教育是基础教育的重要组成部分,幼儿园课程是实现幼儿教育目标的手段,是决定幼儿教育成功的关键因素。幼儿园课程改革是实施高质量幼儿教育的必由之路,是幼儿教育改革的突破口和核心内容。未来与历史是一脉相承的,谁也不能割断这种传承的联系。为了能够为当前及今后我国幼儿园课程改革的实践提供有益的经验和借鉴,我们需梳理国内外幼儿园课程改革与发展的历程,分析幼儿园课程改革的特点,探讨幼儿园课程改革与发展的趋势,追寻儿童生命意义彰显下的幼儿园课程价值。

|第一节|

幼儿园课程改革与发展的概况

2012年我国教育部颁发的《幼儿园教师专业标准(试行)》在基本理念中提出,作为幼儿教师,要“了解国内外学前教育改革与发展的经验和做法”。“在幼儿教育实践中,如果只停留在一个封闭的教育系统,固守着一套封闭的教育体系,那么我们就有可能对自己教育实践中的问题熟视无睹,无法真实地认识自己。”[①]“我们走出去是要学习别的地方、别人的经验以及做事的其他方式。但是我们进行这趟学习旅程的根本原因以及最终酬劳当然是为了更好地认识我们自己。”[②]为了更好地了解和分析我国幼儿园课程的现象和问题,我们需要了解国内外幼儿园课程改革与发展的历程,把握国内外幼儿园课程改革的特点。

一、幼儿园课程改革与发展的历程

自欧文创建世界上第一所学前教育机构以来,社会性的学前教育机构已有200多年的历史。自近代学前教育机构产生起,世界发达国家纷纷对本国幼儿教育进行了改革,而改革当中首先就是幼儿园课程的改革。

(一)国外幼儿园课程改革历程简介

下面我们以时间发展为主线,对国外幼儿园课程改革的历程进行梳理,从总体上探讨近代以来西方发达国家的幼儿园课程改革历程。

1.19世纪国外幼儿园课程的改革

国外幼儿园课程的改革要从1816年英国空想社会主义思想家和教育家欧文在苏格兰创立世界上第一所幼儿学校——新拉纳克幼儿学校谈起。新拉纳克幼儿学校专门招收1—6岁工人的子女。欧文试图通过幼儿学校来形成一种能促进幼儿全面发展的新的教育体系,培养出全面发展的新人。[③]“幼儿学校的教育内容很广泛,除了进行普遍的无神论教育外,还设置了包括诸多自然学科的科目。欧文主张,初生至五岁的儿童,应给他们以最好的营养,初生至五岁的儿童,应给他们以最好的营养,两岁前在保育室,两岁后进入幼儿学校,接受合适的体力锻炼,给他们打下发展智力,获取知识,培植优秀的意志、习惯、技能和道德的基础。”[④]欧文的幼儿学校是一种比较接近原生态式的学前教育模式,通过游戏场的各种运动性游戏来发展幼儿的身体,培养幼儿的审美和共同生活的习惯。但严格来说,幼儿学校具有贫民救济的性质,还不能算作正规的教育。

---

①李颖,吴小平,袁爱玲,等.国外幼儿教育考察[M].福州:福建教育出版社,2013:1.

②王春燕.幼儿园课程概论[M].北京:高等教育出版社,2007:5.

③周玉衡,范喜庆.学前教育史[M].上海:复旦大学出版社,2009:154.

④严仲连,陈时见.美国幼儿园课程的改革及启示[J].学前教育研究,2000(6):66.

1837年,福禄贝尔在德国始创幼儿园,并取得成功,自此有了真正的学前教育机构,标志着幼儿教育由"看管"转向"教育"。19世纪50年代开始,福禄贝尔式幼儿园先后传至英、法、美、俄、日等国。在福禄贝尔式的幼儿园中,教育的目的就是要唤醒人类内在的精神本性和力量,培养万物统一的人生观。福禄贝尔设计了主要包括游戏及"恩物"、作业、歌谣、语言等四个方面在内的一套完整的课程。福禄贝尔认为,在游戏过程中最能体现儿童的积极性、主动性和创造性,他制定的幼儿游戏体系将游戏分为两大类:第一类是活动性游戏,一种圆圈游戏,在游戏中团体游戏和诗歌游戏相互配合,让幼儿模仿自然及周围生活中的一些事物,如模仿小河流水等;第二类是精神性游戏,主要是为发展儿童的认识能力、创造力、想象力和道德品质。他专门为该类精神性游戏设计了玩具——"恩物"。福禄贝尔还为幼儿园创立了一种新的教学活动形式——作业,作业是幼儿体力、智力和道德品质和谐发展的一个主要方法。作业的种类有纸工、绘画、拼图、串联小珠、镶嵌、泥塑等。在福禄贝尔看来,只有掌握"恩物"的使用后,才能进行作业活动。此外,福禄贝尔幼儿园的课程还包括歌谣和语言。福禄贝尔专门编写了一部歌谣——《慈母游戏和儿歌》。福禄贝尔指出,无论在游戏还是在作业过程中,成年人要注意结合使用各种材料发展幼儿的语言能力。①

2.20世纪以来国外幼儿园课程改革

19世纪末到20世纪初,受西方政治思潮的影响,欧美各主要资本主义国家产生了各种教育思潮,并深刻影响着学前教育课程的发展,主要体现在20世纪以来先后涌现的各种课程方案。主要包括蒙台梭利(Montessori)教育方案、银行街(Bank Street)早期教育方案、华德福(Waldorf)幼教课程模式、瑞吉欧(Reggio)项目活动课程模式、海伊斯科普(High/Scope)课程模式等。

20世纪初,自蒙台梭利创办"儿童之家",出版《蒙台梭利法》以后,她以崭新的理念在世界学前教育界引起了轰动。蒙台梭利教育方案的目的在于运用科学的方法,激发儿童的"内潜力",使之获得自由展现和自然的发展,培养儿童成为具有"独立、自主"精神和善于工作的人。②银行街(Bank Street)早期教育方案是由银行街学院于1916年创建,其创始人米切尔坚信,教育的力量能影响和改造社会。银行街早期教育方案强调儿童现实生活的经验和兴趣,并倾向于发展儿童实践活动的能力和经验。1919年奥地利教育家鲁道夫·史代纳根据人智学的理念于德国的斯图加特(Stuttgart)创立了第一所华德福学校。华德福(Waldorf)幼教课程模式旨在帮助成人和孩子的身、心、灵健康地、平衡地成长,在学习科学知识和生活技能的同时,丰富心灵情感,不断地探索人生以提升人文精神,成为精神意义上独立和自由的人。

20世纪60年代以来,瑞吉欧的幼教体系逐渐形成,在创始人马拉古兹的领导下,20世纪80年代以后,瑞吉欧的项目活动课程模式逐渐变成了继蒙台梭利教育模式之后世界范围内最具影响力的课程模式之一。瑞吉欧教育的目标就是要创造一个和谐的环境,

①周玉衡,范喜庆.学前教育史[M].上海:复旦大学出版社,2009:158.

②郑健成.学前教育学[M].上海:复旦大学出版社,2007:276-277.

使在这个环境中的每一位幼儿、教师都感到自在、愉悦并生活得幸福。瑞吉欧教育注重发展幼儿的创造力，帮助幼儿形成完满的人格。瑞吉欧的幼教体系是一种儿童本位的课程论，瑞吉欧的幼儿学校没有预先设计好的课程，没有固定的“教材”或预先设计好的“教育活动方案”。课程内容来自周围的环境，儿童生活中感兴趣的事物、现象和问题，来自其各自的活动。[①]瑞吉欧课程的实施主要通过方案教学进行，方案教学的组织主要包括起始阶段、展开阶段和结束阶段三个部分，其中起始阶段又分为设定主题和初步编制主题网络。在教学方法上，瑞吉欧教育模式认为教育就是要为幼儿带来更多的可能性去创新和发现；要给儿童创设学习的情景，并帮助儿童在与情景中的人、事、物相互作用的过程中主动建构知识。另外，瑞吉欧教育模式在主题网络编制的过程中，尽管有教师预设的成分，但主题的开展是以幼儿为中心的，并由幼儿决定主题进行的空间与时间，强调“以学定教”。

1962年始，海伊斯科普（High/Scope）教育科学研究所历经十年开发了海伊斯科普课程模式的课程方案，这是美国“开端计划”中第一批通过帮助处境不利的学龄前儿童摆脱贫苦的学前教育方案，在全世界范围内被得以推广和运用。进入90年代以后，海伊斯科普课程的应用已遍及世界的许多国家，成为当代主要的学前儿童课程模式之一。

20世纪90年代以来，西方关于学前教育课程的研究逐步形成了专家指导下的以教师为中心开发课程的新模式。

（二）中国幼儿园课程改革历程简介

自从1903年我国第一所公立幼儿教育机构武昌蒙养院建立以后，国内的幼儿园教育发生了翻天覆地的变化。我国幼儿教育的历史也已超过了一百年，而幼儿园的课程改革一直是幼儿园教育发展的核心。百年中国幼儿园课程改革的历史会为我们提供一面镜子，通过梳理我国幼儿园课程改革的历程，能够为当前及今后我国幼儿园课程改革的实践提供有益的经验和借鉴。根据幼儿教育管理的主要特征和改革的实践特点，我国的幼儿园课程改革大致可以分为三个阶段：

1.20世纪上半叶：创生与探索阶段

20世纪初，我国的幼儿园开始建立，此时学前课程的发展处于起步创立阶段。幼儿园课程主要照搬外国的课程模式，1903年至1918年，学前教育课程主要是模仿日本的模式。1904年1月13日，中国第一个学前教育法规《奏定蒙养院章程及家庭教育法章程》颁布，其中对蒙养院的课程目标、课程内容和教学方法都做出了具体规定，但其主体内容都是参照日本1899年出台的《幼稚园保育及设备规程》。1919年“五四”新文化运动以后，西方先进教育思想不断涌入，中国早期的学前教育家如陈鹤琴、陶行知、张雪门等，一方面借鉴西方的思想，另一方面又进行本土化探索，提出了很多新的思想，并形成了“单元中心制课程”“行为课程”等课程模式。1932年10月，民国政府正式颁布了学前教育史上第一个课程标准——《幼稚园课程标准》，开启了我国学前教育课程的新时代，迎来了

①郑健成.学前教育学[M].上海：复旦大学出版社，2007：293.

我国学前教育课程发展的第一个高峰期、改革期。

20至30年代的幼儿园课程改革在理论上确立了儿童的主体性，认定了课程应来源于儿童的生活，课程应包括儿童在幼儿园的一切活动，提出了课程的编制应依据儿童的心理水平①。应当说，20世纪80年代以来的幼儿园课程改革的内容与方式在很大程度上受到了这次改革的影响。例如，现在的幼儿园“五大领域”主要就是借鉴了陈鹤琴先生的“五指活动课程”。

2.20世纪50—60年代：变革与发展阶段

新中国成立后，在教育全面学习苏联的背景下，学前教育也全盘接受苏联的理论和实践经验，倡导采用系统化知识的分科教学，国家统一意志，课程由政府统一决策、统一规划、统一编制。幼儿园课程被看作是学科，通过幼儿园各科的教学对幼儿实施教育。在苏联专家的指导下，1952年教育部颁布了《幼儿园暂行规程（草案）》和《幼儿园暂行教学纲要（草案）》，规定了学前教育课程包括体育、语言、认识环境、图画手工、音乐、计算六科，并明确规定了幼儿园教养活动的具体科目以及各科目的教育纲要。

总的来说，50年代至60年代中期的幼儿园课程改革奠定了新中国乃至80年代前中国学前教育课程与教学的发展格局，时至今日，这种传统的课程与教学观在教学实践中仍占主要地位。没有老一代学前教育工作者的辛勤研究与付出，就不会有我们今天的学前课程与教学的发展。

3.20世纪60—70年代：停滞与无序阶段

1966年至1976年间，“文化大革命”使我国的教育事业遭受重创，教育的发展基本处于停滞状态，学前教育也是如此。学前课程处于无序状态，甚至原本的课程体系也遭到严重破坏，这是学前教育课程发展的一个空白期。

4.20世纪80—90年代：快速提升阶段

1976年，我国的教育开始全面恢复。1976年至1990年间，学前教育课程的发展实现了由沿用“苏式”模式到初步改革阶段的转变，尤其是1981年《幼儿园教育纲要（试行草案）》的颁布，更是促成了学前教育课程的变革。80年代，国外各种儿童发展和教育的理论逐渐被引入中国，特别是蒙台梭利、杜威、布鲁纳、皮亚杰等人的思想在我国广泛传播，对我国学前教育课程思想产生了重大影响。80年代初开始的幼儿园课程改革始发于南京的“幼儿园综合主题教育”课程改革实验，很快这次实验的影响就在全国各地扩展开来，北京、上海等地都出现了类似的幼儿园课程改革实验研究。这些实验的针对性是很强的，那就是学科课程过分强调系统的单科知识和技能，忽视了各学科的内在联系以及儿童的实际活动和经验。

90年代后期，随着国际化交流的加强，学前教育课程的改革更是呈现出多元化和个性化的趋势。90年代主要以国家教委1989年颁布的《幼儿园工作规程（试行）》（以下简称《规程》）为标志，国家力量开始介入并主导幼儿园整体教育改革。《规程》是以传统教育观念的转变为核心的纲领性文件，它的主要改革精神体现在以下几个方面：（1）注重幼儿

①朱家雄.幼儿园课程[M].上海：华东师范大学出版社，2003：299.

的身心全面发展;(2)强调德、智、体、美各方面的相互渗透和有机结合;(3)强调幼儿的主动活动,为幼儿发展提供充分的活动机会;(4)强调游戏在幼儿教育中的重要作用;(5)强调教育要注重幼儿的个体"发展适宜性",注意"因人施教";(6)强调寓教育于幼儿园一日活动和环境中;(7)强调幼儿园活动的过程。《规程》所倡导的课程和教学是一种包括幼儿园的环境、一日生活的各种活动在内的"活动性课程",其主要成就是在观念层面上成功地将现代学前教育的基本理念植入了成千上万的幼儿教育实践者的头脑中。

5.21世纪以来:全面发展阶段

进入新千年,学前教育课程改革的力度和范围都逐步扩大,学前教育课程进入了全面发展阶段。为了进一步深化幼儿园教育改革,全面落实《规程》,教育部于2001年颁发了《幼儿园教育指导纲要(试行)》(以下简称《纲要》),在国家层面上对包括幼儿园课程在内的幼儿园教育进行指导。新《纲要》强调幼儿园教育要以幼儿发展为本,要尊重幼儿的人格和权利,要尊重幼儿身心发展的规律和学习特点,要以游戏为基本活动,要保教并重,要关注个别差异,促进每个幼儿富有个性地发展。认定幼儿的学习与发展是一个主动建构的过程,幼儿园教育应注重幼儿自主性的发挥与发展,幼儿园课程要为幼儿提供整合的、情景化、生活化的经验。《纲要》是《规程》的发展和深化,是《规程》实施十多年的成果结晶,它的实施,标志着中国学前教育改革进入了一个新的阶段。①

2012年10月9日,教育部印发了《3—6岁儿童学习与发展指南》(以下简称《指南》)。《指南》科学地回答了3—6岁儿童"应该知道什么、能做什么","应该学习什么(学习内容)、怎样学习(学习方式)",以及教师与家长"应该提供怎样的帮助与指导"等有关幼儿学习与发展的基础性与根本性问题,《指南》强调了以下几个方面的教育理念:幼儿是积极主动的学习者;珍惜童年生活的独特价值;尊重幼儿的学习方式和学习特点;尊重幼儿发展的个体差异;重视家园共育。《指南》彰显了"育人为本"的理念,高扬了"尊重儿童"的旗帜,增强了"家园共育"的合力,这不仅有助于提高教师与家长科学施教的意识与能力,而且也有助于教师与家长对幼儿的学习与发展达成基本的共识,从而保持步调一致,结成更稳定的互惠关系,增强"家园共育"的合力。

二、幼儿园课程改革的特点分析

教育改革的核心是课程改革,由于世界各国国情的不同以及文化的差异,国外幼儿园课程改革的模式不尽相同,但各国幼儿园的课程改革基本上反映了幼儿教育的整体发展状况,下面我们从幼儿园课程的理念、幼儿园课程的内容、幼儿园课程的实施几方面分析中外幼儿园课程改革呈现出的共同特征。

(一)加强政府的政策导向

各国政府为了有效推进幼儿园课程改革,陆续出台了相应的法规、政策和课程标准,以确保幼儿园课程改革的顺利进行。相关的法规、政策和标准明确规定了各国学前教育

---

①朱家雄.中国视野下的学前教育[M].上海:华东师范大学出版社,2007:24.

的性质、总体目标、课程内容、组织方式以及评价手段等,直接规范和指导着幼儿园课程的改革。如英国在2000年9月颁布的面向3—5岁幼儿的《基础阶段课程指南》,明确提出了幼儿教育的六大领域:个性、社会性和情感的发展;交流、语言和读写;数学发展;认识和理解周围世界;身体发展;创造性发展。幼儿园课程设置基本上是依据这六大领域进行的。为了推动课程改革,英国还专门成立了课程设置委员会(The Curriculum Coun-cils),并制定了相应的课程大纲,规定了具体的课程设置。2000年,美国开端计划项目署制定了《"开端计划"儿童发展结果框架》,将幼儿的学习内容划分为八个领域,2010年12月又对该框架进行修订,扩展了幼儿的学习领域,并将框架更名为《"开端计划"儿童发展与学习框架》。这种政策的修订也有利于幼儿园及时调整课程设置,提高教育质量。瑞典国家委员会早在1998年就颁布了全国第一部幼儿园课程标准,后几经修订。课程标准规定了幼儿园的基本价值观和任务以及幼儿园课程的目标和准则,幼儿园课程主要根据国家统一的课程标准进行调整和设置。澳大利亚的维多利亚州于2000年修订了《课程标准框架》,规定了八大学习领域:艺术、英语、体育和健康教育、外语、数学、科学、社会和环境研究、技术,制定了这些学习领域的课程标准。加强政府的政策导向,不仅有利于统一幼儿园的课程标准,而且有助于提高幼儿园课程的质量。

(二)凸显"儿童本位"的课程理念

"儿童本位"的幼儿园课程理念要求幼儿园课程以促进儿童生长为目的,贴近儿童的生活需要,从儿童的兴趣和能力出发,符合儿童身心发展的自然个性,以儿童为主体去实施,以促进儿童全面和谐发展为目的。根据幼儿的兴趣、需要以及身心发展规律,并从幼儿的实际情况出发,构建有利于幼儿可持续发展的幼儿园课程,已成为当今中外幼儿园课程改革的基本共识。

从20世纪80年代初开始,幼教界就对60、70年代以"智力开发"代替早期教育的做法进行了深刻的反思。1985年在日本召开的日、欧、美幼教峰会批评了早期教育中将幼儿的发展等同于智力发展的错误倾向,呼吁教育从"智育中心"转向促进幼儿富有个性的全面发展,特别是幼儿社会性和情感的发展。20世纪90年代以来,知识经济的发展对人的整体素质提出了前所未有的要求,尤其对人的主体性品质的重视更是超过了以往任何时代。在确立幼儿园课程的目标时,各国始终坚持以幼儿的全面发展为本,"儿童本位的课程理念"得到了各国的普遍认同。

全美学前教育协会1996年在被誉为"幼儿教育的圣经"的《适宜于0—8岁儿童发展的教育方案》中明确指出:"适宜的教育应该顾及到儿童所有领域的发展:身体的、情感的、社会的以及认知的"①;2005年又在《幼儿教育方案标准和认定指标》中指出:"'课程'标准旨在发展儿童在审美、认知、情感、语言、体能和社会等方面的能力。"英国政府2000年颁布了面向3—5岁幼儿的《基础阶段课程指南》,在学习目标上强调幼儿个性、社会性和情感的发展、对学习的积极态度和倾向、社会性技能、注意力和坚持性、创造性的发展

①冯晓霞.幼儿教育[M].长春:吉林教育出版社,2000:179.

等。[①]新加坡的幼儿园课程目标涉及对幼儿的自我意识、智力、道德、价值观、审美、生活技能、环境意识等多个方面，强调促进幼儿的全面发展，致力于培养完整的人，在其2003年颁布的《幼儿园课程框架》中，明确提出把“全面发展的原则”作为幼儿园课程设置的六项原则之一。[②]我国内地2001年制定的《幼儿园教育指导纲要（试行）》和香港地区2006年颁发的《学前教育课程指引》均从不同侧面提出了培养“完整儿童”，重视幼儿德、智、体、美、劳全面发展的幼儿教育目标。

（三）注重幼儿园课程的多样化

幼儿园课程的多样化指课程模式的多样化、课程目标的多样化、课程种类的多样化及课程实施途径的多样化。

根据不同的标准，课程模式的划分方式不相同，以各种课程形式依赖的理论为依据，学前课程模式可分为认知理论的学前课程、英国“学会学习”的学前课程、行为主义理论的学前课程、结构化学前课程、苏联的知识系统化课程。[③]在现实中，大多以课程实施的主体来划分，通常有教师中心模式、儿童中心模式、教材中心模式、开放教育模式、活动（游戏）中心模式等。在美国，常见的有福禄贝尔式、蒙台梭利式、杜威式、皮亚杰式等。G.哈立维认为在澳大利亚学前教育发展过程中，主要存在三种课程模式，即学科中心模式、儿童中心模式、相互作用模式。[④]

幼儿园课程目标的多样化有两层含义：一是指幼儿园课程在培养人的方面的多样目标（体力、智力、语言、情感、社会等）；二是在幼儿园课程目标的表述方面的多样化。幼儿园课程实施途径的多样化，是指幼儿园课程的实施除了在幼儿园以外，还有家庭和社区的利用；幼儿园课程模式的多样化是指幼儿园课程的实施采用多种模式，如除传统的学科中心课程外，还有教师中心课程、儿童中心课程、活动中心课程等。幼儿园课程种类的多样化主要指幼儿园课程的显性课程和隐性课程，除了为正常儿童设计的课程外，还有为生病的儿童及残疾儿童设计的课程。关于课程目标的提法世界各国的幼教界尽管各不相同，但大多是围绕着德、智、体、美及个性的和谐发展来阐述。加拿大提出要帮助儿童在身体、社会性、情感、认知上得到和谐发展；阿根廷提出要发展儿童的体力，促进儿童的心理、智力、情感、自制力的发展，加速儿童社会化，为小学学习作好准备；巴西提出要维护儿童的身心健康，扩大儿童的知识面，丰富儿童的体验，激发儿童的兴趣；美国提出要培养儿童社会交往的能力、自我服务的能力，提高儿童的自尊水平、学习能力，培养儿童思考的技能、学习准备的技能，增强儿童语言和文学的能力，发展儿童的独立性，促进儿童的均衡发展；英国强调知识、社会、个性和能力，特别强调要培养儿童的乐感、绘画

①何梦燚.英美早期语言学习标准化运动及其对我国的启示[J].学前教育研究，2007(9)：50.

②何茜.国外幼儿园课程改革的基本经验与发展趋势[J].比较教育研究，2012(5)：2.

③李季湄.国外学前课程模式种种(上)[J].外国教育资料，1989(3)：21-25.李季湄.国外学前课程模式种种(下)[J].外国教育资料，1989(4)：63-67.

④Halliwell G. An Interactional model for early child-education, Curriculum Banch, Department of Education, Queensland, August 1977.p.6.

能力和手工制作的能力，发展儿童对美的欣赏能力和表达能力，增强儿童适应环境的能力，使儿童懂得民主、科学，学会遵纪守法，发展健康的人格。[①]

幼儿园除了常见的按科目划分的课程如语言、游戏、科学等显性课程以外，隐蔽课程在今天也受到高度重视。澳大利亚、新西兰、美国、芬兰、瑞典、丹麦、法国等国特别对学前隐蔽课程予以重视。在加拿大，环境渗透更是被纳入教学内容，如学前教育机构的围墙、门、游戏玩具等都是根据儿童的特点来设计的。教师还特别注重儿童的精神环境方面的优化，使教师和儿童处于平等的朋友关系之中。目前不少国家的学前教育机构倡导的"让男性进入幼儿教育领域"在某种程度上也是一种隐蔽课程。

由于受教育民主化、"机会均等"等因素的影响及教育理论的更新，芬兰、瑞典等国以幼儿教育机构的角色来实施幼儿园课程。除了有为一般正常儿童开设的课程以外，还有为生病的儿童及残疾儿童开设的课程。对残疾儿童的教育一般采用两种方法：一是为残疾儿童设置特殊的课程，对这些有残疾的儿童进行训练；二是把这些儿童置于正常儿童所在的班级随班接受教育，法国也把研究残疾儿童的教育问题纳入法国的学前教育发展方向。

（四）重视幼儿园与家长和社区的联系

幼儿园、家庭和社区不仅是幼儿活动的重要场所，更是幼儿教育过程中的重要因素，三者的相互配合形成教育合力，才能发挥最大的作用。自20世纪80年代以来，幼儿教育不再仅仅局限于幼儿园，社区及家庭的参与越来越受到重视，在幼儿园课程实施中的角色愈来愈重要，家长和工作者也充当起课程的实施者。

在英国，凡符合健康、安全标准，经地方社会服务部注册的家庭都可举办保育活动，主妇充当教育者，最多只允许照看3个5岁以下的儿童(包括自己的孩子)；父母参加的父母婴儿小组每周活动1次，每次2小时。保教人员和家长共同讨论教养子女中的问题使双方受益。[②]在美国、加拿大、芬兰、瑞典、新西兰、澳大利亚则被称为家庭日托，各国的家庭日托在形式上没有质的差别，许多国家对家庭日托有一些诸如场地、阳光、师资、儿童数量等方面的要求，在主妇申办家庭日托时往往还给予适当的帮助。只是芬兰的家庭日托在近年来有些新的变化，产生出两种新的形式：2—3个家庭联合起来向政府租用1名保教人员，轮流在这几个家庭中施教，儿童总数不超过4人，或2—3名保教人员在政府的监督管理下，共同为几个儿童实施教育。[③]澳大利亚的游戏小组、新西兰的游戏中心也都是在家长的主持下进行的，只不过前者完全是由儿童的父母组织，后者则由受过训练的家庭主妇担任。作为幼儿的第一任老师并且也是最持久和最具影响力的老师，家长的参与对幼儿在认知、语言、情感、行为、态度以及社会交往等方方面面的发展都会产生长远而深刻的影响。此外家长的参与还能有效保障家长受教育的权利，促进家长的发展。1999年召开的"21世纪国际幼儿教育研讨会"上通过的《全球幼儿教育大纲》中明确指

①李生兰.比较学前教育[M].上海：华东师范大学出版社，2000：268-272.

②Curtis A. Early Childhood Education in Great Britain，Garland Publishing，1992，p. 231.

③李生兰.比较学前教育[M].上海：华东师范大学出版社，2000：118.

出："儿童的发展是家庭、教师、保育人员和社区共同的责任。"①

相关链接8-4：

"开端计划"中家长参与学前教育课程的表现(节选)

20世纪60年代美国长期积累的种族歧视和贫富悬殊等社会矛盾日益尖锐，迫使联邦政府积极探求解决的途径。1964年1月8日约翰逊总统提出"向贫困宣战"的口号，同时关于儿童发展理论的研究表明贫困产生的根源在于幼儿阶段教育的缺失以及生活环境的恶劣。由此，"开端计划"作为反贫困斗争的一个综合性服务计划便应运而生。其目的是通过对处境不利的儿童提供补偿教育使他们能够有一个良好的开端并为其日后在学校的成功做好准备。"开端计划"创造了不少机会让家长亲身参与到课程与教学中来，在开端计划中家长的参与主要通过以下两种形式：

1. 家长作为雇员观察员或者志愿者参与课堂活动和教育活动。家长作为辅助人员与幼儿一起活动，既增加了自己跟幼儿接触的机会，又增强了他们各方面的技能。据统计，2008年春季在参加"开端计划"项目的家长中经常参与课堂观察的占71%，而经常在孩子们教室里做志愿者的家长占了59%。2009—2010计划年度，"开端计划"各个项目的志愿者人数达到了1335620人。

2. 家长参加"开端计划"提供的各种教育活动，包括家长教育班、识字项目、工作培训项目等等。相关调查发现：参加"开端计划"的家长每周参与教育和培训活动的时间要比未参加"开端计划"的家长多，并且他们也很乐于参加各种教育活动。到2009年秋季，参加"开端计划"的幼儿当中，至少一方家长拥有高中文凭或者通过考试的占68%，在新加入该计划的家庭中，母亲拥有高中文凭或者通过考试的占54%，父亲在这方面所占的比例更是达到了64%，这说明通过参加各种教育活动，家长的受教育水平得到了相应的提升。

另外，社区的参与在幼儿园课程中也起着不可忽视的重要作用。社区参与幼儿园的课程能够充分利用社区的环境资源和场所为幼儿教育创建最佳的课程学习环境，也有利于调动社区人员参与幼儿教育的积极性，优化幼儿园课程。社区资源的有效利用能拓展幼儿活动空间，扩大幼儿课程的范围。例如，美国芝加哥大学实验学校幼儿园为幼儿提供了社会研究领域课程，主张幼儿学习社区、家庭和自己这三种形式的课程。在英国，教师为了使儿童更好地理解四季变换，会充分利用社区的公园、绿地等资源设置有关季节的主题，让幼儿进行学习。为了形成幼儿的自我认同感和增加对周围环境的认识，英国的幼儿园课程还设有"认识和理解周围世界"这一领域，要求教育者在与幼儿的互动过程中，让幼儿学习自己生活的家庭和社区的文化和信仰。②在澳大利亚，教师则常常邀请有一技之长的社区工作者来园给儿童讲课，教儿童学电脑、唱歌、跳舞等，扩大儿童的知识

①邵明星，杨晓萍．从"开端计划"到"确保开端计划"：美英两国促进幼儿教育家长参与[J]．现代中小学教育，2013(8)：68.

②何茜．国外幼儿园课程改革的基本经验与发展趋势[J]．比较教育研究，2012(5)：3.

面，培养儿童的技能技巧。①

三、幼儿园课程改革与发展的趋势

在反思幼儿园课程改革中，我们应该在纵观幼儿园课程改革的历史和经验，横观经济、政治等各领域发展状况以及国际幼儿教育的发展状况和趋向的基础上，把握幼儿园课程改革的趋势和发展方向。整体而言，幼儿园课程改革呈现出一些基本的变革走向。

（一）早教化

进入新世纪，2003年在埃及召开的世界早期教育大会重申了早期教育实施的重要性，并指出：我们必须重新思考我们的未来。目前教育和其他许多学科的研究都证明了早期教育的重要性，这是一个值得关注的新研究，尤其是脑科学的研究表明，6个月的婴儿，大脑重量已达到成人脑重的一半；5岁时，脑重已达到成人脑重的90%。我们要抓住这一快速发展阶段，开发幼儿的智力。幼儿期是智力开发的关键期，因此，幼儿园课程也必须从早期开始。②

（二）专业化

学前教育作为一个专业，是一个不容置疑的问题。学前教育的发展，也呼唤幼儿教师职业专业化。幼儿教师的专业化势在必行，提高幼儿教师的专业化水平是当务之急。确立幼儿教师职业专业化，推进幼儿教师专业化进程一直是国际组织和各国政府努力的目标，也是世界各国教育发展战略的共同举措。20世纪80年代以后，对教师专业化的探索达到了空前的高度。旨在大幅度提高教师质量和专业水平的教师专业化运动成为世界众多国家教师教育的主导运动与发展目标。③

（三）法制化

当今一些发达国家和地区都十分重视学前教育的立法。美国、澳大利亚已于20世纪70年代为本国的学前教育立法。英国、德国、法国、韩国等也在近十年间相继颁布了学前教育法律。作为基础教育的第一环，学前教育是为人生奠基的教育。因此，在经济快速发展、高等教育、义务教育发展的今天，面对日益激烈的国与国之间实力的竞争，我们也要尽快制定学前教育法，建立健全相关法律和规章制度，以明确规定学前教育的地位、作用，以及各级政府和有关部门的责任、办园者资格和教师资格等。④

（四）综合化

综合素质成为当前考核学习者的主要标准，学前教育也同样要培养具有综合素质的幼儿。因此，幼儿园的课程与教学开始利用学科交叉、知识渗透、问题解决等方式来实施综合教育。全美学前教育协会也坚持将综合教育看作是学前教育“最为重要的发展趋势

---

①李生兰.比较学前教育[M].上海:华东师范大学出版社,2000:224.

②冯君.幼儿园教育教学改革的宏观思考[J].黑龙江教育学院学报,2007(2):41.

③冯君.幼儿园教育教学改革的宏观思考[J].黑龙江教育学院学报,2007(2):41.

④冯君.幼儿园教育教学改革的宏观思考[J].黑龙江教育学院学报,2007(2):41.

之一”，并努力尝试将数学、健康、美术、音乐、社会、体育和语言等科目的国家标准转换成适合儿童发展的综合性教育方案。

（五）文化多元化

近年来，由于全球化的发展趋势日渐凸显，培养兼容并包和具有国际视野的“世界人”成为了学前教育的重要目标，当前学前教育课程与教学的发展趋向也正是以此为指导的。在课程的设置与教学实践过程中，国外幼儿园开始注重多元文化的渗透与安排，如芬兰托幼机构支持沙米人（Sami）、吉卜赛人和其他移民幼儿的语言和文化。

（六）本土化

本土化发展趋势是相对于文化多元化来讲的，由于多元文化的全球化发展趋势，以至于出现了“强势文化对弱势文化的侵袭”现象等。因此，热爱并保持本民族文化的传统就成为了教育的重要议题。国外的学前教育非常重视传统文化的教育，以保持本民族文化的基因与特色。幼儿园也把传统文化、民族文化等内容作为课程与教学的重点之一，并引导幼儿形成并保留向外弘扬传播传统文化的意识。

（七）信息化、科技化

近年来，信息技术和科学技术在整个教育领域和生活领域的广泛应用，使得幼儿园的课程、教学与信息技术和科学技术之间的联系日益频繁，信息化、科技化成为了国外幼儿园课程改革中的又一显著特征。未来的“学前儿童生活在计算机时代，他们不仅必须从计算机中学习，而且还需要学习计算机”[①]。

---

①Spodek B, Saracho O N. “New directions in curriculum development”. In Saracho O N, Spodek B.Contemporary Perspectives on Early Childhood Curriculum.Greenwich, CT: Information Age Publishing, 2002. p. 271.

|第二节|

儿童生命意义彰显下的幼儿园课程价值

幼儿园课程是师幼追寻价值、创造价值、为价值所充溢的生命活动,体现特定的价值取向。幼儿园课程价值取向决定着幼儿园课程的整体走向,并成为幼儿园课程目标、课程内容的选择以及课程实施与课程评价的主要依据。幼儿园课程离不开价值取向的引导和规约,幼儿园课程价值取向是否科学、合理,将直接影响幼儿园课程目的的实现及师幼生命的质量。下面从教学的目标、内容、实施和评价入手,分析和探讨幼儿园课程建构的取向。

一、幼儿园课程的目标取向

人的生命是多层次、多方面的整合体;生命有多方面的需要,如生理的、心理的、社会的、物质的、精神的、行为的、认知的、价值的、信仰的。任何一种活动,人都是以一个完整的生命体的方式参与和投入,而不只是局部的、孤立的、某一方面的参与和投入。[①]幼儿园课程实践中,幼儿应被看作是一个完整意义上的生命,他们是有血有肉、充满智慧和生命活力、富于想象和情感,集生活、学习和审美于一体的活生生的人。其生命的自然性、精神性和社会性是幼儿园课程不可忽视的生命基础,幼儿生命在这三方面的成长成熟也是幼儿园课程实践不可回避的责任和使命。要实现幼儿园课程目标的生命价值,幼儿园课程实践必须遵循以下的取向。

1.预设性目标与生成性目标结合

预设性是传统幼儿园课程目标的一个重要特征。预设性产生于科学主义的背景之下,受到预成性思维的影响。预成性思维主要是指先在地设定事物的本质和规律并按这种设定来认识和控制事物发展的思维方式。[②]这种思维具有三个关键特征:一是二元论。认为客观世界是外在于人的自在世界,人是客观世界的旁观者。二是本质论。它将事物分为表面现象与深层本质,认识分为感性认识和理性认识,认为理性认识是对事物本质的认识,本质和理性认识更为基础。三是预成论。认为本质在事物之外,规律在过程之先,只要掌握了规律,就能为事物的发展设计路径,并能对事物的发展路径进行控制。预设性目标一般具有如下几个特征:(1)目标必须是对所有人都有效的,具有普遍性。(2)目标是理性的表达。(3)目的不考虑个人需要。(4)意志由目的决定。[③]预成性目标具有明确性、可操作性、可测量性,却忽视了教学中的丰富复杂性,否定了教学中的动态生成性,抑制了教学中学生的能动性和内发性,排斥了那些难以测

① 叶澜."新基础教育"探索性研究报告集[M].上海:上海三联书店,1999:182-183.

② 罗祖兵.生成性思维及其教学意蕴[J].当代教育与文化,2011(3)75-76.

③ 燕良轼.教学的生命视野研究[D].长沙:湖南师范大学博士学位论文,2004:65.

评和预测的价值、观念和情意因素，无视学生的自由、价值和创造，把学生客体化、标准化，抽离了学生个体生命的真实性。

到了现代，由于人的主体的凸显，“西方哲学出现了由科学主义世界观向生活世界观、由本质主义向生成性思维的转折”。[①]课程思维方式由预成性思维逐渐走向了生成性思维。生成性思维具有以下特征：一是重关系。认为任何事物都存在于与其他事物的关系之中，其存在的意义也只有通过关系才能得到说明。二是重创造。认为“没有已造成的事物，只有正在创造的事物，没有自我保存的状态，只有正在变化的状态”。[②]三是重非线性。在生成性思维看来，事物之间的关系具有非线性特征，即具有不确定性和非决定性。四是重过程。万物在过程中存在，也在过程中生成。五是重具体。认为世界由具体事物构成，具体事物的存在过程和发展变化才是真实的，才具有意义。

生成强调发展和创造，教学与人的发展是不断产生、生长的过程，在展开以前是不能完全被预见的，这种不可预见性正意味着课程生成与创造的可能性。生成性目标指的是随着幼儿园课程的展开而自然生成的目标，它关注的不是由外部事先规定的目标，而是强调教师根据活动的实际进展提出相应的目标，强调幼儿、教师与教育情境的交互作用。[③]生成性目标尽管不排斥目标可以有某种程度的预设性，但它更强调目标在实际课程实践中的生成性，强调课程实施过程中发生的非预期的事情，注重幼儿生命发展过程中复杂的变化性和个体差异性。因为幼儿的生命是不同的，教师不可能完全预先设计好每个幼儿个体的生命价值。生成性课程目标认为，幼儿园课程是一个动态生成的过程，而不是一个静止的、完全预设的、不可变更的过程。这一动态生成的幼儿园课程展现着生命的灵性和创造，具有极大的不可预期性。幼儿园课程目标是在课程实践中，在师幼亲历的生命活动中，随着师幼的互动交流的不断展开逐渐生长、建构，并随着幼儿园课程的变化而变化的。由此，幼儿园课程的生成性目标在活动中形成，并与活动相统一，它基于幼儿园课程的计划，又超越计划，突出课程的生成，它需要教师根据课程实际情境进行灵活调整。

2.精确目标走向弹性目标

精确目标源于20世纪初课程开发科学化运动的创始者，美国著名课程论专家博比特（F.Bobbitt）。其思想受到行为主义刺激—反应理论的支撑。刺激—反应理论将所有的生命活动解读为外显的、可测量的行为，目标体系中缺乏人的需要和情感。无论是行为主义还是认知学派的教学设计模式，都是以确定的精细的目标为驱动的。精确目标的功能在于描述目标达成后的情形，明确指出计划完成后的预期状况，而后控制课程的设计和实施，最后进行可见、可操作的评估来说明目标的有效性。在课程实施过程中不允许有任何偏离，不管这种偏离的原因是什么。很明显，这种课程目标非常机械，在这种目标控制下的教师和幼儿都成为被动的活动者，教和学失去应有的创造性。

---

① 李文阁.生成性思维：现代哲学的思维方式[J].中国社会科学，2000(6)：45.

② 朱贻庭.伦理学大辞典[M].上海：上海辞书出版社，2002：666.

③ 张华.课程与教学论[M].上海：海教育出版社，2000：174-177.

幼儿的生命活动具有丰富的内容，既包括外显的行为，又包括需要、兴趣、情感、体验、动机、直觉、人格等非精确的心理内容。幼儿园课程目标的精确化，必然将这些丰富的生命内容排斥在幼儿园课程目标之外。幼儿的生命是流动的，且每个幼儿又是差异性的个体，在幼儿园课程实践中的表现是变化万千的，预先设计的课程目标无法满足课程实践中的非预期思维，精确化的标准无法对幼儿加以衡量。由此，精确化的课程目标无法满足幼儿园课程的要求。弹性化课程目标是幼儿园课程目标的追求。

弹性(flexibility)其含义是：灵活性、柔性、机动性。弹性与刻板、刚性、僵化互为反义。课程有“弹”性才有“活”性，有“活”性才有“灵”性，有“灵”性才有“创造”性。弹性化课程目标不是精确的、凝固的目标，而是预设与生成、封闭与开放的矛盾统一体，具有伸缩性、动态生成性、灵活性和变化性。幼儿园课程的弹性目标不排斥预设课程目标，认为预设课程目标是必要的，但不是刚性的、机械的，而是有空白的预设。幼儿园课程目标的确定，更多的不是在课程之前而是在课程实践的进程之中才能实现，因为幼儿园课程的复杂性与差异性决定了幼儿园课程实践的可变性。在弹性化课程目标下，幼儿教师在课程目标设计上要基于对幼儿和课程内容深入了解的基础上，科学而艺术地把握预设与生成，预设的课程目标应是粗线条的，而非面面俱到，要充分考虑到幼儿园课程实践中可能出现的各种情况，弹性设计课程目标，给幼儿足够的空间，为幼儿园课程的生成提供可能，为幼儿个体知识的生成创造条件。

3.外在目标走向内在目标

任何活动都有内在目的和外在目的。活动的内在目的是活动自身所具有的、其他任何活动不能代替的目的，侧重受教者的内在发展。幼儿园课程实践过程作为引导幼儿的生命发展、引导幼儿的生活展开的过程，其内在目的就是此活动之中的人之生命的完满、个人生活的完满，这是第一性的、根本的目的。课程的外在目的着重课程的应用价值，如课程是让幼儿学得更多的知识，课程是为幼儿的未来职业生活作准备，以成人标准来主宰孩子的成长，强调课程的工具实用性。这种工具化外在课程目标使幼儿天生本有的能力被忽略，课程将变成机械化的技能训练，结果牺牲了幼儿的觉知性，导致幼儿的原创力无法发展，扭曲了幼儿生命历程自为目的的价值。

当然幼儿园课程的内在目的不排斥课程的外在目的，也不应让外在的功利目的淹没内在目的。幼儿园课程目标应关注幼儿生活，关注幼儿的实际，体现幼儿发展的内在的认知要求和情感需要，力求重视幼儿经验，重视过程中的个体差异，充分考虑孩子的年龄特点、成长规律、兴趣爱好等，尊重他们的独立人格和尊严，为孩子今后的学习生活、走上社会即终身服务。

4.一元目标走向多元目标

在幼儿园课程实践中，幼儿与幼儿各异，他们的起点不同，活动中的变化也不同，因而课程实践中要达到的目标也应该不一样。生命的整体性要求我们在教学中把生命看作是具备知、情、意、行等各方面特征的个体，课程不能以单纯传授给幼儿知识为唯一重点，而要促进幼儿情感、意志、行为等各方面全面发展。幼儿作为完整的生命体，接受着来自各方面的信息，通过感情、体验、理解来促进整体生命的发展。幼儿园课程目标的确定要突出多元性、整体性、多样性、发展性，充分发挥幼儿的聪明智慧、挖掘幼儿的生命潜力、促进幼儿自由而全面的发展。一是，依据幼儿现有的水平制定共同的目标和个人的目标，既突显全体幼儿的发展，又照顾每一个幼儿的发展，体现对每一个幼儿生命体独特价值的认可和珍视。二是，课程目标的确立，不仅有认知方面的，还要有情感、意志等方面目标的体现。体现课程目标的整体性，促进幼儿知、情、意统一协调发展。

二、幼儿园课程的内容取向

幼儿园课程内容选择是课程设计中的重要一环，本质上反映了选择者的价值理念和价值判断，不同的价值判断决定了幼儿园课程的实际内容，不同的幼儿园课程内容会影响幼儿的发展。根据幼儿生命的特征、幼儿园课程目标取向，幼儿园课程内容取向如下。

1.课程内容回归幼儿的生活世界

"生活世界"的概念最早由德国哲学家胡塞尔(E. Edmund Husserl)提出，他试图从生活世界出发来探讨科学危机的根源。胡塞尔的"生活世界"的基本含义指我们个人或各个团体生活于其中的实际而具体的环境，或定义为一个"非课题性的、奠基性的、直观的、主观的世界"[①]。所谓"非课题性"是与自然态度有关的，指我们在自然的观点中直向地面对现实世界，将现实世界的存在看作是一个毋庸置疑的、不言自明的前提，不将它看作问题，不把它当作课题来探讨。所谓"奠基性"指"生活世界的自然态度"与"客观科学的态度"和"哲学的反思态度"得区分开，后面的两种态度都在某种程度上将现实世界作为课题来探讨。但所有对生活世界的探讨都必须以生活世界本身的存在为前提。因此，生活世界的态度要先于其他的态度并构成其他态度的基础，或者说，其他的态度都奠基于生活世界的态度之中。所谓"直观的"意味着日常的、伸手可及的、非抽象的。正因为它是一个直观地被经验之物的世界，因而随经验主体的不同而具相对性：它可以是相对于一个个体的人而言的世界，也可以是相对于一个集体的人而言的世界。所谓"主观的"的世界，指生活世界随个体自我主观视域的运动而发生变化，每个人的生活世界各不相同，因而生活世界的真理是相对于每个个体而言的真理。哈贝马斯认为，生活世界是"交往行动者'一直已经'在其中运动的领域"，是人们在交往中达成相互理解所必需的共同的背景知识。(哈贝马斯)交往活动表达着生活世界的内容，生活世界组成交往活动的背景。离开生活世界，交往活动无法进行。

哲学领域关于生活世界的学说，对于我们考虑幼儿生活世界具有重要的启示。幼儿园生活关怀教学中的生活世界所指如下：(1)是立足于幼儿当前的日常生活世界，这一世界是幼儿熟悉和了解的世界，幼儿有着最直接的经验和感受的世界。(2)是生活世界与科学世界相统一的世界，科学世界建立在生活世界的基础之上，建立在对幼儿的主体性、能动性和意义性的尊重基础之上，追求工具理性与价值理性的统一。(3)是幼儿的文化生命世界和价值世界，体现着幼儿自己需要、价值、追求和意义的世界。

---

① 倪梁康.现象学及其效应——胡塞尔与当代德国哲学[M].北京：商务印书馆，2014：126.

生活世界是人创造的,人也在创造生活世界中成长。离开了生活,生命就成了无源之水,无根之木。作为生命体的幼儿只有在生活中汲取营养,才能凸显生命的灵动与创造。幼儿的生活世界与成人的生活世界是不同的。幼儿园课程内容不应用成人生活的标准和规范来认识与理解幼儿的生活,应以幼儿的生活世界为基础和源泉,幼儿园课程内容不能脱离幼儿成长的生活世界。然而,在当今的幼儿园课程实践中,受到"不要输在起跑线上"的"望子成龙"的大众教育意识的影响,受到追逐利益的商业化思想的影响,为了追求幼儿适应未来生活必须具备的科学知识,在一定程度上存在着背离《幼儿园工作规程》和《幼儿园教育指导纲要(试行)》精神的现象,存在着幼儿生活世界的失落现象,剥离了幼儿的生长家园——"生活世界"。有些幼儿被塞进各种兴趣班,让他们的兴趣荡然无存;有些幼儿过早学习经文、典籍这些远离他们的生活的内容,让他们失去游戏和欢笑……幼儿与自然、社会、自我的内心体验在这样的生活中被严重地分离,幼儿的生活世界被成人的世界、科学世界所吞噬。

2.追求课程内容的人文意蕴

何谓人文?至今还是见仁见智。《辞海》中是这样解释的:旧指诗书礼乐等。《易·贲》:"文明以止,人文也。观乎天文,以察时变;观乎人文,以化成天下。"今指人类社会的各种文化现象。指人情事理。《大不列颠百科全书》对人文的定义为:人文是指人的价值具有首要的意义。无论是西方还是中国,"人文"一词都包含着两方面的意思:一是"人",一是"文"。它体现在生命的关怀和文化的关切中,而人是"人文"的主体,"人文"的核心,是更重要的、更基本的方面。人文的集中体现是,以人为本,关心人、爱护人、尊重人、重视人,承认人的价值。幼儿园课程内容的人文意蕴为:(1)把人文素质、人文精神的养成作为幼儿园课程内容的价值取向。(2)突出幼儿是教学的主体,在课程内容中突出为幼儿生命发展服务的理念。(3)突出幼儿作为具有自身文化个性的人,在课程内容中体现对幼儿的人文关怀,受到真善美的熏陶,其自身的体验和个性心理特征受到尊重。

因此,在幼儿园课程内容选择时,首先,教师应选择幼儿感兴趣、有价值的内容。幼儿的一日生活的每一个环节都具有潜在的教育价值,教师应为幼儿创造民主开放、灵活而富有弹性的氛围,提供自主选择、自由发展的机会,最大限度地调动幼儿的积极性与创造性。其次,课程内容应具适宜性,既不是幼儿已经熟知或掌握的,又不是幼儿付出努力难以达到的,即在幼儿的最近发展区内的课程内容是最适宜的。课程内容充分尊重幼儿的意愿、实际经验、兴趣、能力和个性特征,处处体现出对幼儿人格和人权的尊重,立足于充分发现幼儿的各种潜能,发挥幼儿的主体性。另外,幼儿园课程内容还要体现人文性。幼儿园课程内容的人文性要求在课程内容中,必须包括与幼儿生活紧密相关的文化传统、民俗礼仪、节日观念、行为习惯等方面。

3.弱化学科界限,重视整合内容

整合是把不同性质、不同类型的事物组合在一起,使它们成为一个整体,或把各要素、各部分有机地组织在一起,形成一个整体。整合是整体形成的环节和过程,整合的核心是建立联系。有机联系,是联系的最高层次。自20世纪80年代以来,幼儿教育界逐步认识到了“整合”对幼儿学习的重要意义，幼儿教育课程的研究者们在有关幼儿园课程发展的认识上已经出现了明显的趋同倾向，给幼儿提供“整合”的课程成为了国际、国内幼儿教育工作者的共识。迄今为止，国内已有几种引人注目的整合取向的课程模式，主要是在学科范围内进行整合的“经验模式”，以主题方式进行整合的“主题模式”，以及以项目为方式进行整合的“项目活动模式”。分科和整合是认识世界的两种不同的方式，没有孰优孰劣之分。分科课程和综合课程的划分也是相对的。根据儿童生理心理发展状况，不同阶段的课程整合具有不同的意义。幼儿教育是以3—6岁幼儿为对象的教育，幼儿的学习是在生活中，通过生活及其他活动进行的，这些活动涉及多方面的学习内容，是综合性的，具有促进幼儿多方面发展的价值。从幼儿生命的特点来看，多个发展领域之间是相互联系、相互促进的，它们构成了一个有机的发展整体，所谓的发展领域只不过是人为的划分，在现实的课程实施中，幼儿是以完整人的形象出现的。因此，整合性的课程内容是符合幼儿学习的特点和需要的。

幼儿园课程内容的整合是幼儿教育整合的主要表现，也是一种最基本的整合，幼儿教育的整合最终体现在课程内容的整合上。幼儿园课程内容的整合性注重教学内容各组成部分之间有机联系，形成具有整体功能的结构。主要表现在纵的和横的两个方面。从横的方面看，不同领域、不同类型的课程之间彼此联系，构成统一整体，从不同的角度促进幼儿情感态度、知识技能等方面的发展；从纵的方面看，同一领域、相同类型的内容按一定顺序组成整体，发挥整体功能。

三、幼儿园课程的实施取向

课程实施的取向是对课程实施过程本质的不同认识以及支配这些认识的相应的课程价值观。课程实施的取向集中表现在对课程计划与课程实施过程之关系的不同认识上[①]。幼儿园课程实施的取向即在幼儿园教师课程方案设计与活动的实施过程之间存在着的某种相合或相离的趋向。根据幼儿园课程实施的特点，幼儿园课程实践可采取两种取向：相互调适取向和缔造取向。

1.幼儿园课程实施的相互调适取向

幼儿园课程实施的相互调适取向认为幼儿园课程实施是课程计划或方案与具体情境之间相互作用，根据课程实施实际情况不断地进行调整、改变以达到相互适应的过程。其基本假设为：(1)课程方案与情境相互之间在实施中不断发生调整，课程实施是一个连续的动态过程；(2)课程方案是可以调整和改变的，实施者对课程方案的调整与改造具有合理性与合法性；(3)课程方案与课程实施过程统一而不可分割。

相互调适取向的幼儿园课程实施，是在不断的实践中改进幼儿园课程实施方案，使得幼儿园课程实施具有以下特征：第一，课程实施计划在课程实施过程中不断发生调整。课程实施过程不是一个预期目标和计划的线性演绎过程，而是一个复杂的、非线性的和不可预知的过程。课程是教师与幼儿之间交互作用、相互理解、协同进行计划的课程实

---

① 张华.课程与教学论[M].上海：上海教育出版社，2000：335.

践活动，在具体情境中持续进行、不断修改，以达到相互适应。第二，教师需对课程实施计划进行调整和改进。教师的课程实践不是对专家开发的课程的线性演绎，教师对预定课程方案积极的、理智的改造是课程实施成功的基本保证。教师与幼儿的需要、兴趣开始进入课程设计并在其中得到实质性体现。第三，课程设计离不开幼儿的主动参与。幼儿进入课程设计过程，不是课程加工的对象，在与教师直接的交互作用中体现自己的意志。这种取向能够关照幼儿的兴趣、需要，适应不同幼儿生命发展的特征，促进幼儿教师的不断反思。

2. 幼儿园课程实施的缔造取向

人天生具有认识世界、求知于外部世界的本性，乐于自己去追问、探索、创造，并在追问、探索、创造过程中展现自己的生命力量。创造是自我的创造，无须通过外在的特殊培养去获得，每个人的人格在成长中创造，又在创造中成长，有无数发展的可能性。如果课程中漠视人生而具有的求知欲、创造欲，把外部世界的知识灌输给幼儿，学习对幼儿来说会成为一件疲于应付的苦差事，会越学越没味，越学抵触情绪越强，因为幼儿从中感受不到自我生命的力量、自我存在的价值。由此，幼儿园课程不应追求额外的某种目的，要摆脱任何预设目的与固定模式的束缚，放幼儿到自由的空间里去，让幼儿率真地表达生命，其创造力就会自然地表现出来，其生命才能在不断的自我超越中达到新的高度。

在幼儿园课程实施中，幼儿不是静态的抽象化的物体，他们是独立的自由的主体，是不能控制也不可控制的。由此，教师应该努力去激发他们的自主性，而不是穷思竭虑地想着如何控制幼儿；不是给幼儿太多的规限，而是尊重幼儿的自主意识，尊重幼儿内心的需求、情感。始终把幼儿视为“发展中的不完善的人”，以平常、宽容和充满爱的心关怀幼儿的成长。在幼儿园课程实施中，教师应力求使每个幼儿有生命的尊严感，他们能大胆地发表自己的观点与意见，显得自信、无忧无虑，他们相信自己，也把自己视为有价值的、值得尊重的人。他们有更多的畅想、创造、追求超越的精神与力量的自由，个个显得生机勃勃、有活力、健康。

幼儿园课程实施的缔造取向认为幼儿园课程实施是在特定教学情境中，教师与幼儿根据自己的实际情况与需要，在已有知识、经验、能力等基础上整合既有的课程方案或计划，共同创造并自然生成适合其发展的积极的新的教育经验的过程。其基本假设为：(1)课程内容不能预先决定，知识是个人化、情境化的，所有学习内容和素材的教育意义是潜在的，只有通过教师和幼儿个人的经验才能够被激活而得以彰显，知识与经验形成于个体建构过程中。(2)没有固定的幼儿园课程实施方案，预先设计的课程方案是教师用于创生课程的资源，只有经过师幼的共同解释，当这种资源有助于教与学的不断进行时才有意义，课程是情境化、个性化的。(3)教师和幼儿不仅是幼儿园课程实施的执行者，也是幼儿园课程实施的开发者和创造者，是建构积极的教育经验的主体。缔造取向的幼儿园课程实施，把课程视为教师与幼儿联合创造并实际体验经验的创造过程，使得幼儿园课程实施具有以下特征：第一，课程实施不能简单地照本宣科、死搬硬套课程方案而忽视特定的教育情境和活生生的具体的“人”。第二，教师与幼儿是课程内容的开发者，积极建构教育经验的主体,体现了他们在课程实施中的自主性、能动性和创造性,课程实施创生的过程是教师和幼儿持续成长的过程。第三,课程是课程方案创造、生成与开发的过程,是师幼通过合作探究、自由对话和批判反思等创造和建构课程意义的过程,是促进教师与幼儿追求个性的解放与自由、走向创造性的过程,是幼儿教师专业成长和完善的过程,是幼儿不断提升自己生命价值与质量的过程。

四、幼儿园课程的评价取向

课程源于生命成长的需要,作为课程的重要构成因素的课程评价,也应当以生命成长的价值追求为取向,并致力于促进生命的成长。幼儿园课程中的评价,自然也应以此为出发点和支撑点,它基于幼儿的过去,重视幼儿的现在,更着眼于幼儿的未来。因此,突出表现在三个方面:

一是由静态评价转向动态评价。静态评价强调的是对幼儿园教学中幼儿的个人表现进行评价,关注幼儿已经学到的东西,重视幼儿的活动结果。动态评价强调评价是一个持续的过程,包含幼儿已有的发展和潜在的发展,评价应在幼儿园课程的真实情境中进行,关注幼儿在教学动态发展全过程中的不同变化和成长历程,幼儿教师用发展的眼光看待幼儿。

二是评价标准由一元转向多元。幼儿的生命是独特的,在幼儿园课程评价中不能用统一的标准,同一的尺度去度量幼儿,评价标准不是一元的、统一的和既定的,而是关注幼儿的个体差异,尊重他们的个体差异,采用多元的评价标准,鼓励性评价方式,允许幼儿在幼儿园课程实践中个性得到张扬,兴趣爱好得到展现,自身价值得到最大实现。

三是评价主体多元。传统幼儿园课程评价中,幼儿是被评价的对象,处于评价的客体地位。在成长取向的幼儿园课程评价中,幼儿是被评者,也是评价者。教师对幼儿的评价要考虑幼儿作为主体的需求,作为生命无限发展可能性,评价中充满理解与人文关怀。幼儿作为评价者,是自主的,能够在教师的引导下逐渐正确地认识自我、认识他人、认识自然、认识社会,体验成功与自我价值的实现,获得精神的丰富和完整生命的成长。

思考与练习

一、思考并回答以下问题

(一)国外不同幼儿园课程方案有什么特点和侧重点?

(二)我国幼儿园课程改革进程中相关的文件与法案有哪些?

(三)我国幼儿园课程改革与国外幼儿园课程改革之间有什么联系?

二、实践与操作

(一)以小组为单位,选择一所幼儿园实地调查课程与教学活动中的师幼互动质量与现状,分析其优缺点,并提出针对性的建议。

(二)以小组为单位,考察一所幼儿园课程中家庭和社区的参与情况,分析其中存在的问题并探讨可行的对策。

拓展性阅读导航

1. 袁爱玲著《当代学前课程发展》,广东高等教育出版社2007年版。

本书第一部分阐述了学前教育课程改革与发展的基本特点;第二部分对颇具代表性的五个国家(美国、日本、英国、俄罗斯、意大利)的学前课程理论与实践进行了梳理与分析;第三部分对新中国成立以来的学前课程理论与实践、改革与发展进行了反观与梳理。

2. 李颖、吴小平、袁爱玲等编著《国外幼儿教育考察》,福建教育出版社2013年版。

本书介绍了美国高瞻课程、意大利瑞吉欧课程、日本和美国的节日课程,以及意大利的蒙台梭利课程等多个国外著名的幼儿园课程,从基本理念、环境创设、一日活动安排、课程内容等多个角度系统分析每种课程的具体措施与特点,初步揭示国外幼儿园课程对我国幼儿园课程开发与发展的意义。介绍和分析了美国优秀幼儿教师专业标准内容、特点及对我国的启示,并对美国幼儿教师的专业成长阶段、幼儿教师解决问题的哲学、幼儿教师应有的专业行为等内容作了介绍。与此同时,从教师专业发展的视角分析了美国教师在教学和科研工作中值得借鉴和吸收的经验。对国外家园合作的各种形式进行了梳理,对国外家园合作的主要特点进行了介绍。

结语
幼儿园课程——师幼共同体生命意义彰显的场域

人对自身生命、生活意义的追求是人之存在的首要目的，正如马克思所言，“整个人生就是一种生命在从‘物化’到更高程度上的‘人化’这一辩证过程中不断的扬弃和超越，并最终在这一过程中取得作为生命意义的‘本质力量’的确证。”[①]教育，就其本真意义而言，是直面人的生命、通过人的生命、为了人的生命提高而进行的社会活动，是以人为本的社会中最体现生命关怀的一种事业[②]，教育必须围绕个体生命意义展开，最终实现生命成长。课程作为教育实现的中介，既承载着知识与文化的内涵，更彰显着师生的生命价值。只有在课程实践中给予个体生命意义的充分观照，师生才能获得最大发展。

一、幼儿园课程与教师生命的关联

在幼儿教育领域中，教师与幼儿园课程有着天然的联系，理解和参与幼儿园课程是教师工作和生活的重要部分，同时，幼儿园课程依赖教师的理解和实施而实现自身的意义和价值。可以说，设计再完美的幼儿园课程，不经由教师的理解和实施，结果还是等于零；同样，教师如果不能个性化地理解幼儿园课程，而只是作为被动机械的执行者，则其自我存在的生命价值和意义必然大打折扣。由此，教师与幼儿园课程的关系，绝对不仅仅是主体对客体、人对物的简单线性关系，而是一种充满生命色彩的复杂整体结构。教师与幼儿园课程之间存在着你中有我，我中有你的紧密关系。

（一）教师是幼儿园课程的代言人甚至幼儿园课程本身

自从人们的课程观从客观的学科和计划扩展到经验和会话，把课程的开发与实施作为一个统一的过程来认识，教师就很难把自己与其所教授的课程区分开来。在很大程度上说，教师是其所教授课程的代言人。由专家在课程实施之前预先设定的课程，我们一般看作是以文本形式存在的静态知识，其实，它们只不过是知识的外壳。教师要在这外壳之下寻找一种人类生活的实在——一种具有思想与行动、问题与答案、困惑与激情的真实知识。虽然，教师不可能不借助预设课程的概念和语词来思考和说话，但是在所用的概念和语词中教师注入自己的内在认识和情感，从而给了课程一种新的含意和新的色彩——一种个人生活的色彩。因此，同样的课程，不同的教师教授，在内容和形式方面都

① 梅萍.论马克思的生命意义观对生命教育的启示[J].现代大学教育，2011(1):1.

② 叶澜，郑金洲，卜玉华.教育理论与学校实践[M].北京：高等教育出版社，2000:136.

会有极大的差异。在某种意义上说,是教师给了预设课程以重生的机会,给了课程丰富多彩的生命。教师是幼儿认识幼儿园课程的窗口,选择的窗口不同,看到的风景也各异。

佐藤学说,教师的教职工作有三个特征:回归性、不确定性和无边界性。[①]回归性指教师工作的责任最终都是教师自己来担负。不确定性指教师的工作具有个人性、语境依存性和价值多元性等特点。而无边界性则是指教师的工作无论在时间、空间上都具有连续不断地扩张的性质。教师无时无刻不处于教育情境之中,无时无刻不在课程实施之列,即使教师走出课堂、走出学校,其一言一行的生活仍然是课程的延伸。教师不仅是课程的代言人,其本身也是课程的一部分。教师与幼儿更接近,对幼儿来说是最真实的学习和模仿对象。教师自身的道德风貌,对社会、对人生的基本看法,对学习和生活的基本态度,包括对预设课程内容的个人认识都会在教师的教学活动中有意无意地展露给幼儿,从而对幼儿的精神和行为产生潜移默化的影响。甚至,教师的这种个人影响力比预设课程内容本身对幼儿产生的影响更加深刻和长远。

(二)幼儿园课程是教师生命意义的重要源泉和展现途径

对于幼儿教师而言,生活中的大部分活动和时间都在与幼儿园课程打交道,而所有这些与幼儿园课程有关的活动,都是融入了教师生活与精神的。只有当教师穿越时空和抽象符号的屏障阐释幼儿园课程时,才能获得职业价值和生命意义。鲜活的生活是繁琐和复杂的,是经验和情感的,也是真实和完整的;鲜活的人的音容笑貌、姿态穿着,就像我们刚刚在大街上与之分手的人一样轮廓清晰,形象鲜明。这样的幼儿园课程不是预设课程本身的自我显现,而是教师基于自我的生活和精神对其进行的创造性的诗化的渲染。这样的幼儿园课程,不仅是课程的存在,同时也是教师生活与精神的存在。教师在幼儿园课程实施过程中必须对课程进行再生产,即对课程目标具体化,对课程内容进行选择、拓展、补充、增删等。这种再生产,具有鲜明的个性化特点,是教师基于自己的知识经验、生活观念和课程立场,融入了个人的价值选择和情感体验的再创造。所以,幼儿园课程实践直接反映教师的生活和精神,展现教师的生命价值与意义。

二、幼儿园课程与幼儿生命的关联

人是一个能赋予自己新的生命内涵的生命个体。生命是人最基础、最根本的属性。教育是人的教育,势必要关注生命的存在。正如蒙台梭利所言:教育的目的在于帮助生命力的正常发展,教育是助长生命力发展的一切作为。教育与生命相融相生,教育因生命而发生,生命随教育而生长。课程作为实现教育的基本途径和教育教学的媒介,它涵盖了教育的全部内涵,不仅是知识的载体,而且是教师和幼儿生命力量的呈现与发展。幼儿园课程是实现幼儿园教育目的的手段,是帮助儿童获得有益的经验,促进其身心全面和谐发展的各种活动的总和,幼儿园课程是幼儿生活经历的一部分。幼儿园课程设计与实施应从对幼儿的生命理解出发,遵循幼儿的生命发展逻辑,以彰显幼儿生活意义和

---

① 佐藤学.课程与教师[M].钟启泉,译.北京:教育科学出版社,2003:211.

生命的生存过程，使幼儿生活在一个动态的过程中，有着对自己、对自然和对社会的理解与追求。

“为幼儿提供健康、丰富的生活和活动环境，满足他们多方面发展的需要，使他们在快乐的童年生活中获得有益于身心发展的经验”是新一轮基础教育课程改革的指导思想。幼儿园课程的出发点与归宿是幼儿的发展、幼儿生命质量的提升。因此，幼儿园课程既要尊重幼儿的生存权和发展权，为他们提供健康、安全和愉快的学习环境，又要尊重幼儿发展的独特性，保证每个幼儿都能享受生命的乐趣。幼儿园课程要从尊重幼儿独特的生命、生活感受开始，以幼儿原有的生活经验为基础，从幼儿感兴趣的生活、实践中构建幼儿对自我、对他人、对社会、对自然的认识与理解。课程实践应该要照顾到幼儿当下生活的经验、体验、意义，关注到幼儿现实的需要、兴趣，使幼儿在课程这样特殊的生活、生命活动中不仅享受愉快的童年，而且有所发展，有所收获。